L'histoire comme champ de bataille

DU MÊME AUTEUR

Les Marxistes et la question juive. Histoire d'un débat, 1843-1943, préface de Pierre Vidal-Naquet, PEC-La Brèche, Montreuil-sous-Bois, 1990, nouvelle édition Kimé, Paris, 1997.

Les Juifs et l'Allemagne. De la « symbiose judéo-allemande » à la mémoire d'Auschwitz, La Découverte, Paris, 1992.

Siegfried Kracauer. Itinéraire d'un intellectuel nomade, La Découverte, Paris, 1994, nouvelle édition 2006.

Pour une critique de la barbarie moderne. Essais sur l'antisémitisme, Page2, Lausanne, 1995, nouvelle édition 1996.

L'Histoire déchirée. Essai sur Auschwitz et les intellectuels, Éditions du Cerf, Paris, 1997.

Le Totalitarisme. Le XXe siècle en débat, textes réunis et présentés par E. Traverso, Seuil, Paris, 2001.

La Violence nazie. Une généalogie européenne, La Fabrique, Paris, 2002.

La *Pensée dispersée. Figures de l'exil judéo-allemand*, Éditions Léo Scheer, Paris, 2004.

Le Passé : modes d'emploi. Histoire, mémoire, politique, La Fabrique, Paris, 2005.

À feu et à sang. La guerre civile européenne 1914-1945, Stock, Paris, 2007, nouvelle édition Hachette, Paris, 2009.

Enzo Traverso

L'histoire comme champ de bataille

Interpréter les violences du XXe siècle

La Découverte / Poche

9 *bis*, rue Abel-Hovelacque
75013 Paris

À la mémoire de Daniel Bensaïd
(1946-2010)

Si vous désirez être tenu régulièrement informé de nos parutions, il vous suffit de vous abonner gratuitement à notre lettre d'information bimensuelle par courriel, à partir de notre site **www.editionsladecouverte.fr**, où vous retrouverez l'ensemble de notre catalogue.

ISBN 978-2-7071-7151-1

Introduction

Écrire l'histoire au tournant du siècle

L'année 1989 n'est pas une simple marque dans le déroulement chronologique du XXe siècle. Loin de s'inscrire dans la continuité d'une temporalité linéaire, elle indique un seuil, un *momentum*, qui achève une époque pour en ouvrir une nouvelle. Les événements de cette année cruciale ne s'inscrivent dans aucune téléologie historique, mais dessinent une constellation dont il est possible, *a posteriori*, de déceler les prémisses. Si la visée idéologique de ceux qui se sont empressés de proclamer la « fin de l'histoire » fut vite dénoncée [1], le sentiment d'une césure historique s'imposa d'emblée à tous les observateurs, notamment à ceux qui avaient vécu la Seconde Guerre mondiale. Hobsbawm fut le premier à constater, sur le plan historiographique, un changement de siècle. Le succès de son *Âge des extrêmes* (1994) tient, entre autres, au fait qu'il réussit, avec cet ouvrage, à mettre des mots sur une perception largement partagée [2].

1 Voir notamment Josep Fontana, *La historia después del fin de la historia*, Crítica, Barcelone, 1992, et Perry Anderson, « The ends of history », *A Zone of Engagement*, Verso, Londres, 1992, p. 279-376.

2 Eric Hobsbawm, *L'Âge des extrêmes. Histoire du court XXe siècle 1914-1991*, Complexe, Bruxelles, 2003.

Reinhart Koselleck a qualifié de *Sattelzeit* (une formule que l'on pourrait traduire par « époque-charnière » ou « ère de transition ») la période qui va de la crise de l'Ancien Régime à la Restauration. Au cours de celle-ci, le système dynastique européen a été contesté par une nouvelle forme de légitimité et de souveraineté fondée sur l'idée de peuple et de nation, tandis qu'une société d'ordres était remplacée par une société d'individus. Les mots changèrent de sens et une nouvelle définition de l'histoire comme « collectif singulier », englobant à la fois un « complexe événementiel » et un récit (une « science historique »), se cristallisa [3]. Le concept de *Sattelzeit* peut sans doute nous aider à appréhender les mutations du monde contemporain. Toutes proportions gardées, on pourrait avancer que les années comprises entre la fin de la guerre du Vietnam (1975) et le 11 septembre 2001 dessinent un basculement, une transition au bout de laquelle le paysage intellectuel et politique a connu une modification radicale, notre vocabulaire s'est modifié et les anciens repères ont été remplacés. Autrement dit, le changement de siècle symboliquement marqué par la chute du mur de Berlin constitue le *momentum* d'une époque de transition dans laquelle l'ancien et le nouveau se mêlent. Au cours de ce quart de siècle, des mots comme révolution ou communisme ont pris une signification différente au sein de la culture, des mentalités et de l'imaginaire collectif : au lieu de désigner une aspiration ou une action émancipatrice, ils évoquent désormais un univers totalitaire. Au contraire, des mots comme marché, entreprise, capitalisme ou individualisme ont connu le chemin inverse :

3 *Cf.* Reinhart Koselleck, « Einleitung », *in* Otto Brunner, Werner Conze et Reinhart Koselleck (dir.), *Geschichtliche Grundbegriffe. Historisches Lexikon zur politisch-sozialen Sprache in Deutschland*, Klett-Cotta, Stuttgart, 1972, Bd. 1, p. xv. Voir à ce propos Gabriel Motzkin, « On the notion of historical (dis)continuity : Reinhart Koselleck's construction of the *Sattelzeit* », *Contributions to the History of Concepts*, vol. I, n° 2, 2005, p. 145-158. Sur le surgissement d'une nouvelle conception de l'histoire, *cf.* Reinhart Koselleck, « Le concept d'histoire », *L'Expérience de l'histoire*, Hautes Études/Gallimard/Seuil, Paris, 1997, p. 15-99.

ils ne qualifient plus un univers d'aliénation, d'égoïsme ou de valeurs acceptables uniquement à condition d'être sous-tendues par un ethos ascétique intramondain (l'esprit du capitalisme qui animait la bourgeoisie protestante du XIXe siècle analysée par Weber), mais les fondements « naturels » des sociétés libérales post-totalitaires. Le lexique de l'entreprise a colonisé les médias, jusqu'à pénétrer l'univers de la recherche (confiée à des équipes « compétitives ») et des sciences sociales (dont les résultats ne se mesurent plus à l'aune des débats qu'elles suscitent, mais selon le classement (*ranking*), établi sur la base de critères purement quantitatifs – des « indicateurs de performance » – d'une agence d'évaluation). Aux deux pôles temporels de ce *Sattelzeit* – j'anticipe ici sur les conclusions de ce travail –, on trouve l'utopie et la mémoire, la projection dans l'avenir et le regard tourné vers le passé ; d'une part, un « horizon d'attente » vers lequel s'orientaient tant les pensées que les agissements ; de l'autre, une posture résignée et sceptique découlant du « champ d'expérience » du siècle passé [4].

Les années 1980 ont été le vecteur de ce basculement. Dans le monde occidental, la révolution conservatrice de Reagan et Thatcher a frayé le chemin. En France, la mutation s'est faite à l'ombre du mitterrandisme qui, après avoir suscité de grands espoirs, a accouché d'une décennie marquée par le conformisme politique et la découverte des vertus du capitalisme. En Italie, la fin des années de plomb et la défaite des grèves ouvrières chez FIAT, à l'automne 1980, ont créé les conditions pour une restauration sociale et politique qui fut le berceau du berlusconisme, tandis qu'en Espagne l'échec du putsch de Tejero achevait une transition tumultueuse vers la démocratie en balayant, avec le franquisme, l'espérance socialiste de ceux qui l'avaient combattu. En Chine, le tournant modernisateur amorcé par Deng Xiaoping après l'élimination

4 *Cf.* Reinhart KOSELLECK, « "Champ d'expérience" et "horizon d'attente" : deux catégories historiques », *Le Futur passé. Contribution à la sémantique des temps historiques*, Éditions de l'EHESS, Paris, 1990, p. 307-329.

de la « bande des quatre » allait propulser le pays au centre de l'économie internationale. La révolution iranienne sonnait le glas du tiers-mondisme et annonçait la vague religieuse qui, dans le monde musulman, a mis fin à l'expérience des nationalismes laïcs et lancé un défi d'un type nouveau à l'ordre impérial. En Amérique latine, les sandinistes s'épuisaient dans leur isolement, tandis que la démocratie revenait, dans les pays du Cône sud, sur les bases d'un modèle économique introduit par les dictatures militaires. Avec l'effondrement du socialisme réel et la dislocation de l'empire soviétique, en 1989-1990, toutes ces pièces se mettent en place dans une nouvelle mosaïque.

Les débats sur les guerres, les révolutions, les fascismes et les génocides qui ont traversé l'historiographie et, plus généralement, les sciences sociales au cours des dernières décennies esquissent les contours d'une nouvelle approche du monde contemporain qui dépasse largement les frontières de la recherche historique. Ses tensions sont permanentes entre le passé et le présent, entre l'histoire et la mémoire, entre l'expertise et l'usage public du passé ; ses lieux de production ne se limitent pas à l'université, mais touchent les médias au sens le plus large. L'antitotalitarisme libéral, un humanitarisme consensuel et la naturalisation de l'ordre dominant constituent les coordonnées générales de ce début du XXIe siècle. Les historiens travaillent à l'intérieur de ces nouvelles coordonnées politiques et « épistémiques ». L'histoire s'écrit toujours au présent. Beaucoup d'ouvrages historiques nous parlent davantage de leur époque, en éclairant son imaginaire et ses représentations, que du passé dont ils voudraient percer les mystères. Dans son *Livre des passages*, Walter Benjamin observait que « les événements qui entourent l'historien et auxquels il prend part constituent la base de sa présentation, comme un texte écrit à l'encre sympathique [5] ». Sa remarque vaut aussi pour notre temps.

---

5 Walter BENJAMIN, *Le Livre des passages*, Éditions du Cerf, Paris, 1989, p. 494.

Le tournant de 1989 a modifié la manière de penser et d'écrire l'histoire du XXe siècle. Parmi les mutations qu'il a engendrées, je voudrais en rappeler ici au moins trois qui me paraissent essentielles : l'essor de l'histoire globale, le retour de l'événement et le surgissement de la mémoire. Strictement liés, presque indissociables, ces trois moments structurent les différents chapitres de ce livre en leur donnant, j'espère, une cohérence d'ensemble.

Tout d'abord, la disparition du bipolarisme a favorisé la naissance d'une *histoire globale*. À la place des approches antérieures réduisant des continents entiers à des « sphères d'influence » dépourvues d'une histoire propre, le monde a pu être regardé à partir de perspectives nouvelles. Difficilement, avant 1989, on aurait pu écrire une histoire du XXe siècle en adoptant, à l'instar de Dan Diner, « le point de vue périphérique d'un narrateur virtuel qui, assis sur les marches d'Odessa, un lieu riche de tradition, regarde vers le sud et vers l'ouest [6] ». Écrire une histoire globale du XXe siècle ne signifie pas seulement attribuer une plus grande importance au monde extra-européen par rapport à l'historiographie traditionnelle, mais surtout changer de perspective, multiplier et croiser les points d'observation. L'histoire globale n'est ni une histoire comparative visant à juxtaposer des récits nationaux ni une histoire des relations internationales analysant la coexistence et les conflits entre des États souverains. Elle regarde le passé comme un ensemble d'interactions, d'échanges matériels (économiques, démographiques, technologiques) et de transferts culturels (linguistiques, scientifiques, littéraires, etc.) structurant les différentes parties du monde en un ensemble de réseaux (certes hiérarchisés, mais aussi unifiants). Elle étudie le rôle joué par les migrations, les diasporas et les exils aussi bien dans les processus économiques et politiques que dans l'élaboration des idées ou l'invention de pratiques culturelles

6 Dan DINER, *Das Jahrhundert verstehen. Eine universalhistorische Deutung*, Luchterhand, Munich, 1999, p. 13.

nouvelles. Inévitablement, l'histoire globale « provincialise » l'Europe [7]. La catégorie d'« Occident » (*West, Abendland*) est aussi remise en cause. Elle évoque un « modèle de civilisation transatlantique » qui, supposant une symétrie entre l'Europe et les États-Unis, n'appartient ni au paysage mental du XIXe siècle [8] ni, tendanciellement, à celui du XXIe. Dominante après la Grande Guerre, avec la *translatio imperi* d'un côté à l'autre de l'Atlantique, cette notion demande à être redéfinie (sinon dissoute) à l'ère de la mondialisation. L'histoire globale est un miroir de ces mutations. Dans ce livre, elle traverse plusieurs chapitres, du premier, sur l'œuvre d'Eric Hobsbawm, à ceux qui portent sur la comparaison des génocides et sur la perception des violences du XXe siècle par l'exil juif et la diaspora noire.

Neutralisant l'antagonisme explosif entre les États-Unis et l'URSS, la guerre froide avait redéfini les conflits à l'échelle de la planète, tantôt en les désamorçant et en les figeant, tantôt en les intégrant dans une dimension internationale qui les transcendait et, par conséquent, en fixait l'issue. Sa conclusion ne pouvait que réhabiliter l'*événement*, avec son autonomie et son épaisseur, ses énigmes et ses dynamiques irréductibles à toute causalité déterministe [9]. Il y a un parallèle frappant entre ce tournant géopolitique et celui qui s'esquisse, au même moment, dans l'historiographie. Avec ses strates superposées et ses mouvements tectoniques, la « longue durée » avait réduit l'événement – selon les mots de Braudel – à une « agitation de surface », à l'« écume » éphémère des vagues que « les

---

7 Voir Dipesh CHAKRABARTY, *Provincialiser l'Europe. La pensée postcoloniale et la différence historique*, Amsterdam, Paris, 2009.

8 Jürgen OSTERHAMMEL, *Die Verwandlung der Welt. Eine Geschichte des 19. Jahrhunderts*, C.H. Beck, Munich, 2009, p. 142-144, 162. Pour une définition du concept d'histoire globale voir, du même auteur, « Globalgeschichte », *in* Hans-Jürgen GÖRTZ (dir.), *Geschichte*, Rowohlt, Hambourg, 2007, p. 592-610.

9 François DOSSE, *Renaissance de l'événement. Un défi pour l'historien : entre sphinx et phénix*, Presses universitaires de France, Paris, 2010.

marées soulèvent sur leur puissant mouvement » [10]. Une fois dissipé l'effet anesthésique prolongé de l'opération chirurgicale effectuée à Yalta, en 1945, sur le corps de la planète, le XXe siècle est apparu comme l'âge des ruptures soudaines, foudroyantes et imprévues. Les grands tournants historiques ne sont jamais écrits à l'avance. Les tendances structurelles créent les prémisses des bifurcations, des crises, des cataclysmes historiques (les guerres, les révolutions, les violences de masse), mais n'en prédéterminent ni le déroulement ni l'issue. L'embrasement de l'Europe en 1914, la révolution russe, l'arrivée de Hitler au pouvoir, l'effondrement de la France en 1940, l'écroulement du « socialisme réel » à l'automne 1989 sont des crises et des ruptures qui ont changé le cours du monde mais dont le surgissement n'avait rien d'inéluctable. Leur histoire ne s'écrit pas selon le modèle du *decline and fall* élaboré par Edward Gibbon pour raconter la chute de l'Empire romain [11]. Cet ensemble de questionnements historiographiques traverse les chapitres de ce livre consacrés au nazisme et à la comparaison des génocides, des événements qui condensent plusieurs régimes de temporalité. D'une part, le caractère à la fois soudain et massif de la Shoah qui, en trois ans, a pulvérisé une histoire séculaire d'émancipation, d'assimilation et d'intégration des juifs au sein des sociétés européennes, remet en cause les paradigmes de l'histoire structurale. D'autre part, en tant qu'aboutissement paroxystique (quoique non inéluctable) d'un ensemble de tendances remontant au XIXe siècle et accentuée par la Grande Guerre – antisémitisme, colonialisme, contre-révolution, massacre industriel –, l'extermination nazie exige une approche fondée sur l'analyse des temps longs [12]. Les chercheurs ont été

10 Fernand BRAUDEL, « Histoire et sciences sociales, la longue durée », *Écrits sur l'histoire*, Flammarion, Paris, 1969, p. 12.

11 *Cf.* Paolo MACRY, *Gli ultimi giorni. Stati che crollano nell'Europa del Novecento*, Il Mulino, Bologne, 2010.

12 Enzo TRAVERSO, *La Violence nazie. Une généalogie européenne*, La Fabrique, Paris, 2002.

contraints de renouveler leur réflexion sur l'articulation des temporalités historiques.

La fin du XXe siècle a pris la forme d'une condensation de mémoires ; ses blessures se sont alors rouvertes, mémoire et histoire se sont croisées, et, selon la formule élégante de Daniel Bensaïd, « les nappes phréatiques de la mémoire collective » ont rencontré « le scintillement symbolique de l'événement historique » [13]. Le temps figé de la guerre froide a laissé place à l'éclosion d'une multitude de mémoires auparavant censurées, occultées ou refoulées. Érigée en nouveau paradigme des approches du monde contemporain, la *mémoire* relègue au second plan la notion de *société* qui, entre les années 1960 et les années 1980, semblait dominer sans partage l'atelier des historiens [14]. Auparavant fréquentée seulement par quelques adeptes de l'histoire orale, la mémoire a soudainement acquis le statut aussi bien de source que d'objet d'investigation historique, jusqu'à devenir une sorte de label à la mode, un mot galvaudé, souvent utilisé comme synonyme d'histoire. Les signes annonciateurs de ce tournant sont apparus, encore une fois, au cours des années 1980 – la publication des *Lieux de mémoire* en France et de *Zakhor* aux États-Unis, le *Historikerstreit* en Allemagne, le succès international d'un auteur comme Primo Levi [15] –, mais c'est surtout pendant la décennie suivante que la mémoire s'est transformée en nouveau paradigme

13 Daniel Bensaïd, *Walter Benjamin. Sentinelle messianique*, Les Prairies ordinaires, Paris, 2010, p. 39.

14 *Cf.* Dan Diner, *Zeitenschwelle. Gegenwartsfragen an die Geschichte*, Pantheon, Munich, 2010, p. 151-152. Parmi les réflexions les plus intéressantes sur cette transition, voir aussi Eric Hobsbawm, « Identity history is not enough », *On History*, Weidenfeld & Nicolson, Londres, 1997, p. 266-277, et Carlos Forccadell Alvarez, « La historia social. De la "clase" a la "identidad" », *in* Elena Hernandez Sandonica, Alicia Langa (dir.), *Sobre la historia actual. Entre politica y cultura*, Abada, Madrid, 2005, p. 15-36.

15 Pierre Nora (dir.), *Les Lieux de mémoire, t. I, La République*, Gallimard, Paris, 1984 ; Yosef H. Yerushalmi, *Zakhor. Histoire juive et mémoire juive*, La Découverte, Paris, 1984 (éd. or. 1982) ; *Historikerstreit. Die Dokumentation der Kontroverse um die Einzigartigkeit der nationalsozialistischen Judenvernichtung*, Piper, Munich, 1987 ; Primo Levi, *Les Naufragés et les Rescapés*, Gallimard, Paris, 1989 (éd. or. 1986).

historiographique. Il ne serait pas difficile d'établir un parallèle entre les paraboles de la mémoire collective et les lignes d'orientation des sciences sociales. En France, les recherches sur le passé colonial, le régime de Vichy, la Shoah ou l'histoire de l'immigration ont suivi, peu ou prou, le « travail de mémoire » de la société : si elles étaient isolées lors de l'étape de « refoulement » (les années 1950-1960), elles se sont accrues pendant la phase d'anamnèse (les années 1970-1980) pour envahir les étagères des librairies lorsque l'obsession mémorielle a atteint son pic (à partir des années 1990). On pourrait faire le même constat pour l'histoire du nazisme en Allemagne, du franquisme en Espagne ou du fascisme en Italie. Dans ce sens, Jacques Revel a raison de souligner que si la mémoire – un processus dans lequel convergent les commémorations, la patrimonialisation des vestiges du passé et la reformulation des identités de groupe – constitue « un mouvement de fond de notre société », les historiens l'ont « découverte » et transformée en objet d'investigation, mais « ils ne l'ont pas inventée » [16]. Le dernier chapitre de ce livre interroge les interférences – pas toujours fructueuses – entre historiographie et mémoire engendrées par ce tournant de siècle.

Bâti comme un bilan critique et une mise en perspective de quelques controverses historiographiques qui ont marqué les trois dernières décennies, ce livre se présente comme une intervention dans un débat d'idées. Pour reconstituer le siècle écoulé, les historiens ont besoin de concepts et leurs interprétations participent toujours d'une confrontation d'idées. Ce travail herméneutique possède une dimension politique évidente qu'il serait illusoire de nier en se cachant derrière le paravent de la science. Reconnaître que les débats historiographiques relèvent de l'histoire intellectuelle ne signifie pas plaider pour l'histoire des idées au sens traditionnel du terme, ni pour un postmodernisme naïf concevant l'histoire comme

---

16 Jacques Revel, « Le fardeau de la mémoire », *Un parcours critique. Douze exercices d'histoire sociale*, Éditions Galaade, Paris, 2006, p. 375.

une simple fabrication textuelle. Nous pouvons congédier une *history of ideas* périmée, concevant les « idées-forces » *(unit-ideas)* comme des constantes universelles et invariables de la pensée [17], mais nous n'irions pas très loin en adoptant une *history without ideas*. Certains croient escamoter le problème par le recours à un style narratif prétendument neutre, d'autres en élaborant une sociologie historique qui dissout la pensée dans les conditions sociales de sa production. La sociologie historique a bien saisi la « matrice ecclésiale » de l'histoire des idées traditionnelle, avec ses exégèses d'un corpus de textes classiques placés hors du temps [18], mais les mutations qui affectent l'historiographie ne se réduisent pas aux métamorphoses du « champ » éditorial, universitaire ou médiatique à l'intérieur duquel évoluent ses acteurs.

Ce livre voudrait tirer profit des acquis de l'histoire des concepts (*Begriffsgeschichte*), notamment de certaines indications méthodologiques de Reinhart Koselleck, un auteur souvent cité au fil des pages. Située au carrefour de l'histoire des idées, de la sémantique historique et de la sociologie de la connaissance, l'histoire des concepts me paraît aujourd'hui indispensable pour rendre les historiens conscients des outils avec lesquels ils travaillent, ainsi que pour déconstruire les mots par lesquels l'histoire se fait, ses acteurs la conçoivent et la représentent. Il faut savoir d'où viennent les concepts que nous utilisons et pourquoi nous les utilisons, ceux-là et pas d'autres. Et il faut aussi savoir décrypter le langage des acteurs de l'histoire qui font l'objet de nos recherches. Inspirée par des préoccupations analogues, l'école de Cambridge de Quentin Skinner et J. G. A. Pocock nous met en garde contre un double danger. D'une part, celui d'une lecture « essentialiste » des sources, souvent considérées comme des documents

---

17 Arthur Lovejoy, « The historiography of ideas », *Essays in the History of Ideas*, Johns Hopkins University Press, Baltimore, 1948, p. 1-13.

18 *Cf.* Bernard Pudal, « De l'histoire des idées politiques à l'histoire sociale des idées politiques », *in* Antonin Cohen, Bernard Lacroix et Philippe Riutort (dir.), *Les Formes de l'action politique*, Presses universitaires de France, Paris, 2006, p. 186.

intemporels susceptibles de s'adresser à nous comme s'ils appartenaient à notre époque. D'autre part, le danger d'une contextualisation historique qui nous permettrait d'*expliquer* certains ouvrages, mais pas de les *comprendre* [19]. Pour cela, souligne Skinner, il faut déceler la véritable intention de l'auteur, savoir à qui il s'adressait et comment ses mots pouvaient être reçus. La lecture essentialiste produit des contresens et des anachronismes historiques, comme celui de Karl Popper qui saisissait chez Platon, Hegel et Marx la matrice philosophique du totalitarisme. La contextualisation socio-économique ignore l'intention des auteurs, en réduisant leurs textes à de simples expressions d'une tendance historique générale, comme le miroir d'une situation objective dont il s'agirait de déceler les causes matérielles. Or, si l'argumentation de Skinner présente des avantages incontestables – pour comprendre un texte, il faut connaître l'intention de son auteur –, elle donne souvent l'impression de vouloir emprisonner les idées d'une époque dans leurs cadres linguistiques. S'il dénonce à juste titre l'illusion – il n'hésite pas à la qualifier de « mythologie » – qui consiste à lire un texte politique du Moyen Âge ou de la Renaissance comme s'il avait été écrit au XXe siècle, il tombe dans une illusion symétrique lorsqu'il prétend que l'historien peut prendre la place de l'auteur et du lecteur auquel s'adressait originairement son texte [20]. Refusant les avantages d'un regard rétrospectif, il risque d'appauvrir l'herméneutique historique. Reconnaître la distance qui sépare l'historien d'un texte – et plus généralement, d'un événement

---

19 Quentin Skinner, « Meaning and understanding in the history of ideas », *History and Theory*, 1969, vol. 8, n° 1, p. 46. Sur l'école de Cambridge, voir aussi Jean-Fabien Spitz, « Comment lire les textes politiques du passé ? Le programme méthodologique de Quentin Skinner », *Droits*, 1989, n° 10 ; et John G. Pocock, « The concept of language and the *métier d'historien* : some considerations on practice », *in* Anthony Padgen (éd.), *The Languages of Political Theory in Early-Modern Europe*, Cambridge University Press, 1987. Sur cet ensemble de problématiques, voir l'étude de synthèse de Melvin Richter, *The History of Political and Social Concepts. A Critical Introduction*, Oxford University Press, New York, 1990.

20 *Ibid.*, p. 48-49.

ou d'une époque – ne signifie pas la supprimer par un mouvement régressif qui produirait une sorte de « coïncidence » de l'historien avec l'auteur [21].

Il ne fait pas de doute que la compréhension historique d'un texte nécessite l'exploration des liens qui le rattachent à un contexte social, politique et sémantique dans lequel il visait à répondre à des questions parfois bien différentes de celles que nous pouvons lui poser aujourd'hui. Je reste néanmoins convaincu que la caractéristique propre des classiques consiste précisément à « transcender » leur temps car, à chaque époque, ils font l'objet d'usages et se chargent de significations différentes que leur donnent les lecteurs, les affranchissant ainsi de leur intention originaire. Je ne récuse pas l'anachronisme fécond qui conduisait Gramsci, pendant les années 1930, à relire Machiavel au présent, comme un contemporain de la révolution russe et du fascisme [22], mais je suis conscient de la nécessité de distinguer l'*usage* des classiques, toujours « anachronique », de leur interprétation historique. Je garde donc quelques réserves fondamentales à l'égard de l'école de Cambridge, dont la contextualisation des idées politiques me semble attribuer une importance démesurée aux cadres linguistiques d'une époque. Les arguments avancés par Skinner contre l'histoire des idées traditionnelle, écrit à juste titre Ellen Meiksins-Wood, débouchent finalement sur « un autre genre d'histoire textuelle, une autre histoire des idées, certes plus sophistiquée et plus compréhensive que les précédentes, mais au fond tout autant limitée à des textes désincarnés [23] ».

---

21 Voir Lucien JAUME. « El pensamiento en acción. Por otra historia de las ideas políticas », *Ayer. Revista de historia contemporánea*, 2004, n° 53, p. 129.

22 *Cf.* Margaret LESLIE, « In defense of anachronism », *Political Studies*, 1970, XVIII, n° 4, p. 433-447. Voir aussi, sur cette question, Nicole LORAUX, « Éloge de l'anachronisme en histoire », *Le Genre humain*, 1993, n° 27, p. 23-39.

23 Ellen MEIKSINS-WOOD, *Citizens to Lords. A Social History of Western Political Thought From Antiquity to the Middle Ages*, Verso, Londres, 2008, p. 9.

La méthode de Lovejoy a trouvé plus récemment un défenseur enthousiaste en Zeev Sternhell. Il y voit « un instrument sans pareil », qu'il oppose aux « égarements postmodernistes » d'un Skinner, coupable à ses yeux de rejeter l'universalisme au nom du particularisme et de retomber à la fois dans l'antihumanisme et dans le relativisme historique [24]. Or c'est précisément par sa critique de l'universalisme abstrait sous-jacent aux grands récits historiques traditionnels (tant marxistes que libéraux) que le *linguistic turn*, avec son relativisme et sa reconnaissance de la multiplicité des sujets d'une histoire qui n'était plus conçue en termes téléologiques, a donné ses résultats les plus fructueux. Nous pouvons en tirer profit sans forcément adhérer à une forme de « pantextualisme » radical. L'histoire intellectuelle participe de l'histoire des sociétés : ce constat suffit à mes yeux à établir une certaine distance critique à l'égard aussi bien d'une histoire platonicienne des idées (Sternhell) que d'une étude des idéologies comme pures constructions textuelles assimilables à des protocoles linguistiques historiquement déterminés (Skinner). Le résultat de ces approches sera toujours, d'une façon ou d'une autre, borné. C'est pourquoi, tout en m'appuyant sur ses acquis, je garde une certaine distance critique à l'égard de l'école de Cambridge. Les débats historiographiques qui font l'objet de ce livre sont analysés dans une double perspective : d'une part, ils sont appréhendés comme une étape de l'historiographie dans son cheminement, en essayant de montrer les éléments de continuité et de rupture qui les caractérisent par rapport à une tradition antérieure ; d'autre part, ils sont inscrits dans les mutations intellectuelles et politiques de ce tournant de siècle.

Les travaux rassemblés dans ce livre essayent de se conformer à certaines « règles » dont j'ai trouvé la formulation la plus claire chez Arno J. Mayer, dans une contribution écrite

24 Zeev Sternhell, *Les Anti-Lumières. Du* XVIII*e siècle à la guerre froide*, Fayard, Paris, 2006, p. 42.

en réponse à ses critiques [25]. Je tâcherai ici de les interpréter à ma manière, en les adaptant à mes exigences. Je ne suis pas certain qu'il accepterait cette présentation, mais peu importe. Ici, je ne veux pas exposer sa méthode, mais la mienne, tout en reconnaissant ma dette à son égard. La première règle est celle de la *contextualisation*, qui consiste toujours à placer un événement ou une idée dans son époque, dans un cadre social, dans un environnement intellectuel et linguistique, dans un paysage mental qui lui sont propres. Puis celle de l'*historicisme*, c'est-à-dire l'historicité de la réalité qui nous entoure, la nécessité d'aborder les faits et les idées dans une perspective diachronique qui en saisit les transformations dans la durée. Cette méthode de mise en histoire diffère tant de l'« historisme » classique (Niebuhr, Ranke et Droysen) que de l'historicisme positiviste, aujourd'hui plus répandu qu'on ne le croirait ou que ne voudraient l'admettre ceux-là mêmes qui le pratiquent [26]. L'histoire n'a pas un sens qui lui serait propre et qui se dégagerait de lui-même par une reconstitution rigoureuse des faits. Benjamin nous a mis en garde contre les pièges d'une écriture de l'histoire conçue comme la narration d'un temps linéaire, « homogène et vide », qui entre en empathie avec les vainqueurs et débouche irrémédiablement sur une vision apologétique du passé. Je plaide pour un historicisme critique, qui réaffirme avec force l'ancrage ultime de l'histoire, en dépit de la multiplicité de ses sujets et de ses représentations textuelles, dans son socle factuel. La troisième règle est celle du *comparatisme*. Comparer les événements, les époques, les contextes, les idées est une opération indispensable pour essayer de les comprendre. Cette approche est liée à l'objet même de cette recherche : les violences d'une époque

25 Arno J. Mayer, « Response », *French Historical Studies*, 2001, n° 4, p. 589-590.

26 Pour une typologie des différentes formes d'historicisme, *cf.* la première partie de Georg G. Iggers, *Historiography in the Twentieth Century. From Scientific Objectivity to the Postmodern Challenge*, Wesleyan University Press, Middletown, 1997. Un repère utile en la matière reste Michael Löwy, *Paysages de la vérité. Introduction à une sociologie critique de la connaissance*, Anthropos, Paris, 1985.

globalisée, les grands courants historiographiques, l'exil, les transferts culturels d'un pays à un autre, d'un continent à un autre. La quatrième règle est celle de la *conceptualisation* : pour appréhender le réel, il faut le capturer par des concepts – des « types idéaux », si l'on veut – sans pour autant cesser d'écrire l'histoire sur un mode narratif ; autrement dit, sans jamais oublier que l'histoire réelle ne coïncide pas avec ses représentations abstraites. Faire coexister l'intelligence des concepts avec le goût du récit reste le défi majeur de toute écriture de l'histoire, et cela vaut aussi pour l'histoire des idées.

Ces « règles » ne sont pas des « lois » de production de la connaissance historique, mais des repères utiles dans l'exercice d'un métier, comme une méthode acquise et intériorisée plutôt que comme un schéma à appliquer. Elles désignent ou façonnent une « opération » – écrire l'histoire – qui demeure profondément ancrée dans le présent. C'est toujours dans le présent qu'on s'attache à reconstituer, penser et interpréter le passé, et l'écriture de l'histoire – cela vaut encore plus pour l'histoire politique – participe, en en subissant les contraintes, de ce que Jürgen Habermas appelle son « usage public[27] ».

Finalement, il me semble nécessaire, en présentant ce livre, d'évoquer l'influence souterraine mais omniprésente de Walter Benjamin. Ce que j'ai trouvé dans ses écrits, ce n'est pas tant une réponse à mes questionnements qu'une aide à leur formulation, ce qui constitue la prémisse indispensable pour toute investigation fructueuse. Benjamin, donc, comme interlocuteur pour une interrogation sur les présupposés et le sens de l'histoire, plutôt que comme modèle offrant des outils susceptibles d'une application immédiate[28]. L'héritage de Benjamin n'est pas comparable à celui de Marx, de Durkheim ou de Weber, de Braudel ou de Bourdieu. Il ne nous a pas laissé

---

27 Jürgen HABERMAS, « De l'usage public de l'histoire », *Écrits politiques*, Flammarion, Paris, 1990, p. 247-260.

28 Voir les remarques d'Arlette FARGE, « Walter Benjamin et le dérangement des habitudes historiennes », *Cahiers d'anthropologie sociale*, 2008, n° 4, p. 27-32.

une méthode, mais une réflexion profonde sur les ressorts et les contradictions d'une démarche intellectuelle qui, en essayant de penser l'histoire, s'obstine à ne pas dissocier le passé du présent. Au temps linéaire de l'historicisme positiviste, Benjamin oppose une conception du passé marquée par la discontinuité et placée sous le signe de la catastrophe. Établissant une relation empathique avec les vainqueurs, l'historicisme a été à ses yeux « le plus puissant narcotique » du XIXe siècle. Il faut donc renverser la perspective, en reconstituant le passé du point de vue des vaincus. Cela implique de remplacer la relation mécanique entre le passé et le présent postulée par l'historicisme – qui revient à considérer le passé comme une expérience définitivement archivée – par une relation dialectique dans laquelle « l'Autrefois *(Gewesene)* rencontre le Maintenant *(Jetzt)* dans un éclair pour former une constellation [29] ». De cette rencontre, qui n'est pas temporelle mais « figurative » *(bildlich)* et se condense en une image, surgit une vision de l'histoire comme un processus ouvert dans lequel un passé inachevé peut, à certains moments, être réactivé, faire éclater le *continuum* d'une histoire purement chronologique et, par son irruption soudaine, s'immiscer dans le présent. C'est donc dans l'« image des ancêtres asservis » que peut puiser sa force une promesse de libération inscrite dans les combats du temps actuel car, ajoutait-il, l'histoire n'est pas seulement une « science » mais tout autant « une forme de remémoration » (*Eingedenken*) [30]. Selon Benjamin, écrire l'histoire signifie entrer en résonance avec la mémoire des vaincus, dont le souvenir se perpétue comme une « promesse de rédemption » inassouvie. Cette approche ne remplace pas une méthode d'analyse, mais elle oriente et définit le but de l'investigation, aux antipodes de la conception

29 Walter BENJAMIN, *Paris, capitale du XIXe siècle*, *op. cit.*, p. 479 (*Das Passagen-Werk*, Suhrkamp, Francfort/Main, 1983, Bd. I, p. 578).

30 *Ibid.*, 489 (p. 589). La référence à l'« image des ancêtres asservis » se trouve dans la douzième de ses thèses « Sur le concept d'histoire », *in* Walter BENJAMIN, *Œuvres III*, « Folio », Gallimard, Paris, 2000, p. 438.

aujourd'hui dominante de l'histoire comme « expertise » (dans l'espace public, les chercheurs qui la pratiquent seraient donc des intellectuels critiques bien davantage que « spécifiques »). Sur le plan épistémologique, la fécondité de cette approche a été soulignée par Reinhart Koselleck. Les historiens adoptant le point de vue des vainqueurs, écrit-il en donnant comme exemples Guizot et Droysen (mais ses remarques pourraient bien s'appliquer à Furet), retombent toujours dans un schéma providentiel fondé sur une interprétation apologétique du passé, tandis que les historiens s'inscrivant dans le camp des vaincus réexaminent le passé avec un regard plus aigu et critique. À court terme, écrit-il, « il se peut que l'histoire soit faite par les vainqueurs mais, à long terme, les gains historiques de connaissance proviennent des vaincus [31] ».

Cette conception de l'histoire éclaire la posture mentale et psychologique, souvent inconsciente, de beaucoup d'historiens « militants », quelles que soient leurs méthodes ou les traditions historiographiques auxquelles ils appartiennent. Il ne serait pas difficile d'en saisir les traces dans les écrits d'Edward P. Thompson, Ranajit Guha, Adolfo Gilly ou de bien d'autres historiens des classes subalternes, notamment ceux qui travaillent sur des sources orales [32]. Lorsque j'ai lu pour la première fois les thèses sur le concept d'histoire de Benjamin, elles m'ont rappelé un passage saisissant d'Isaac Deutscher consacré au Trotski historien de la révolution russe : « La révolution est, pour lui, ce moment, bref mais chargé de sens, où les humbles et les opprimés ont enfin leur mot à dire, et à ses yeux ce moment rachète des siècles d'oppression. Il y revient

31 Reinhart Koselleck, « Mutation de l'expérience et changement de méthode », *L'Expérience de l'histoire*, *op. cit.*, p. 239.

32 Voir, pour ne citer que quelques travaux, Dorothy Thompson (dir.), *The Essential E.P. Thompson*, The New Press, New York, 2001 ; Ranajit Guha et Gayatri Chakravorti Spivak (dir.), *Selected Subaltern Studies*, Oxford University Press, New York, 1988 ; Adolfo Gilly, *La Révolution mexicaine 1910-1920*, Syllepse, Paris, 1995.

avec une nostalgie qui prête à sa reconstitution un relief intense et éclatant [33]. »

Or, comme Max Horkheimer l'écrivait à Benjamin en 1937, considérer le passé comme une expérience inachevée, non définitivement clôturée, renvoie, qu'on le veuille ou non, à l'idée du Jugement dernier, donc à la théologie. Il poursuivait en distinguant entre les aspects positifs du passé – les joies et le bonheur, forcément éphémères et volatils – et ses aspects négatifs – « l'injustice, la terreur, les souffrances » – qui prennent en revanche un caractère « irréparable ». Dans ses commentaires, Benjamin était obligé de partager ce constat, en admettant la contradiction inhérente à son approche : si la remémoration, écrivait-il, « interdit de concevoir l'histoire de façon fondamentalement athéologique », il ne s'octroyait pas non plus « le droit d'essayer de l'écrire avec des concepts immédiatement théologiques » [34].

Pour Benjamin, on le sait, la théologie signifie le messianisme juif. Cet échange, cependant, se prête aussi à une lecture plus « séculière », qui renvoie à la part d'utopie colportée par tout mouvement révolutionnaire et par toute pensée critique orientée vers la transformation du monde. Il touche enfin à un ensemble hétérogène de dispositions mentales et d'états d'âme – de la mélancolie au deuil, de l'espérance au désenchantement – que l'histoire nous a légués et qui hantent dans le présent notre relation au passé. En ce sens, cet échange entre Horkheimer et Benjamin évoque certaines tensions qui traversent l'historiographie contemporaine : tensions entre histoire et mémoire, entre la mise à distance propre à la démarche historienne et la subjectivité, faite des inquiétudes et des reviviscences, des souvenirs et des représentations collectives qui habitent les acteurs de l'histoire. Le XXe siècle, cependant, n'a pas seulement révélé les illusions de l'historicisme et illustré le naufrage de l'idée de Progrès ; il a aussi

---

33 Isaac DEUTSCHER, *Trotski*, Éditions 10/18, Paris, 1980, vol. 5, p. 319-320.

34 Walter BENJAMIN, *Paris, capitale du XIXe siècle*, *op. cit.*, p. 489 (p. 589).

enregistré l'éclipse des utopies inscrites dans les expériences révolutionnaires. À l'instar de l'Ange de la neuvième thèse de Benjamin, Auschwitz nous impose de regarder l'histoire comme un champ de ruines, alors que le Goulag nous interdit toute illusion ou naïveté vis-à-vis des interruptions messianiques du temps historique. Dan Diner n'a pas tort lorsqu'il observe que la narration du XXᵉ siècle se construit aujourd'hui autour d'un *telos* négatif : « La conscience de l'époque est forgée par une mémoire marquée du sceau des cataclysmes du siècle [35]. » Pour ceux qui n'ont pas choisi le désenchantement résigné ou la réconciliation avec l'ordre dominant, le malaise est inévitable. C'est probablement sous le signe d'un tel malaise que se place aujourd'hui l'historiographie critique. Il faut essayer de le rendre fructueux.

35 Dan Diner, *Das Jahrhundert verstehen*, *op. cit.*, p. 17.

Note sur les sources

Au départ, ce livre a été conçu comme un recueil d'articles liés entre eux par un même objet d'investigation : les débats historiographiques autour des violences du monde contemporain, avec en toile de fond les interprétations globales du XXe siècle comme âge des guerres, des totalitarismes et des génocides. Ces textes ont des origines différentes qui se retrouvent dans la structure de l'ouvrage. En les retravaillant, cependant, je me suis rendu compte qu'ils partaient tous d'une même interrogation et que, sans le savoir, je les avais écrits comme les parties d'un tout. Parfois considérable, leur réélaboration a cherché à mettre en évidence ce fil rouge qui les traverse d'un bout à l'autre. Inévitablement, ce livre entre en résonance avec d'autres, écrits au cours des quinze dernières années, dont il reprend et développe – ou garde en toile de fond – certaines idées.

Le premier chapitre est consacré à Hobsbawm, un intellectuel qui a traversé le XXe siècle et en demeure le principal historien. Il est paru, dans une version réduite, dans *La Revue Internationale des Livres et des Idées* (*RILI*, 2009, n° 10) et dans la revue espagnole *Pasajes* (2009-2010, n° 31). Le deuxième chapitre incorpore une critique de *The Furies* d'Arno Mayer parue en français (*Contretemps*, 2002, n° 5) et en anglais (*Historical Materialism*, 2008, vol. 16.4), ainsi qu'une critique de François Furet parue en anglais dans un recueil dirigé par Mike Haynes et Jim Wolfreys (*History and Revolution. Refuting Revisionism*, Verso, London, 2007). Le troisième chapitre, consacré à l'historiographie du fascisme des vingt-cinq dernières années, est paru d'abord en espagnol (*Ayer. Revista de historia contemporánea*, 2005, n° 60), puis en anglais (*Constellations*, 2008, vol. 15, n° 3) et en français (*RILI*, 2008, n° 3). Le quatrième aborde la controverse de l'historisation du nazisme à partir de l'œuvre de Saul Friedländer et de sa correspondance avec Martin Broszat. Il a d'abord été rédigé pour un ouvrage collectif dirigé par Christian Delacroix, François Dosse et Patrick Garcia (*Historicités*, La Découverte, Paris, 2009). Le cinquième chapitre porte sur la comparaison des génocides, dont la Shoah est désormais devenue le paradigme. Il reprend, dans une version largement remaniée, ma contribution à un ouvrage collectif que j'ai dirigé en Italie avec Marina Cattaruzza, Marcello Flores et Simon Levis Sullam (*Storia della Shoah. La crisi dell'Europa, lo sterminio degli ebrei e la memoria del XX secolo*, UTET, Torino, 2005-2006, 2 vol.). Tout en réduisant largement la version italienne, il incorpore aussi un essai sur la comparaison entre nazisme et *casticisme* écrit pour *Pasajes* (2007, n° 23), puis repris par la *RILI* (2008, n° 4). L'apport de Michel Foucault et de Giorgio Agamben pour l'analyse des violences contemporaines est au centre du sixième chapitre, qui s'appuie sur un article paru en italien dans la revue *Contemporanea. Rivista di storia dell'Ottocento e del Novecento* (2009, n° 3). Le septième chapitre – le moins directement historiographique du livre – analyse le rapport entre exil et violence en questionnant aussi bien l'exil juif que l'*Atlantique noir*, à la lumière du concept de « théorie voyageuse » élaboré par Edward Saïd. Il intègre ma contribution à un volume en hommage à Miguel Abensour, dirigé par Anne Kupier et Etienne Tassin (*Critique de la politique. Autour de Miguel Abensour*, Sens & Tonka, 2006), ainsi que ma postface à l'édition italienne du grand livre de C. L. R. James sur *Moby Dick* (*Marinai, rinnegati e reietti. La storia di Herman Melville e il mondo in cui viviamo*, Ombre corte, Verona, 2003). Le dernier chapitre essaie de mettre en rapport la mémoire et l'histoire du XXe siècle. Il développe des thèmes déjà présentés dans un article paru dans la revue *Raisons politiques* (2009, n° 36), et dans des communications pour différents congrès en Espagne, Italie, Allemagne, Argentine et Autriche, entre 2008 et 2010. Tous ces textes ont été complètement remaniés pour ce livre. Je tiens à remercier Hugues Jallon, qui a accueilli le projet de transformer ces textes en un livre, et Rémy Toulouse, qui m'a permis de l'achever.

1

Fin de siècle
Le XXe siècle d'Eric Hobsbawm

Eric J. Hobsbawm est sans doute, aujourd'hui, l'historien le plus lu dans le monde. Cette notoriété tient surtout au succès planétaire de *L'Âge des extrêmes* (1994), son histoire du « court » XXe siècle [1]. Certes, il occupait déjà une place de premier plan dans l'historiographie internationale, mais la parution de cet ouvrage lui a permis de conquérir un public beaucoup plus vaste. Toute nouvelle interprétation du monde contemporain ne pourra échapper à une confrontation avec la sienne, désormais canonique. Ce constat révèle un paradoxe : le XXe siècle s'est achevé dans un climat de restauration intellectuelle et politique, congédié par un vacarme médiatique qui annonçait le triomphe définitif de la société de marché et du libéralisme ; Hobsbawm, en revanche, ne cache pas ses sympathies pour le communisme, le grand perdant de la guerre froide, ni son attachement à une conception de l'histoire d'inspiration marxiste. Son livre est un contrepoint au consensus libéral autour d'une vision du capitalisme comme ordre naturel du monde [2]. Cela vaut particulièrement pour la

1 Eric Hobsbawm, *L'Âge des extrêmes. Histoire du court XXe siècle 1914-1991*, Complexe, Bruxelles, 2003.

2 La réception du livre d'Hobsbawm a par ailleurs coïncidé avec l'essor du blairisme en Angleterre, vis-à-vis duquel il prit ses distances, après en avoir été l'un des inspi-

France, où il ne fut disponible en librairie, grâce à un éditeur belge, que cinq ans après son édition anglaise originale et après qu'il avait déjà été traduit en plus d'une vingtaine de langues. En 1997, Pierre Nora expliquait dans *Le Débat* qu'un tel ouvrage, anachronique et inspiré par une idéologie d'une autre époque, n'aurait jamais pu être rentable pour un éditeur (ce qui motivait la décision de le refuser dans sa collection chez Gallimard) [3]. Rapidement démenti par le succès du livre, ce pronostic supposait un préjugé idéologique : l'existence d'une syntonie parfaite entre la sensibilité des lecteurs et l'accueil enthousiaste réservé par les médias au *Passé d'une illusion* de François Furet (1995) et au *Livre noir du communisme* (1997). Presque quinze ans après sa parution, le livre d'Hobsbawm mérite d'être relu à la lumière de son œuvre, enrichie par une importante autobiographie et quelques recueils d'essais. Il doit aussi être mis en rapport avec d'autres histoires du XXe siècle, orientées par des méthodes et des regards différents, publiées au cours de ces dernières années.

Une tétralogie

L'Âge des extrêmes est le dernier volume d'une tétralogie. Il fait suite à trois ouvrages consacrés à l'histoire du XIXe siècle parus entre 1962 et 1987. Le premier analyse les bouleversements sociaux et politiques qui ont accompagné la transition de l'Ancien Régime à l'Europe bourgeoise (*L'Âge des révolutions 1789-1848*). Le deuxième reconstitue l'essor du capitalisme industriel et la consolidation de la bourgeoisie comme classe dominante (*L'Ère du capital 1848-1875*). Le troisième étudie l'avènement de l'impérialisme et se termine avec l'apparition des contradictions qui fissurent le « concert

---

rateurs dans les pages de la revue *Marxism Today*. Sur les contradictions politiques d'Hobsbawm, *cf.* Perry ANDERSON, « The vanquished left : Eric Hobsbawm », *Spectrum. From Right to Left in the History of Ideas*, Verso, Londres, 2005, p. 316-318.

3 *Cf.* Pierre NORA, « Traduire : nécessité et difficultés », *Le Débat*, 1997, n° 93, p. 94.

européen », en créant les prémisses de son éclatement (*L'Ère des empires 1875-1914*) [4]. Hobsbawm n'avait pas planifié ces ouvrages ; ils sont nés au fil du temps, sollicités par ses éditeurs et stimulés par l'évolution de ses recherches. Au fond, sa trajectoire historiographique est celle d'un spécialiste du XIXe siècle. En 1952, il fonde avec Edward P. Thompson et Christopher Hill la revue *Past and Present*, tentative de synthèse entre le marxisme et l'école des *Annales*. Il se consacre à l'étude de l'histoire sociale des classes laborieuses et des révoltes paysannes à l'époque de la révolution industrielle ; le marxisme et la formation du mouvement ouvrier sont au centre de ses intérêts. Ses grandes synthèses historiques accompagnent l'élaboration de ces travaux de pionnier. De facture plus classique et écrites dans un style accessible à un large public, elles ne construisent pas de nouveaux objets d'investigation ni ne bouleversent les approches historiographiques traditionnelles. Elles brossent une vaste fresque du XIXe siècle qui, dans la longue durée, en éclaire les forces sociales. Autrement dit, il existe un écart entre, d'une part, l'historien des briseurs de machines et de la résistance paysanne aux *enclosures* dans les campagnes anglaises et, d'autre part, celui des grandes synthèses sur les « révolutions bourgeoises » et l'avènement du capitalisme industriel. Cet écart ne sera pas surmonté par le dernier volume de sa tétralogie, prisonnier d'une tendance qu'il a toujours reprochée à l'historiographie traditionnelle du mouvement ouvrier : regarder l'histoire « par en haut », sans se soucier de ce que pensaient les gens ordinaires, les acteurs « d'en bas » [5].

Hobsbawm a conçu le projet d'une histoire du XXe siècle au lendemain de la chute du mur de Berlin. Il fut l'un des

---

4 Eric HOBSBAWM, *L'Ère des révolutions 1789-1848*, Hachette-Pluriel, Paris, 2002 ; *L'Ère du capital 1848-1875*, Hachette-Pluriel, Paris, 2002 ; *L'Ère des empires 1875-1914*, Hachette-Pluriel, Paris, 1999.

5 Voir par exemple Eric HOBSBAWM, « Labor history and ideology » (1974), *Worlds of Labour. Further Studies in the History of Labour*, Weidenfeld & Nicolson, Londres, 1984, ch. 1.

premiers à interpréter cet événement comme le signe d'une mutation qui non seulement mettait fin à la guerre froide, mais, à une échelle plus vaste, clôturait un siècle. Naissait alors l'idée d'un « court » XXe siècle, encadré par deux tournants majeurs de l'histoire européenne – la Grande Guerre et l'effondrement du socialisme réel – et opposé à un « long » XIXe siècle allant de la Révolution française aux tranchées de 1914. Si la guerre a été la véritable matrice du XXe siècle, la révolution bolchevique et le communisme lui ont donné un profil. Hobsbawm le place tout entier sous le signe d'Octobre et c'est l'achèvement de la trajectoire de l'URSS, au bout d'un long déclin, qui en signe la conclusion.

Né à Alexandrie en 1917 d'un père anglais et d'une mère autrichienne, Hobsbawm se définit comme le descendant de deux piliers de l'Europe du XIXe siècle : l'Empire britannique et l'Autriche habsbourgeoise. C'est à Berlin, en 1932, à l'âge de quinze ans, qu'il devient communiste. Ce choix ne sera pas remis en cause au cours des décennies suivantes pendant lesquelles il étudie puis enseigne dans les meilleures universités britanniques. Le XXe siècle a été sa vie et il admet, en toute honnêteté, sa difficulté à dissocier l'histoire de l'autobiographie. À contre-pied d'une illusoire neutralité axiologique, il affirme clairement, dès les premières pages de son livre, son statut de « spectateur engagé » : « Qui a vécu ce siècle extraordinaire ne saurait s'abstenir de juger. C'est comprendre qui devient difficile [6]. »

L'impact de *L'Âge des extrêmes* a été d'autant plus fort que, en achevant sa tétralogie, Hobsbawm entérinait un tournant intervenu dans notre perception du passé. Il procédait à la *mise en histoire* d'une époque qui, considérée jusqu'alors comme un présent vécu, était maintenant appréhendée comme révolue et clôturée, bref, comme *histoire*. La guerre froide quittait les chroniques de l'actualité pour devenir l'objet d'un récit historique qui l'inscrivait dans une séquence plus large, en

---

6 Eric Hobsbawm, *L'Âge des extrêmes*, *op. cit.*, p. 24.

remontant jusqu'à 1914. L'idée d'un « court » XXe siècle entra dans la sphère publique, puis dans le sens commun.

La vision d'un « long » XIXe siècle n'était pas nouvelle. Dans *La Grande Transformation* (1944), Karl Polanyi avait déjà esquissé le profil d'une « paix de cent ans » s'étalant du Congrès de Vienne – à la fin des guerres napoléoniennes – à l'attentat de Sarajevo en 1914 [7]. Bâti sur un équilibre international entre les grandes puissances dont Metternich avait été l'architecte, le XIXe siècle avait vu l'éclosion des institutions libérales, l'essor d'une gigantesque croissance économique fondée sur la construction des marchés nationaux et consolidée par l'adoption de l'étalon or (*gold standard*). Arno J. Mayer, quant à lui, avait qualifié le XIXe siècle d'âge de la « persistance de l'Ancien Régime ». Sur le plan économique, la bourgeoisie était déjà la classe dominante, mais sa mentalité et son style de vie révélaient sa subalternité à l'égard des modèles aristocratiques qui – à l'exception de quelques rares régimes républicains, dont la France après les années 1870 – demeuraient prémodernes. En 1914, une seconde guerre de Trente Ans mettait fin à l'agonie séculaire de cet Ancien Régime en sursis [8]. Hobsbawm semble être parvenu à des conclusions similaires. Dans le premier volume de sa tétralogie, il définit la grande bourgeoisie industrielle et financière comme la « classe dominante » de l'Europe du XIXe siècle [9]. Puis, dans le second, il nuance son analyse en soulignant que, dans la plupart des pays, la bourgeoisie n'exerçait pas le pouvoir politique, mais seulement une « hégémonie » sociale, le capitalisme étant désormais reconnu comme la forme irremplaçable du développement économique [10]. Relevé sans jamais faire l'objet d'une explication approfondie, cet écart entre une

7 Karl Polanyi, *The Great Transformation. The Political and Economic Origins of Our Time*, Beacon Press, Boston, 1957, ch. 1.

8 Arno J. Mayer, *La Persistance de l'Ancien Régime. L'Europe de 1848 à la Grande Guerre*, Flammarion, Paris, 1983.

9 Eric Hobsbawm, *The Age of Revolution*, Vintage, Londres, 1996, p. 140.

10 Eric Hobsbawm, *The Age of Capital*, Vintage, Londres, 1996, p. 291.

domination sociale bourgeoise et un pouvoir politique aristocratique demeure sans doute, comme certains critiques l'ont remarqué, la principale limite des trois premiers volumes de sa fresque historique [11]. Ce hiatus inexploré entre hégémonie sociale bourgeoise et « persistance » de l'Ancien Régime remet aussi en cause une conception marxiste traditionnelle des « révolutions bourgeoises » (1789-1848), dont la critique la plus féconde sera menée par d'autres chercheurs [12].

Le « long XIXe siècle » peint par Hobsbawm est le théâtre d'une transformation du monde dont l'Europe, grâce à l'essor de l'impérialisme, a été le centre et le moteur à la fois. Tous les courants politiques s'identifient à sa mission civilisatrice, incarnée par une race et une culture « supérieures ». Le siècle des chemins de fer et des usines industrielles, des grandes villes et des tramways, des mitrailleuses et des statistiques, du journalisme et de la finance, de la photographie et du cinéma, du télégraphe et de l'électricité, de l'alphabétisation et du colonialisme a été dominé par l'idée de *progrès*. Conçu comme un mouvement moral et matériel à la fois, illustré par les conquêtes de la science, l'augmentation incessante de la production et l'essor des chemins de fer, qui reliaient toutes les grandes métropoles ainsi que les deux côtes américaines, le progrès est devenu une croyance inébranlable, non plus inscrite dans les potentialités de la raison, mais portée par les forces objectives et irrésistibles de la société. Les pages les plus puissantes de *L'Âge des extrêmes* sont celles du premier chapitre, où Hobsbawm décrit l'ouverture du XXe siècle dans un climat apocalyptique qui renverse littéralement toutes les certitudes d'une ère antérieure de paix et de prospérité. Le nouveau siècle a commencé comme une « ère de la catastrophe » (1914-1945) encadrée par deux guerres totales destructrices et meurtrières : trois décennies pendant

---

11 *Cf.* Perry ANDERSON, « The vanquished left : Eric Hobsbawm », *loc. cit.*, p. 296-297.

12 Je ne fais pas allusion à François FURET, *Penser la Révolution française*, Gallimard, Paris, 1978, dont il sera question dans le chapitre suivant, mais plutôt à Ellen MEIKSINS-WOOD, *The Origins of Capitalism. A Longer View*, Verso, Londres, 2002, p. 118-121.

lesquelles l'Europe a assisté à l'effondrement de son économie et de ses institutions politiques. Défié par la révolution bolchevique, le capitalisme semblait avoir fait son temps, tandis que les institutions libérales apparaissaient comme les vestiges d'un âge révolu lorsqu'elles se décomposaient, parfois sans offrir la moindre résistance, face à l'essor des fascismes et des dictatures militaires en Italie, Allemagne, Autriche, Portugal, Espagne et dans plusieurs pays d'Europe centrale. Le progrès s'est révélé illusoire et l'Europe a cessé d'être le centre du monde. La Société des Nations, son nouveau gérant, était immobile et impuissante. Face à ces trois décennies cataclysmiques, celles d'après guerre – l'« âge d'or » (1945-1973) et la « débâcle » (1973-1991) – semblent deux moments distincts d'une seule et même époque qui coïncide avec l'histoire de la guerre froide. L'« âge d'or » est celui des Trente Glorieuses, avec la diffusion du fordisme, l'élargissement de la consommation de masse et l'avènement d'une prospérité généralisée apparemment inépuisable. La « débâcle » (*landslide*) a commencé avec la crise du pétrole de 1973, qui a mis fin au boom économique et s'est prolongée par une onde longue récessive. À l'Est, elle s'annonçait par la guerre d'Afghanistan (1978), qui amorçait la crise du système soviétique et l'a accompagné jusqu'à sa décomposition. La « débâcle » a fait suite à la décolonisation – entre l'indépendance de l'Inde (1947) et la guerre du Vietnam (1960-1975) –, pendant laquelle l'essor des mouvements de libération nationale et des révolutions anti-impérialistes s'est mêlé au conflit entre les grandes puissances.

Eurocentrisme

La périodisation proposée par Hobsbawm fait la force de sa tétralogie et, en même temps, en indique les limites. Son ouvrage consacré aux « révolutions bourgeoises » – le plus ancien – est inévitablement le plus daté. Au cours de ces dernières années, plusieurs historiens ont critiqué son interprétation d'une *double* révolution, économique et politique à la fois : la révolution industrielle anglaise qui transforme le capitalisme et la Révolution française qui, suite aux guerres napoléoniennes, met fin à l'Ancien Régime en Europe continentale (à l'exception de l'Empire des tsars) [13].

Selon Christopher Bayly et Jürgen Osterhammel, cette thèse doit être relativisée. Le XIXe siècle fut incontestablement une époque de modernisation, mais ce processus ne fut ni rapide ni homogène. La révolution industrielle n'a d'abord touché que l'Angleterre et la Belgique. En Europe comme aux États-Unis, l'économie ne fut dominée par l'industrie qu'à partir des années 1880, et dans plusieurs pays de manière très incomplète. Il serait donc faux de projeter sur tout le siècle l'image d'une modernité qui ne s'est imposée qu'à sa fin, ou d'interpréter ses conflits politiques et ses révolutions comme le produit des contradictions de la société industrielle. L'Europe du XIXe siècle restait, dans son ensemble, rurale. Sur le plan politique, la fin de l'absolutisme n'a pas laissé la place à des États modernes fondés sur des constitutions libérales, dotés d'institutions représentatives et bien installés dans des sociétés dominées par la bourgeoisie industrielle et financière. Autrement dit, le XIXe siècle n'a pas vu l'essor de l'*État bourgeois*. Il fut plutôt un lieu d'expérimentation de formes hybrides entre une bourgeoisie ascendante (mais pas dominante) et une aristocratie qui essayait de s'adapter à la nouvelle donne et demeurait au cœur d'un Ancien Régime « persistant » [14]. L'aristocratie demeurait un modèle pour les nouvelles élites sociales et économiques, qui nouaient avec elle des relations symbiotiques. Le terme « bourgeois » désignait de manière assez indistincte des personnes « respectables » – « ceux qui portent des gants [15] » –, beaucoup plus

---

13 Voir notamment Christopher A. BAYLY, *La Naissance du monde moderne (1780-1914)*, Les Éditions de l'Atelier/Le Monde diplomatique, Paris, 2006, p. 14-15 ; Jürgen OSTERHAMMEL, *Die Verwandlung der Welt. Eine Geschichte des 19. Jahrhunderts*, C. H. Beck, Munich, 2009, p. 776.

14 Arno J. MAYER, *La Persistance de l'Ancien Régime*, *op. cit.*

15 Jürgen OSTERHAMMEL, *Die Verwandlung der Welt*, *op. cit.*, p. 1085.

qu'une classe d'entrepreneurs capitalistes. Par conséquent, tous les membres des professions libérales étaient des « bourgeois ». Osterhammel décrit l'« automne doré [16] » de l'aristocratie (entre les deux vagues destructrices de 1789 et de 1917) et Bayly évoque l'« été indien » des propriétaires d'esclaves [17] pendant la première moitié d'un siècle marqué par l'abolition de l'esclavage. Le libéralisme issu de cette synthèse entre aristocratie déclinante et bourgeoisie ascendante craignait, ou pour mieux dire haïssait la démocratie, dans laquelle il voyait une forme d'anarchie et de « domination des foules ». Cette perception était partagée par un positiviste et théoricien de la race comme Gustave Le Bon, pour qui l'« ère des foules » – la démocratie – annonçait la décadence de la civilisation, et par un politicien libéral conservateur britannique comme Alfred Milner, cité par Hobsbawm dans *L'Ère des empires*, pour qui le Parlement anglais n'était rien d'autre que la « racaille de Westminster [18] ». Loin de surgir comme le complément naturel du libéralisme et du marché, selon un cliché aussi faux que répandu, la démocratie sera le résultat de plus d'un siècle de luttes, entre les révolutions du XVIIIe et celles du XXe siècle. Les institutions représentatives du XIXe siècle relevaient de ce que Domenico Losurdo a qualifié de *Herrenvolk democracy* : une « démocratie du peuple des seigneurs » strictement délimitée par des frontières de classe, de genre et de race, excluant du suffrage les couches laborieuses, les femmes et les « indigènes » du monde colonial [19]. Autrement dit, les élections étaient une affaire de propriétaires, mâles et blancs.

Dans le premier tome de sa tétralogie, Hobsbawm évoque à peine les guerres de libération dans l'Amérique latine des années 1820, tandis que, dans les suivants, il décrit la guerre civile américaine mais ne s'attarde que superficiellement sur la

---

16 *Ibid.*, p. 1071.

17 Christopher BAYLY, *La Naissance du monde moderne*, *op. cit.*, p. 454.

18 Eric HOBSBAWM, *The Age of Empire 1875-1914*, Vintage, Londres, 1989, p. 97.

19 Domenico LOSURDO, *Le Péché originel du XXe siècle*, Aden, Bruxelles, 2007, ch. 2.

révolte des Taiping, le plus vaste mouvement social du XIXe siècle qui a profondément secoué la Chine entre 1851 et 1864[20]. Si les révolutions ont marqué de leur sceau le XIXe siècle, elles ont constitué un phénomène essentiellement européen qui a atteint son apogée en 1848. Osterhammel, en revanche, les analyse comme un mouvement global se déployant en trois vagues distinctes. D'abord l'« Atlantique révolutionnaire », qui s'est amorcée en Amérique en 1776, a ensuite déferlé sur la France à partir de 1789, et s'est achevée aux Antilles, à Saint-Domingue, où, le 1er janvier 1804, les esclaves insurgés ont proclamé l'État indépendant d'Haïti, sous la forme d'une « société égalitaire de petits paysans afro-américains libres[21] ». C'est lors de cette « époque-charnière » que se sont imposés des concepts fondateurs de notre modernité politique, tels que liberté, égalité et émancipation. Ils seront finalement inscrits dans une série de textes programmatiques, comme la Déclaration d'indépendance américaine (1776), la Déclaration des droits de l'homme et du citoyen (1789), le Décret d'abolition de l'esclavage par la Convention (1794) et, sous l'impact de la révolution de Saint-Domingue, le discours d'Angostura prononcé par Simon Bolivar (1819), manifeste des luttes de libération nationale en Amérique latine. La seconde vague s'est installée au milieu du siècle. Elle a dépassé la première par son ampleur, mais ne possédait ni l'unité spatiale ni l'unité politique de l'Atlantique révolutionnaire[22]. Ses différents moments – les révolutions européennes de 1848, l'insurrection des Taiping dans la Chine impériale (1850-1864), la révolte des Sepoys contre le colonialisme britannique en Inde (1857) et la guerre civile américaine (1861-1865) – sont restés déconnectés, sans jamais s'articuler dans un processus unitaire. La synchronisation de ces révolutions n'a découlé d'aucun enchaînement politique entre

20 Eric Hobsbawm, *The Age of Capital*, *op. cit.*, p. 127-130.
21 Jürgen Osterhammel, *Die Verwandlung der Welt*, *op. cit.*, p. 758.
22 *Ibid.*, p. 777.

l'Europe, l'Asie et l'Amérique, et les mouvements qui les inspiraient ne présentaient guère d'affinités. Entre les Taiping – opposés à la dynastie Qing au nom d'un syncrétisme singulier mêlant confucianisme et protestantisme évangélique – et les Sepoys – insurgés contre le colonialisme au nom de l'Inde précoloniale – les différences étaient de taille. La troisième vague, enfin, a été celle des révolutions eurasiatiques qui ont précédé la Grande Guerre : le premier soulèvement contre l'Empire tsariste en Russie (1905), la révolution constitutionnelle en Iran (1905-1911), la révolution des Jeunes Turcs au sein de l'Empire ottoman (1908), et le mouvement qui, au bout d'un siècle de déclin, a mis fin à la dynastie Qing et donné naissance à la république chinoise de Sun Yat-Sen (1911). À l'exception de la Russie, il s'agissait de ruptures « par en haut », souvent impulsées par des élites intellectuelles et militaires à l'instar du *Risorgimento* italien (Cavour) ou de la restauration Meiji au Japon (1868), deux mouvements auxquels Hobsbawm dénie le statut de « révolutions bourgeoises »[23].

Bref, la périodisation proposée par Hobsbawm dans sa tétralogie reste prisonnière d'un horizon eurocentrique, ou tout au moins occidentalo-centrique. Ses découpages historiques ne sont pas généralisables. Adoptant la perspective d'une histoire *globale*, Osterhammel refuse de fixer des frontières chronologiques rigides pour définir des époques dont l'unité était fondée sur des structures temporelles ouvertes. La notion de « long » XIXe siècle – entre la révolution américaine et la Grande Guerre – n'est valable *a posteriori* que pour le monde occidental et surtout pour l'Europe[24]. Elle pourrait, avec quelques ajustements, s'adapter à l'Empire ottoman, entre l'invasion de l'Égypte par Bonaparte (1798) et son

23 Sur la comparaison entre le *Risorgimento* et la Restauration Meiji, *cf.* Eric Hobsbawm, *The Age of Capital 1848-1875*, Vintage, Londres, 1996, p. 106-108, 149-151. Voir aussi Jürgen Osterhammel, *Die Verwandlung der Welt*, *op. cit.*, p. 754.

24 *Ibid.*, p. 1285.

démembrement par le traité de Sèvres (1920), mais ne trouve guère de correspondance ailleurs. Aux États-Unis, le XIXe siècle a commencé avec l'indépendance, en 1776, et s'est achevé avec la guerre civile dans les années 1860. En Amérique latine, il s'est amorcé avec les luttes indépendantistes des années 1820 et s'est poursuivi jusqu'à la crise de 1929. Le Japon a connu un autre cycle, entre la restauration Meiji (1853-1868) et la défaite de 1945. Est-il légitime de considérer 1789 ou 1914 comme des grands tournants pour l'histoire de l'Afrique ? Le congrès de Berlin (1884) et les années de la décolonisation (1960) seraient à coup sûr des clivages plus pertinents. Vues d'Asie, les grandes ruptures du XXe siècle – l'indépendance de l'Inde (1947), la révolution chinoise (1949), la guerre de Corée (1950-1953), la guerre du Vietnam (1960-1975) – ne coïncident pas forcément avec celles de l'histoire européenne. La Révolution chinoise de 1949 a transformé en profondeur les structures sociales et les conditions de vie d'une portion de l'humanité bien plus vaste que l'Europe, mais les décennies comprises entre 1945 et 1973 – marquées par la guerre civile, le « Grand bond en avant » et la Révolution culturelle – n'ont pas été un « âge d'or » pour les habitants de cet immense pays. Pendant cette période, les Vietnamiens et les Cambodgiens ont subi des bombardements plus soutenus que ceux qui ont dévasté l'Europe pendant la Seconde Guerre mondiale, les Coréens ont connu les affres d'une guerre civile et de deux dictatures militaires, tandis que les Indonésiens ont subi un coup d'État anticommuniste aux dimensions littéralement exterminatrices (500 000 victimes). Seul le Japon a vécu une époque de liberté et de prospérité comparable à l'« âge d'or » du monde occidental. L'Amérique latine, quant à elle, a certes subi l'impact de 1789 – Toussaint Louverture et Simon Bolivar en ont été les fils sur ce continent –, mais elle est restée en dehors des guerres mondiales du XXe siècle. Elle a connu deux grandes révolutions – au Mexique (1910-1917) et à Cuba (1959) – et son ère de la catastrophe se situe plutôt entre le début des années 1970 et la fin des années 1980, lorsque le continent était dominé par des dictatures militaires sanglantes, non plus populistes et *desarrollistas*, mais néolibérales et terriblement répressives.

Bien qu'il récuse toute attitude condescendante et ethnocentrique à l'égard des pays « retardataires et pauvres », Hobsbawm postule leur subalternité comme un truisme qui évoque par moments la thèse classique d'Engels (d'origine hégélienne) sur les « peuples sans histoire [25] ». À ses yeux, ces pays ont connu une dynamique « dérivée, non originale ». Leur histoire se réduirait essentiellement aux tentatives de leurs élites « pour imiter le modèle dont l'Occident fut le pionnier », c'est-à-dire le développement industriel et technico-scientifique, « dans une variante capitaliste ou socialiste » [26]. De la même façon, Hobsbawm semble justifier le culte de la personnalité instauré par Staline en URSS, considérant qu'il était bien adapté à une population paysanne dont la mentalité correspondait à celle des plèbes occidentales du XIe siècle [27]. Ces passages relativisent considérablement la portée des révolutions coloniales qu'il décrit comme des ruptures éphémères et limitées. *L'Ère du capital* s'ouvrait par le constat du destin tragique des colonisés au XIXe siècle, partagés entre « une résistance vouée à l'échec » parce que tournée vers le passé, et une acceptation de l'impérialisme dans la perspective de le combattre dans le futur, après en avoir assimilé les conquêtes modernes [28]. Dans *L'Âge des extrêmes*, il constate que la modernité a finalement été utilisée par les élites issues de la décolonisation afin d'adopter « des systèmes politiques dérivés de leurs anciens maîtres impériaux ou de leurs conquérants [29] ».

---

25 Ce qui est plutôt paradoxal à la lumière de son œuvre. *Cf.* Eric Hobsbawm, « All peoples have a history » (1983), *On History*, Weidenfeld & Nicolson, Londres, 1997, p. 171-177.

26 Eric Hobsbawm, *L'Âge des extrêmes*, *op. cit.*, p. 266.

27 *Ibid.*, p. 504.

28 Eric Hobsbawm, *The Age of Capital*, *op. cit.*, p. 4.

29 Eric Hobsbawm, *L'Âge des extrêmes*, *op. cit.*, p. 452.

Hobsbawm reconnaît que « la décolonisation et la révolution ont transformé de fond en comble la carte politique du globe [30] », mais son argumentation ne semble pas saisir dans la révolte des peuples colonisés et leur transformation en sujet politique sur la scène mondiale un aspect central de l'histoire du XXe siècle. Ce constat renvoie à l'écart souligné plus haut entre deux Hobsbawm : d'une part l'historien social qui s'intéresse à ceux « d'en bas » en restituant leur voix et, de l'autre, l'auteur des grandes synthèses historiques où les classes subalternes redeviennent une masse anonyme. L'auteur de *L'Ère du capital* et de *L'Âge des extrêmes* est pourtant le même qui a écrit *Primitive Rebels* (1959) et *Bandits* (1969), pour lequel l'acquisition d'une conscience politique chez les paysans du monde colonial « a fait de notre siècle le plus révolutionnaire de l'histoire [31] ». Les représentants des *Subaltern Studies*, notamment Ranajit Guha, ont reproché à leur collègue britannique de considérer les luttes paysannes comme essentiellement « prépolitiques » à cause de leur caractère « improvisé, archaïque et spontané », et d'être incapable d'en saisir la dimension profondément politique, quoique irréductible aux codes idéologiques du monde occidental [32]. Cette critique vaut certes davantage pour sa tétralogie que pour ses études d'histoire sociale. Selon Edward Saïd, cette représentation des sociétés non occidentales comme lieux d'une histoire « dérivée, non originale » est un « point aveugle » (*blindspot*) tout à fait surprenant chez un chercheur qui s'est distingué pour avoir

30 *Ibid.*, p. 450.

31 Eric Hobsbawm, *Primitive Rebels, Studies in Archaic Forms of Social Movement in the 19th and 20th Centuries*, Norton, New York, 1959, p. 3 ; Eric Hobsbawm, *Les Bandits*, Zones, Paris, 2008. Voir à ce sujet Michael Löwy, « Du capitaine Swing à Pancho Villa. Résistances paysannes dans l'historiographie d'Eric Hobsbawm », *Diogène*, 2000, n° 189.

32 Ranajit Guha, *Elementary Aspects of Peasant Insurgency in Colonial India*, Harvard University Press, Cambridge, 1983, p. 5-13. Voir aussi Jackie Assayag, « "Sur les échasses du temps". Histoire et anthropologie chez Eric J. Hobsbawm », *Revue d'histoire moderne et contemporaine*, 2006, n° 53-4 *bis*, p. 110.

critiqué l'eurocentrisme de l'historiographie traditionnelle et étudié les « traditions inventées [33] ».

Au fond, Hobsbawm ne s'est jamais vraiment éloigné de la position de Marx, qui stigmatisait l'impérialisme britannique pour son caractère inhumain et prédateur mais auquel il s'obstinait à octroyer, au nom de la dialectique historique, une mission civilisatrice. Dans *L'Ère du capital*, Hobsbawm consacre un chapitre aux victimes de la colonisation (*The Losers*) dans lequel il souligne l'« optimisme » de Marx, mais il en réaffirme par la suite le diagnostic fondamental. Après avoir rappelé les souffrances des colonisés, il constate, amer et résigné, que le jour où ils pourront retourner « les armes du progrès » contre leurs oppresseurs « n'était pas encore venu ». Du coup, son rappel des ravages de la famine en Inde, où « on mourait par millions », ou des autres innombrables « catastrophes » du milieu du XIXe siècle dans l'ensemble du monde colonial, apparaît beaucoup plus comme un produit du retard du monde extra-européen que comme une conséquence de la domination impériale [34].

Étalée sur près de trente-cinq ans, entre la fin des années 1950 et le milieu des années 1990, l'écriture de la tétralogie de Hobsbawm s'inscrit dans un horizon historiographique qui précède le postcolonialisme. Le lien intime qui unit les famines et les « catastrophes naturelles » du XIXe siècle est devenu par la suite un chantier historiographique à part entière. Soulignant que, à la différence de la « paix de cent ans » imposée en Europe par le Congrès de Vienne en 1814, le XIXe siècle n'a pas été un « *intermezzo* tranquille » en Afrique, en Asie ou en Océanie, Osterhammel présente le monde extra-européen, à l'époque des conquêtes coloniales, comme un système d'« anarchie régulée [35] ». Autrement dit, il s'agissait d'un espace remodelé par

33 Edward SAÏD, « Contra Mundum », *Reflections on Exile*, Granta, Londres, 2001, p. 481. Edward Saïd fait allusion à Eric HOBSBAWM, Terence RANGER (dir.), *L'Invention de la tradition*, Amsterdam, Paris, 2006.

34 Eric HOBSBAWM, *The Age of Capital*, *op. cit.*, p. 116-134.

35 Jürgen OSTERHAMMEL, *Die Verwandlung der Welt*, *op. cit.*, p. 735.

l'impérialisme – tant sur le plan économique que sur le plan militaire – au nom d'un « libéralisme international conçu en termes social-darwinistes et racistes [36] ». La violence colportée par cette « anarchie régulée » n'était pas le fait exclusif des armes, loin de là. Osterhammel reconnaît que « la conquête coloniale a partout conduit à la déstabilisation politique, sociale et biologique [37] », provoquant même une « écologie de la maladie (*Krankheitsökologie*) de type nouveau ». Qu'ils acceptent ou non de généraliser l'usage du concept de génocide, tous les historiens s'accordent à voir dans le colonialisme la cause essentielle, directe ou indirecte, des « catastrophes naturelles » qui ont ravagé le monde extra-européen au XIXe siècle. Selon Osterhammel et Etemad, les déplacements de populations liés à la construction des voies ferrées et des barrages d'eau, l'urbanisation massive dans de mauvaises conditions hygiéniques, la diffusion de la malaria, de la tuberculose, de la dysenterie, de la variole introduites par les Britanniques dans l'Inde coloniale, c'est-à-dire l'ensemble de l'Asie du Sud, ont tué au moins trente millions d'êtres humains. La population algérienne a diminué d'un tiers à la suite de la première guerre coloniale du général Bugeaud. En Afrique noire, entre 1880 et 1920, la chute de la population a été brutale, du tiers à la moitié selon les cas. Parfois, les génocides ont été le fait d'une politique d'extermination planifiée, comme dans le cas des Hereros, soumis à la domination allemande dans l'actuelle Namibie, ou d'une exploitation dévastatrice, comme dans les plantations de caoutchouc du Congo belge, propriété personnelle du roi Léopold II. Des chiffres analogues concernent les populations aborigènes d'Australie, dont les survivants n'obtiendront la citoyenneté qu'en 1967. Il serait difficile de contester que l'énorme passif démographique de l'Afrique et de l'Inde (non seulement de la Tasmanie ou de la Nouvelle-Guinée), au cours du XIXe siècle, est imputable au

36 *Ibid.*, p. 735.
37 *Ibid.*, p. 195-196.

colonialisme [38]. Et il n'est sans doute pas inutile de rappeler que la dernière grande famine européenne, celle de l'Irlande entre 1845 et 1849 (un million de morts sur une population de 8,5 millions), s'est produite dans un contexte de domination coloniale. Autrement dit, loin d'être une catastrophe « naturelle », la famine apparaît comme un élément de cette « anarchie régulée », comme une sorte de *gouvernementalité coloniale* (pour reprendre le concept foucaldien théorisant les politiques de contrôle des territoires et des populations) par laquelle l'impérialisme a réussi à asseoir son pouvoir et à briser toute résistance [39]. Cette historiographie date des vingt dernières années, mais Hobsbawm disposait néanmoins de *La Grande Transformation* (1944), où Karl Polanyi interprétait les famines indiennes du XIXe siècle comme le produit conjoint de la libéralisation du marché du blé et de la destruction des communautés villageoises par les Britanniques [40].

L'industrialisation a creusé l'écart entre l'Occident et le reste du monde. Hobsbawm souligne que, à la fin du XVIIIe siècle, l'Europe n'était hégémonique ni sur le plan technologique ni sur le plan politique. La Chine impériale pouvait apparaître comme un continent étrange et exotique aux yeux des voyageurs occidentaux, mais personne ne l'aurait qualifiée d'« inférieure » ou d'« arriérée ». À la veille de la Grande Guerre, en revanche, ces deux mondes étaient désormais séparés par un fossé impressionnant. En 1913, le PIB occidental était, selon ses estimations, sept fois plus élevé que celui des pays du tiers monde [41]. Hobsbawm se limite à constater ce *Sonderweg* européen, sans en interroger les causes. Lorsqu'il fait allusion à la supériorité technologique de l'Europe – « un fait indéniable et

---

38 Voir notamment Bouda ETEMAD, *La Possession du monde. Poids et mesures de la colonisation (XVIIIe-XXe siècle)*, Complexe, Bruxelles, 2000, sur lequel s'appuie Osterhammel.

39 C'est la thèse défendue par Mike DAVIS, *Génocides tropicaux. Catastrophes naturelles et famines coloniales (1870-1900)*, La Découverte, Paris, 2006.

40 Karl POLANYI, *The Great Transformation*, *op. cit.*, p. 158-160.

41 Eric HOBSBAWM, *The Age of Empire*, *op. cit.*, p. 15.

triomphal » –, cela relève à ses yeux de l'évidence. Certes, il n'adopte pas une posture apologétique, à l'instar de David Landes, pour qui la domination planétaire de l'Europe relevait d'un destin providentiel [42]. Selon Osterhammel, la question : « Pourquoi l'Europe ? » est mal posée et risque de nous enfermer dans un vieux piège téléologique [43]. À deux siècles de distance de la révolution industrielle, l'hégémonie européenne s'est révélée relative et provisoire, tandis que les explications culturalistes du retard asiatique ont été démenties par le décollage économique chinois et indien des trois dernières décennies. Bayly avance l'hypothèse selon laquelle, en Europe et aux États-Unis, la modernisation a résulté de l'articulation de différents éléments. Il y a d'abord eu un mouvement puissant d'appropriation des terres et de « domestication » de la nature (la conquête des forêts, des steppes et des grandes plaines), dont la Frontière américaine demeure le symbole ; puis les mutations réalisées par les « révolutions industrieuses [44] » ; ensuite, l'essor d'un espace public capable d'exercer une surveillance critique sur le pouvoir ; enfin, un élan nationaliste projeté vers la compétition militaire et l'expansionnisme impérial. Cela a donné lieu à « une accumulation aléatoire de caractéristiques existant séparément dans les autres régions du monde [45] ». Paradoxalement, l'Europe a tiré profit de son retard historique, essentiellement

42 *Cf.* David Landes, *Richesse et pauvreté des nations. Pourquoi des riches ? Pourquoi des pauvres ?*, Albin Michel, Paris, 2000.

43 Jürgen Osterhammel, *Die Verwandlung der Welt*, *op. cit.*, p. 911-915.

44 *Cf.* Jean de Vries, « The industrial revolution and the industrious revolution », *Journal of Economic History*, 1994, 54, p. 249-270. Cette notion désigne une transformation des économies domestiques qui, tout au long du XVIIIe siècle, aurait engendré de nouvelles formes de sociabilité, de nouveaux besoins de consommation et une rationalisation du temps dont la satisfaction impliquait la généralisation des biens marchands. D'une part, l'exportation des bonnes manières et des plaisirs de la table en dehors des cours aristocratiques, la spécialisation manufacturière et la diffusion des horloges modifient les mœurs. D'autre part, l'extension de la pratique de la lecture et l'essor de l'imprimé créent une sphère publique qui devient le terreau du « républicanisme civique ». Voilà les piliers de cette « révolution industrieuse » dont les traces, sous des formes différentes, seraient repérables dans la majeure partie de l'Europe.

45 Christopher Bayly, *La Naissance du monde moderne*, *op. cit.*, p. 84.

dû à ses guerres intestines des XVIIe et XVIIIe siècles. La guerre de Trente Ans avait produit, avec la paix de Westphalie de 1648, un système régulé de relations entre États souverains, tandis que la guerre de Sept Ans avait consacré l'hégémonie continentale de l'Empire britannique, en jetant les bases de son expansionnisme en Asie et en Afrique. Cette succession de guerres a été à l'origine d'une révolution militaire sans laquelle l'impérialisme européen du XIXe siècle aurait été inimaginable. Bayly résume cette mutation majeure concernant la puissance des armes, les moyens de transport et de communication, la logistique des troupes et leur protection médicale, en une formule « brutale » mais juste : « Les Européens devinrent rapidement les meilleurs dès lors qu'il s'agissait de tuer [46]. » À ses yeux, cette supériorité militaire a été une des raisons principales de l'« écart croissant » qui séparait l'Europe du reste du monde.

Dans une réponse à ses critiques, Hobsbawm a reconnu l'approche eurocentrique de son livre, tout en admettant que sa tentative de « représenter un siècle compliqué » n'est pas incompatible avec d'autres interprétations et d'autres découpages historiques [47]. Les exemples ne manquent pas. En 1994, Giovanni Arrighi publiait *The Long Twentieth Century*, un ouvrage qui, s'inspirant à la fois de Marx et de Braudel, propose une nouvelle périodisation de l'histoire du capitalisme [48]. Il repère quatre siècles « longs » s'étalant sur six cents ans et correspondant à différents « cycles systémiques d'accumulation », bien que susceptibles de se superposer les uns aux autres : un siècle génois (1340-1630), un siècle hollandais (1560-1780), un siècle britannique (1740-1930) et enfin un siècle américain (1870-1990). Amorcé au lendemain de la guerre civile, ce dernier a connu son essor avec l'industrialisation du Nouveau Monde et s'est essoufflé autour des années

---

46 *Ibid.*, p. 74.

47 Eric HOBSBAWM, « Conclusioni », *in* Silvio PONS (dir.), *L'età degli estremi. Discutendo con Hobsbawm del Secolo breve*, Carocci, Rome, 1998, p. 33.

48 Giovanni ARRIGHI, *The Long Twentieth Century. Money, Power, and the Origins of Our Times*, Verso, Londres, 1994.

1980, lorsque le fordisme a été remplacé par une économie globalisée et financiarisée. Selon Arrighi, nous sommes entrés aujourd'hui dans un XXIe siècle « chinois », c'est-à-dire dans un nouveau cycle systémique d'accumulation dont le centre de gravité se situe progressivement vers l'Extrême-Orient [49].

Michael Hardt et Toni Negri, quant à eux, théorisent l'avènement de l'« Empire » : un nouveau système de pouvoir sans centre territorial, qualitativement différent des anciens impérialismes fondés sur l'expansionnisme des États au-delà de leurs frontières. Alors que l'impérialisme classique s'enracinait dans un capitalisme fordiste (la production industrielle) et prônait des formes de domination de type disciplinaire (la prison, le camp, l'usine), l'Empire développe des réseaux de communication auxquels correspond une « société de contrôle », c'est-à-dire une forme de « biopouvoir », au sens foucaldien, parfaitement compatible avec l'idéologie des droits de l'homme et les formes extérieures de la démocratie représentative [50]. Reste à savoir si cet « Empire » est une tendance ou un système déjà consolidé qui aurait fait des États nationaux des pièces de musée. Plusieurs auteurs semblent en douter et le débat est loin d'être tranché [51]. La crise du vieux système westphalien n'a pas accouché d'un nouvel ordre géopolitique, encore moins d'un « Empire » global. Les guerres des deux dernières décennies ont montré que la suprématie militaire américaine ne se traduit pas en hégémonie et que le bipolarisme de la guerre froide a laissé la place à un état d'anomie globale. Dans son dernier ouvrage, Hobsbawm revient sur l'histoire des empires pour conclure que leur âge est définitivement révolu. Les États-Unis disposent d'une force militaire écrasante, mais ne sont pas en mesure d'imposer leur

---

49 Giovanni Arrighi, *Adam Smith à Pékin. Les promesses de la voie chinoise*, Max Milo, Paris, 2009.

50 Michael Hardt et Toni Negri, *Empire*, Exils, Paris, 2000.

51 Voir par exemple Ellen Meiksins-Wood, *Empire of Capital*, Verso, Londres, 2003, p. 6, et Daniel Bensaïd, *Éloge de la politique profane*, Albin Michel, Paris, 2008, p. 238-245.

domination sur le reste de la planète. Ils ne représentent pas le noyau d'un nouvel ordre mondial comparable à la *Pax Britannica* du XIXe siècle et nous sommes entrés dans « une forme profondément instable de désordre global aussi bien à l'échelle internationale qu'à l'intérieur des États[52] ».

Selon une perspective contemporaine, le XXe siècle pourrait aussi apparaître comme un « siècle-monde ». L'historien italien Marcello Flores en date le début à 1900, année qui marque symboliquement une triple mutation. À Vienne, Freud publie *L'Interprétation des rêves*, ouvrage inaugural de la psychanalyse : à l'aube du capitalisme fordiste, le monde bourgeois opère un repli vers son intériorité analogue à l'« ascèse intramondaine » que, selon Weber, la Réforme protestante avait mise au service du capitalisme naissant. En Afrique du Sud, de la guerre des Boers naissent les premières formes de camps de concentration, avec barbelés et baraques pour l'internement des civils. Ce dispositif d'organisation et de gestion de la violence va projeter son ombre sur tout le XXe siècle. En Chine, finalement, la révolte des Boxers est matée par la première intervention internationale des grandes puissances coalisées (Allemagne, Grande-Bretagne, France, Italie, Autriche-Hongrie, Russie, États-Unis et Japon)[53]. Bien d'autres expéditions (punitives, « humanitaires », « pacificatrices », etc.) suivront. Selon Flores, le XXe siècle est l'âge de l'*occidentalisme*, qui voit l'extension à l'échelle planétaire du système de valeurs, des codes culturels et des modèles de vie occidentaux[54]. De ce point de vue, le XXe siècle n'est pas mort, même s'il est confronté aujourd'hui à de nouveaux défis.

Dans un passage saisissant de *L'Âge des extrêmes*, Hobsbawm écrit que, pour 80 % de l'humanité, le Moyen Âge s'est subitement arrêté dans les années 1950[55]. Depuis ce tournant,

---

52 Eric Hobsbawm, *On Empire. America, War, and Global Supremacy*, Pantheon Books, New York, 2008, p. 5.

53 Marcello Flores, *Il secolo-mondo. Storia del Novecento*, Il Mulino, Bologne, 2002.

54 *Ibid.*, p. 39-52.

55 Eric Hobsbawm, *L'Âge des extrêmes*, *op. cit.*, p. 380.

nous vivons dans un monde où le développement des moyens de communication a éliminé les distances, l'agriculture n'est plus la source principale des richesses et la majorité de la population est désormais urbanisée. Cela constitue une véritable révolution, écrit-il, qui a soudainement clôturé dix mille ans d'histoire : le cycle ouvert avec l'avènement de l'agriculture sédentaire [56]. Si l'on traduit cette remarque en termes historiographiques, cela signifie que, en choisissant l'histoire de la consommation au lieu de l'histoire politique comme ligne de partage fondamentale, le XXe siècle pourrait prendre une coloration bien différente. Entre 1910 et 1950, les conditions de vie des Européens sont demeurées substantiellement inchangées. La grande majorité d'entre eux vivaient dans des habitations qui ne disposaient pas de salle de bains et dépensaient la plupart de leurs revenus pour se nourrir. En 1970, en revanche, il était devenu normal de vivre dans un appartement doté de chauffage central, téléphone, frigo, machine à laver et télévision, sans oublier une voiture dans le garage (une commodité qui constituait le lot commun des ouvriers des usines Ford de Detroit dès les années 1930 [57]). Bref, d'autres découpages historiques sont possibles. Cela ne remet pas en cause la perspective choisie par Hobsbawm, mais indique que sa périodisation n'a rien de normatif.

Communisme

Le fil rouge qui traverse *L'Âge des extrêmes* étant la trajectoire du communisme, sa comparaison avec *Le Passé d'une illusion* (1995) est pratiquement inévitable. Hobsbawm n'a jamais vu en François Furet un grand historien, qu'il tenait au fond pour un épigone du conservateur Alfred Cobban. La

56 *Ibid.*, p. 382 ; Eric Hobsbawm, *On Empire*, *op. cit.*, p. 35.

57 Voir à ce sujet Victoria De Grazia, *Irresistible Empire. America's Advance Through Twentieth-Century Europe*, Belknap Press, Cambridge, 2005.

véritable cible de l'interprétation libérale de 1789 a toujours été 1917. Furet l'avait montré dans un pamphlet d'une rare violence polémique, *Penser la Révolution française* (1978), et son dernier bilan de l'histoire du communisme n'était pour Hobsbawm qu'un « produit tardif de l'époque de la guerre froide [58] ». *Le Passé d'une illusion* trahit la morgue du vainqueur ; *L'Âge des extrêmes* est écrit par un vaincu qui ne renie pas son combat. Contrairement à l'avis de plusieurs commentateurs, la mélancolie, legs d'un siècle de batailles perdues, imprègne les pages d'Hobsbawm, pas celles de Furet. (De même que, toutes proportions gardées, Benjamin l'avait saisie chez le vieux Blanqui, pas chez Tocqueville.) Furet a consacré son ouvrage à l'avènement, la montée et la chute du communisme ; Hobsbawm a étudié aussi la crise et la renaissance du capitalisme. Après l'effondrement de l'Europe libérale en 1914, le capitalisme a connu le défi de la révolution d'Octobre et une crise planétaire en 1929. Pendant les années de l'entre-deux-guerres, son avenir semblait bien incertain. Keynes, le plus brillant et le plus original de ses thérapeutes, le considérait historiquement condamné, et pourtant le capitalisme a connu une relance spectaculaire après 1945, jusqu'à sa victoire en 1991.

Comparant les livres de Furet et d'Hobsbawm, le politologue norvégien Torbjorn L. Knutsen les a reconduits à deux structures narratives classiques : la comédie et la tragédie [59]. Les deux racontent la même histoire, avec les mêmes acteurs, mais la distribution des rôles et la tonalité du récit sont sensiblement différentes. *Le Passé d'une illusion* respecte les règles de la comédie. Il met en scène les mésaventures d'une famille libérale qui a vécu en parfaite harmonie, mais dont l'existence a soudainement été perturbée par une série malencontreuse d'imprévus, de quiproquos et de malchances. Pendant

58 Eric Hobsbawm, « Histoire et illusion », *Le Débat*, 1996, n° 89, p. 138. Sur Furet historien de la Révolution française, *cf.* Eric Hobsbawm, *Aux armes, historiens. Deux siècles d'histoire de la Révolution française*, La Découverte, Paris, 2007.

59 Torbjorn Knutsen, « Twentieth-Century stories », *Journal of Peace Research*, 2002, n° 1, p. 120.

un instant, tout a semblé remis en cause. De méchants personnages sont apparus, sous les traits du fasciste et du communiste, qui ont exercé une influence corruptrice sur de jeunes âmes innocentes. Mais les méchants ont finalement été démasqués et leur séduction totalitaire mise à mal. Une fois l'équivoque dissipée, tout est rentré dans l'ordre ; et la comédie s'est achevée par un *happy end* rassurant. Loin d'indiquer une « destination providentielle de l'humanité », écrit Furet, le fascisme et le communisme n'ont été que « des épisodes courts, encadrés par ce qu'ils ont voulu détruire » : la démocratie libérale [60]. À la fin de son livre, il nous voit « condamnés à vivre dans le monde où nous vivons », le monde du capitalisme libéral, dont les frontières sont définies par « les droits de l'homme et le marché » [61]. C'est bien cette « condamnation » qui apparaît à ses yeux comme une destinée providentielle et colore son ouvrage d'une tonalité apologétique et téléologique à la fois.

Hobsbawm a écrit une tragédie. L'espérance libératrice portée par le communisme a traversé le siècle comme un météore. Son but n'était pas la destruction de la démocratie, mais l'instauration de l'égalité, le renversement de la pyramide sociale, la prise en main de leur destin par ceux qui ont toujours été soumis et exploités. La révolution d'Octobre – un rêve qui « vit encore en moi », affirme-t-il dans son autobiographie [62] – a transformé cette espérance libératrice en « utopie concrète ». Incarnée par l'État soviétique, elle a d'abord connu une ascension spectaculaire puis un long déclin, lorsque sa force propulsive s'est épuisée, jusqu'à sa chute finale. Le socialisme soviétique a été effrayant, Hobsbawm le reconnaît sans hésitation, mais il n'avait pas d'alternative. « La tragédie de la révolution d'Octobre – écrit-il – est précisément de n'avoir pu

---

60 François Furet, *Le Passé d'une illusion. Essai sur l'idée communiste au XXe siècle*, Laffont/Calmann-Lévy, Paris, 1995, p. 18.

61 *Ibid.*, p. 572.

62 Eric Hobsbawm, *Interesting Times. A Twentieth-Century Life*, Allen Lane, Londres, 2002, p. 56.

produire qu'un socialisme autoritaire, implacable et brutal [63]. » Certes, son échec était inscrit dans ses prémisses, mais ce constat n'en fait pas pour autant une aberration de l'histoire. Hobsbawm ne partage pas l'avis de Furet pour qui la révolution d'Octobre, à l'instar de la Révolution française, ne fut qu'un déraillement dont on aurait bien pu se passer. Le communisme ne pouvait qu'échouer, mais il a rempli une fonction nécessaire. Sa vocation était sacrificielle. « Le résultat le plus durable de la révolution d'Octobre, dont l'objectif était le renversement mondial du capitalisme – écrit-il dans *L'Âge des extrêmes* –, fut de sauver son adversaire, dans la guerre comme dans la paix, en l'incitant, par peur, après la Seconde Guerre mondiale, à se réformer [64]. » Il l'a sauvé à Stalingrad, en payant le prix le plus élevé dans la résistance contre le nazisme. Puis l'a forcé à se transformer, car il n'est pas sûr que, sans le défi représenté par l'URSS, le capitalisme aurait connu le *New Deal* et l'État-providence, ni que le libéralisme aurait enfin accepté le suffrage universel et la démocratie (cette dernière n'étant nullement « identique » au libéralisme, sur le plan philosophique comme sur le plan historique, contrairement à l'axiome de Furet). Mais la victoire du capital n'incite certes pas à l'optimisme ; elle semble plutôt évoquer l'Ange de l'histoire de Benjamin, cité au passage par Hobsbawm, qui voit le passé comme une montagne de décombres.

Furet a écrit une apologie satisfaite du capitalisme libéral ; Hobsbawm une apologie mélancolique du communisme. De ce point de vue, les deux sont discutables. Le bilan du socialisme réel tiré par Hobsbawm est, à plusieurs égards, impitoyable. Il considère comme une grave erreur la fondation du Komintern, en 1919, qui a durablement divisé le mouvement ouvrier international [65]. Il reconnaît aussi, *a posteriori*, la clairvoyance du philosophe menchevik Plekhanov, pour lequel,

63 Eric Hobsbawm, *L'Âge des extrêmes*, *op. cit.*, p. 642.

64 *Ibid.*, p. 27.

65 *Ibid*, p. 103.

dans la Russie des tsars, une révolution communiste n'aurait pu qu'engendrer un « empire chinois badigeonné de rouge [66] ». Il esquisse un portrait de Staline plutôt sévère : « Un autocrate d'une férocité, d'une cruauté et d'une absence de scrupule exceptionnelles, pour ne pas dire uniques [67]. » Mais il s'empresse d'ajouter que, dans les conditions de l'URSS des années 1920 et 1930, aucune politique d'industrialisation et de modernisation n'aurait pu être menée sans violence ni coercition. Le stalinisme était donc inévitable. Le peuple soviétique en a payé les frais, mais a accepté Staline comme un guide légitime, à l'instar de Churchill qui, en 1940, avait le soutien des Britanniques lorsqu'il leur promettait « du sang et des larmes [68] ».

Le stalinisme a été le produit d'un repli de la révolution russe sur elle-même, isolée après la défaite des tentatives révolutionnaires en Europe centrale, encerclée par un monde capitaliste hostile et surtout confrontée, à partir de 1933, à la menace nazie. Hobsbawm compare l'universalisme de la révolution d'Octobre à celui de la Révolution française. Il décrit son influence et sa diffusion comme la force magnétique d'une « religion séculière » qui lui rappelle l'islam des origines, aux VIIe et VIIIe siècles [69]. De cette « religion séculière », Hobsbawm n'a jamais été un croyant naïf ni aveugle, mais certes un disciple fidèle, y compris lorsque ses dogmes se sont révélés mensongers. Il a été l'un des rares représentants de l'historiographie marxiste britannique à ne pas quitter le Parti communiste en 1956 [70]. Son regard complaisant vis-à-vis du stalinisme évoque le souvenir d'un autre grand historien, Isaac Deutscher, qui avait vu en Staline un mélange de Lénine et d'Ivan le Terrible, à l'instar de Napoléon qui résumait en lui la

66 *Ibid*, p. 641.
67 *Ibid*, p. 493.
68 *Ibid*, p. 494.
69 *Ibid*, p. 502 ; Eric Hobsbawm, *Interesting Times*, *op. cit.*, p. 128.
70 *Ibid.*, p. 141, 211, 218.

Révolution française et l'absolutisme du Roi Soleil [71]. Deutscher nourrissait l'illusion d'une possible autoréforme du système soviétique, tandis que Hobsbawm le justifie après sa chute. Il ne pouvait qu'échouer, mais il fallait y croire. En novembre 2006, Hobsbawm se livrait encore à une justification de la répression soviétique qui avait eu lieu en Hongrie, cinquante ans plus tôt, et même à une apologie de János Kádár [72]. Beaucoup plus que l'avantage épistémologique inhérent au regard du vaincu, selon la formule de Reinhart Koselleck, ce bilan en révèle, comme l'indique Perry Anderson, la dimension consolatoire [73].

Barbarie

Le XXᵉ siècle peint par Hobsbawm est en réalité un diptyque dont la Seconde Guerre mondiale marque la ligne de partage. Il la présente comme une « guerre civile idéologique internationale » dans laquelle, au-delà des États et des armées, s'affrontaient des idéologies, des visions du monde, des modèles de civilisation [74]. Dans une étude parallèle à *L'Âge des extrêmes*, il saisit le noyau profond de cette guerre dans l'opposition entre les Lumières et les anti-Lumières, les unes incarnées par la coalition des démocraties occidentales et du communisme soviétique, les autres par le nazisme et ses alliés. Ce fut la force des « valeurs héritées du XVIIIᵉ siècle » qui a empêché le monde de « sombrer dans les ténèbres » [75]. Contrairement aux philosophes de l'école de Francfort,

---

71 Isaac DEUTSCHER, « Two Revolutions », *Marxism, Wars & Revolutions*, Verso, Londres, 1984, p. 35. En 1957, Deutscher aurait conseillé à Hobsbawm de ne pas quitter le Parti communiste britannique (*Interesting Times*, *op. cit.*, p. 202).

72 Eric HOBSBAWM, « Could it have been different ? », *London Review of Books* du 16 novembre 2006.

73 Perry ANDERSON, « The vanquished left : Eric Hobsbawm », *op. cit.* p. 315-316.

74 Eric HOBSBAWM, *L'Âge des extrêmes*, *op. cit.*, p. 197.

75 Eric HOBSBAWM, « Barbarism : A user's guide » (1994), *On History*, *op. cit.*, p. 254.

Hobsbawm ne va pas jusqu'à saisir les racines de la barbarie dans la civilisation elle-même, une civilisation qui aurait métamorphosé le rationalisme émancipateur des Lumières dans la rationalité instrumentale aveugle et dominatrice du totalitarisme. Cette antinomie absolue entre civilisation et barbarie – qui n'est pas sans rappeler *La Destruction de la raison* de Georg Lukács (1953) – le conduit plutôt à rejeter le concept de totalitarisme. Loin de dévoiler l'identité du nazisme et du communisme, le pacte de non-agression germano-soviétique de l'été 1939 n'a été qu'une parenthèse éphémère, opportuniste et contre nature. « Si les similitudes entre les systèmes de Hitler et Staline sont indéniables », écrit Hobsbawm en critiquant Furet, leur rapprochement « s'était fait à partir de racines idéologiques foncièrement différentes et largement séparées » [76]. Leur convergence était superficielle, suffisante pour fixer des analogies formelles, pas pour définir une nature commune. Le XXe siècle a opposé la liberté et l'égalité, deux notions issues de la tradition des Lumières, alors que le nazisme était une variante moderne des anti-Lumières, fondée sur le racisme biologique [77].

Le recours au concept de « guerre civile » suscite inévitablement une autre comparaison, cette fois-ci avec l'historien conservateur Ernst Nolte. Un parfum de noltisme imprègne en effet *L'Âge des extrêmes*, même si, bien entendu, il s'agit d'un noltisme renversé. Aucune convergence idéologique, aucune complicité ne réunit Nolte et Hobsbawm, mais les deux partent du même constat – l'affrontement titanesque entre nazisme et communisme comme *momentum* du XXe siècle – pour en déduire des lectures symétriques et substantiellement apologétiques de l'un ou de l'autre. Nolte reconnaît les crimes nazis, mais les interprète comme un excès regrettable lors d'une réaction légitime de l'Allemagne contre la menace

76 Eric HOBSBAWM, « Histoire et illusion », p. 129.

77 Sur ce point, Hobsbawm converge avec Dan DINER, *Das Jahrhundert verstehen. Ein universalhistorische Deutung*, Luchterhand, Munich, 1999, p. 54, 68.

communiste. Les chambres à gaz n'ont été à ses yeux qu'une imitation de la violence bolchevique, le véritable « *prius* logique et factuel » des horreurs totalitaires du XXe siècle [78]. Hobsbawm n'occulte pas les crimes du stalinisme, mais les tient pour inévitables, quoique regrettables, en les inscrivant dans un contexte objectif qui ne laissait pas d'alternative. Deux ombres massives se profilent derrière ces interprétations : derrière Nolte, l'ombre de Heidegger, dont il fut le disciple, qui avait accueilli Hitler comme une expression « authentique » du *Dasein* allemand ; derrière Hobsbawm, l'ombre de Hegel, qui avait justifié la Terreur jacobine dans sa *Phénoménologie de l'esprit*. Ou plutôt, pour être plus précis, l'ombre d'Alexandre Kojève qui, comme Hegel voyant Napoléon à Iéna, croyait avoir perçu en Staline l'« Esprit du monde » [79].

L'historien anglais appartient à une génération qui a traversé le nazisme, la guerre civile espagnole et la Résistance. Certes, l'histoire du communisme ne se réduit pas à son affrontement titanesque avec le Troisième Reich. Par sa seule existence, l'URSS a donné une impulsion extraordinaire au soulèvement des peuples colonisés contre l'impérialisme. Dans le monde occidental, en dépit de leur caractère de « contre-société », Église et caserne à la fois, certains partis communistes ont su donner une représentation politique et un sentiment de dignité sociale aux classes laborieuses. Ces deux aspects, cependant, ne sont pas mis en avant par Hobsbawm qui, parmi les nombreux visages du communisme au cours du XXe siècle, choisit de légitimer le pire, le plus

78 *Cf.* Ernst NOLTE, « Vergangenheit, die nicht vergehen will », *Historikerstreit*, Piper, Munich, 1987, p. 45. Voir aussi Ernst NOLTE, *La Guerre civile européenne. National-socialisme et bolchevisme 1917-1945*, Éditions des Syrtes, Paris, 2000 (repris *in* Ernst NOLTE, *Fascisme et Totalitarisme*, Laffont, Paris, 2008).

79 Cette lecture de Hegel est explicite chez un historien de la pensée politique dont l'interprétation du stalinisme est assez proche de celle de Hobsbawm : Domenico LOSURDO, *Stalin. Storia e critica di una leggenda nera*, Carocci, Rome, 2008, p. 12, 113-123. Sur Hegel et Staline, *cf.* Alexandre KOJEVE, « Tyrannie et sagesse » (1954), *in* Leo STRAUSS, *De la tyrannie*, Gallimard, Paris, 1983, p. 217-280.

oppresseur et coercitif, celui du stalinisme. Né au cœur de la guerre civile européenne, son communisme n'a jamais été libertaire. Au fond, il a toujours été un homme d'ordre, une sorte de « communiste tory [80] ».

Longue durée

Dans son autobiographie, Hobsbawm reconnaît l'influence exercée sur lui par l'école des *Annales*. Il rappelle l'impact de *La Méditerranée* de Braudel sur les jeunes historiens britanniques des années 1950 puis, en empruntant la formule à Carlo Ginzburg, il constate le passage de l'historiographie, après 1968, du télescope au microscope : un déplacement de l'analyse des structures socio-économiques à l'étude des mentalités et des cultures [81]. Dans *L'Âge des extrêmes*, le XXe siècle est observé au télescope. Hobsbawm y adopte une approche braudelienne dans laquelle la « longue durée » engloutit l'événement. Les moments majeurs d'un siècle cataclysmique sont passés en revue comme les pièces d'un ensemble, rarement appréhendés dans leur singularité. Il s'agit cependant d'une époque marquée par des ruptures soudaines et imprévues, par des tournants majeurs irréductibles à leurs « causes », par des bifurcations qui ne s'inscrivaient pas logiquement dans des tendances de longue durée. Nous pouvons leur assigner une place dans une séquence reconstituée *a posteriori*, pas les présenter comme les étapes nécessaires d'un processus. Plusieurs critiques ont souligné le silence d'Hobsbawm sur Auschwitz et la Kolyma, deux noms qui ne figurent pas dans l'index de son livre. Les camps de concentration et d'extermination n'ont pas de place dans son récit. Dans le siècle de la violence, les

---

80 *Cf.* Tony JUDT, « Eric Hobsbawm and the romance of communism », *Reappraisals. Reflections on the Forgotten Twentieth Century*, The Penguin Press, New York, 2008, p. 116-128.

81 Eric HOBSBAWM, *Interesting Times*, *op. cit.*, p. 294.

victimes sont réduites à des quantités abstraites. Sa remarque au sujet de la Shoah – « Je ne pense pas que ces horreurs puissent trouver une expression verbale à la hauteur [82] » – est sans doute vraie, en dépit de Paul Celan et Primo Levi, et certes psychologiquement compréhensible, mais ne saurait tenir lieu d'explication. De plus, elle est sans doute partagée par des historiens qui, comme Saul Friedländer, ont consacré leur vie à l'étude de l'extermination des juifs d'Europe, en essayant de mettre des mots sur un « événement » qui a brisé le siècle, introduit le concept de génocide dans notre lexique et modifié notre regard sur la violence. Si, en revanche, cette remarque était érigée en parti pris méthodologique, elle reviendrait à cautionner une forme de mysticisme obscurantiste – l'Holocauste comme entité métaphysique par définition indicible et inexplicable – qui serait bien étonnante sous la plume d'un grand historien qui se dit héritier des Lumières.

Cette indifférence à l'*événement* ne concerne pas que les camps nazis et le Goulag, mais aussi d'autres moments clés du XXe siècle. Par exemple, la prise du pouvoir par Hitler en Allemagne, en janvier 1933, est simplement inscrite par Hobsbawm dans une tendance générale marquée par l'essor du fascisme en Europe, pas analysée en tant que crise spécifique dont l'issue n'était pas inéluctable. (Ian Kershaw, un des meilleurs spécialistes de l'histoire du nazisme, y a vu le résultat d'une « erreur de calcul » des élites allemandes.) On pourrait en dire autant de Mai 68, dont l'appréciation par Hobsbawm semble fortement conditionnée par des éléments d'ordre autobiographique (il écrit dans ses mémoires préférer le jazz à la musique rock et ne jamais avoir porté de jeans [83]). Il cautionne ainsi, de façon assez expéditive, l'avis du « conservateur éclairé » Raymond Aron, selon lequel mai 1968 ne fut,

82 Eric HOBSBAWM, « Commentaires », *Le Débat*, 1997, n° 93, p. 88. Le silence d'Hobsbawm sur Auschwitz et la Kolyma est souligné par Krzysztof POMIAN, « Quel XXe siècle ? », dans la même livraison du *Débat*, p. 47, 74. *Cf.* aussi l'intervention d'Arno MAYER dans le recueil *L'età degli estremi*, *op. cit.*, p. 33.

83 Eric HOBSBAWM, *Interesting Times*, *op. cit.*, p. 252, 262.

après tout, qu'un « psychodrame ». Les barricades du quartier Latin, la grève générale la plus étendue depuis 1936 et la fuite à Baden-Baden du général de Gaulle deviennent la pièce d'un « théâtre de rue [84] ».

L'adoption de cette approche de « longue durée » effaçant la singularité des événements n'est pas une innovation du dernier Hobsbawm ; elle était déjà présente dans les volumes antérieurs de sa tétralogie. Dans *L'Âge des extrêmes*, toutefois, la longue durée ne s'inscrit plus dans une vision téléologique de l'histoire. Hobsbawm a instauré avec Marx un rapport critique et ouvert, non dogmatique. Il a toujours rejeté l'idée d'une succession hiérarchique et inéluctable de stades historiques de la civilisation, typique d'un marxisme qu'il qualifie de « vulgaire ». Il y a quelques décennies, cependant, il pensait que l'histoire avait une *direction* et qu'elle allait vers le socialisme, identifié avec « l'émancipation croissante de l'Homme vis-à-vis de la nature et sa capacité croissante à la dominer [85] ». Dans *L'Âge des extrêmes*, cette certitude a disparu : l'avenir nous est inconnu. Les derniers mots du livre – un avenir de « ténèbres » – semblent faire écho au diagnostic de Max Weber qui, en 1919, annonçait « une nuit polaire, d'une obscurité et d'une dureté glaciales [86] ». Hobsbawm a pris acte de l'échec du socialisme réel : « Si l'humanité doit avoir un semblant d'avenir, ce ne saurait être en prolongeant le passé ou le présent [87]. » Nous ne pouvons pas exclure de nouvelles catastrophes dans le futur ; elles sont même probables sans un changement de notre modèle de civilisation, mais les tentatives de changer le monde faites dans le passé ont échoué. Il faut changer de route et nous n'avons pas de boussole. L'inquiétude d'Hobsbawm est celle de notre temps.

---

84 *Ibid.*, 249, et *L'Âge des extrêmes*, *op. cit.*, p. 580.

85 Eric Hobsbawm, « What do historians owe to Karl Marx ? » (1969), *On History*, *op. cit.*, p. 152-153.

86 Max Weber, *Le Savant et le Politique*, La Découverte, Paris, 2003, p. 205.

87 Eric Hobsbawm, *L'Âge des extrêmes*, *op. cit.*, p. 749.

2

Révolutions.
1789 et 1917 après 1989
Sur François Furet et Arno J. Mayer

En 1927, Eisenstein réalisait *Octobre*, le chef-d'œuvre cinématographique qui a consacré le mythe de la révolution russe en l'inscrivant dans l'imaginaire collectif du XXe siècle. La prise du pouvoir par les bolcheviks se transformait ainsi en insurrection du peuple, sous la direction du parti de Lénine. Pendant plusieurs décennies, la révolution sera pensée à la fois comme épopée et comme stratégie militaire. Sur le plan historiographique, l'équivalent du film d'Eisenstein fut *Histoire de la Révolution russe* (1930-1932) de Trotski, version moderne des récits révolutionnaires de Jules Michelet et Thomas Carlyle, enrichie par la sensibilité du témoin, l'acuité conceptuelle du théoricien et l'expérience du chef militaire. Ce mythe a peu ou prou survécu jusqu'aux années 1970, au cours desquelles il a connu une seconde jeunesse au Portugal, au Vietnam et au Nicaragua. Mais il avait déjà cessé d'exercer son pouvoir de fascination lorsqu'il a été enterré, une dizaine d'années plus tard, à la fin du socialisme réel. Une autre lecture de la révolution russe, une sorte de contre-mythe négatif, contemporain et parallèle de l'hagiographie soviétique, semble en revanche avoir connu un renouveau avec le tournant de 1989. Le contre-mythe présente le communisme comme un phénomène totalitaire qui traverse toute l'histoire du XXe siècle : édifié en 1917 par une bande de fanatiques, il s'est perpétué dans une orgie de violence jusqu'à l'avènement de Gorbatchev. C'est la thèse défendue par des soviétologues américains comme Richard Pipes et Martin Malia, par Ernst Nolte, qui décrit les crimes nazis comme la mauvaise copie des crimes bolcheviques, ou encore par Stéphane Courtois, obsédé par l'idée de prouver que les victimes du communisme ont été plus nombreuses que celles du nazisme. Certains analystes ont observé, avec un brin d'humour, que l'historiographie anticommuniste de la révolution russe présente beaucoup de traits communs avec la vulgate soviétique, comme une sorte de « version antibolchevique d'une histoire "bolchevisée" [1] ». Vu sous cet angle, le système soviétique n'était qu'une « idéocratie », toujours identique à elle-même dans le temps et dans l'espace : le Parti décidait de tout et exerçait un contrôle total, tandis que la société coïncidait exactement avec la façade du régime. La seule différence entre ces deux écoles réside dans la valeur – positive ou négative – que l'on attribue à cette réalité si simple à déchiffrer. Pour les uns, le communisme était le *telos* de l'histoire, le destin providentiel de l'humanité ; pour les autres, il s'agissait d'un horrible système totalitaire. Mais la description du phénomène restait la même. C'est sans doute la raison pour laquelle cette interprétation monolithique a souvent été élaborée – et défendue comme une croyance – par des intellectuels qui furent des « compagnons de route », voire des militants communistes. Pas les « anciens communistes » mais les ex-communistes devenus anticommunistes, selon la distinction suggérée par Hannah Arendt à l'époque du maccarthysme [2]. Utilisant un lexique plus tranchant, Isaac Deutscher préférait les qualifier de « renégats », le terme à ses yeux le

---

1 Claudio S. Ingerflom, « De la Russie à l'URSS », *in* Michel Dreyfus (dir.), *Le Siècle des communismes*, Éditions de l'Atelier, Paris, 2000, p. 121.

2 Hannah Arendt, « The ex-communists » (1953), *Essays in Understanding 1930-1954*, Schocken Books, New York, 1994, p. 391-400.

plus approprié pour définir l'habitus mental et l'attitude psychologique des « staliniens renversés » qui continuaient à « voir le monde en noir et blanc, même si maintenant les couleurs sont distribuées différemment ». Leur zèle de convertis les conduisait à « ne plus voir aucune différence entre nazisme et communisme [3] ». Au sein de cette mouvance, François Furet a toujours occupé une place de taille. Après sa mort, sa canonisation l'a transformé en icône de l'historiographie libérale.

Matrice du totalitarisme

Ce que les historiens anticommunistes partagent, au-delà de leurs différences, c'est donc la même vision du communisme comme « idéocratie », comme régime fondé sur une idéologie et dont l'évolution découlerait d'une essence idéologique. Dans *Le Passé d'une illusion*, l'ouvrage qui, paru deux ans avant sa mort, est devenu son testament intellectuel, François Furet présente la Terreur jacobine comme le modèle de la violence bolchevique : « Comme en 1793, la Révolution tient tout entière dans l'idée révolutionnaire [4]. » Dans son *Histoire de la Révolution française*, publiée en 1965 en collaboration avec Denis Richet, Furet définissait encore la Terreur, dans le sillage de Benjamin Constant, comme un « dérapage [5] ». La révolution s'éloignait brusquement de sa voie naturelle, celle du libéralisme, pour s'engouffrer dans une impasse despotique et autoritaire que l'on pouvait interpréter aussi bien comme l'expression des dangers de la démocratie, que comme l'événement annonciateur des totalitarismes modernes. Dix ans plus tard, Furet avait adopté une nouvelle approche. 1789 et 1793 ne s'opposaient plus, ils étaient

---

3 Isaac Deutscher, « The ex-communist's conscience » (1950), *Marxism, Wars & Revolutions. Essays from Four Decades*, Verso, Londres, 1984, p. 54.

4 François Furet, *Le Passé d'une illusion. Essai sur l'idée communiste au XXe siècle*, Robert Laffont/Calmann-Lévy, Paris, 1995, p. 84.

5 François Furet et Denis Richet, *La Révolution française*, Fayard, Paris, 1973, p. 126.

devenus deux moments indissociables se succédant logiquement dans un processus dont la matrice ultime était l'idéologie [6]. Les circonstances extérieures ne servaient en dernière analyse que de simples prétextes, comme des facteurs exogènes qu'il fallait écarter du champ explicatif afin de procéder à une conceptualisation cohérente des événements. Une fois lancé sur cette voie, Furet a puisé ses arguments dans l'œuvre de deux historiens conservateurs, Alexis de Tocqueville et Auguste Cochin, dont il assumait l'héritage. Du premier, qu'il relisait dans la perspective annaliste de la « longue durée », il retenait la vision de la Révolution comme « couronnement d'un très long processus historique [7] ». L'Ancien Régime était un « compromis » entre la bourgeoisie émergente, avec ses valeurs et ses libertés modernes, et une organisation sociale et institutionnelle héritée de la féodalité. L'avènement de la démocratie était inscrit dans le cours de l'histoire et rien n'indique qu'il eût été nécessaire, pour l'achever, de passer par les affres d'une rupture révolutionnaire. Cette dernière ne s'inscrivait point dans l'affrontement historique entre des forces sociales antagonistes (selon l'explication marxiste à laquelle Tocqueville semblait répondre *ante litteram*). Elle découlait plutôt de certaines spécificités françaises, telles qu'une centralisation politique pathologique et des privilèges excessifs octroyés à l'aristocratie et à l'Église, devenues de véritables « castes », d'où l'autonomie prise par les intellectuels – les « philosophes » – au sein de la société. Comme l'avaient prouvé à ses yeux les révolutions anglaise et américaine, Furet était parvenu à la conclusion, déjà clairement énoncée par Tocqueville, selon laquelle la Révolution française n'avait été « que le complément du plus long travail, la terminaison

---

6 Pour une reconstitution de ce débat, *cf.* Bruno BONGIOVANNI, « Rivoluzione borghese o rivoluzione del politico ? Note sur revisionismo storiografico », *Le repliche della storia. Karl Marx tra la Rivoluzione francese e la critica della politica*, Bollati Boringhieri, Turin, 1989, p. 33-61.

7 François FURET, *Penser la Révolution française*, Gallimard, « Folio », Paris, 1978, p. 218.

soudaine et violente d'une œuvre à laquelle dix générations d'hommes avaient travaillé. Si elle n'eût pas eu lieu, le vieil édifice social n'en serait pas moins tombé partout, ici plus tôt, là plus tard[8] ».

La démolition systématique de la mythologie révolutionnaire entamée par Furet à l'aide de Tocqueville ne s'éloigne cependant pas des sentiers battus, car elle aboutit à la redécouverte d'une narration libérale tout aussi téléologique que le récit marxiste (« jacobino-léniniste »). L'historiographie marxiste inscrivait la rupture révolutionnaire dans une succession nécessaire de stades historiques en y voyant le résultat inéluctable du conflit entre les forces productives et les rapports de production, entre le développement de l'économie bourgeoise et la permanence des formes de propriété aristocratiques et féodales. Si Furet enlevait toute causalité déterministe à la séquence cataclysmique 1789-1793, c'était seulement pour affirmer une autre narration providentielle : celle du marché et de la démocratie libérale comme destin naturel du monde occidental. La Révolution perdait son aura de jalon épique dans la marche du Progrès pour devenir une pathologie, mais l'histoire gardait sa boussole. Son chemin était assuré.

Mais, contrairement à Tocqueville, qui restait malgré tout lié à une périodisation de la Révolution française en deux phases antinomiques, une première constructive (1789) et une seconde destructrice (1793), Furet la considérait maintenant comme un phénomène idéologico-politique homogène et continu. Pour analyser le fait révolutionnaire dans la courte durée, il abandonnait Tocqueville et s'inspirait de Cochin qui, en bon réactionnaire, avait toujours rejeté en bloc la Révolution, en refusant de distinguer la « bonne » (1789) de la « mauvaise » (1793). « Aux yeux de Cochin – écrit Furet –, l'explosion révolutionnaire ne naît pas de contradictions économiques ou sociales. Elle a sa source dans une dynamique

8 Alexis de TOCQUEVILLE, *L'Ancien Régime et la Révolution*, Gallimard, Paris, 1967, p. 81.

politique[9]. » La Terreur est ainsi l'aboutissement inéluctable d'un soulèvement révolutionnaire qui s'alimente de sources propres et qui trouve sa matrice essentielle dans l'idéologie. Cette dernière, écrit-il dans son *Dictionnaire critique de la Révolution française*, était « présente dans la Révolution dès 1789 », et donc préexistait aux circonstances extérieures qui lui avaient permis de se déployer. Cette idéologie plongeait ses racines dans la philosophie des Lumières et son projet de « régénération de l'homme », prenant ainsi les traits d'une religion séculière (« une annonciation de type religieux sur un mode sécularisé[10] »). Son corollaire était le « volontarisme politique », c'est-à-dire l'illusion que « la politique peut tout » ; son expression concrète, dans le contexte dramatique de 1793-1794, le « fanatisme militant » des jacobins[11]. Les révolutionnaires étaient inspirés par une conception de la souveraineté populaire comme pouvoir sans limites qui, après avoir renversé l'autorité du monarque, restait étranger au principe libéral d'équilibre des pouvoirs institutionnels. Bref, il s'agissait d'une conception de la souveraineté populaire comme expression d'une « volonté générale » inaliénable, derrière laquelle Furet voyait encore une fois se profiler l'ombre totalitaire de Rousseau.

Dans la même lignée, il expliquait que l'idéologie était la cause de « la Terreur qui a martyrisé la Vendée[12] ». À la différence de l'historien royaliste Pierre Chaunu, pour lequel la Vendée fut un Auschwitz primitif, sans chambres à gaz[13], il s'abstenait d'employer le mot génocide, mais n'hésitait pas à

---

9 François Furet, *Penser la Révolution française, op. cit.*, p. 295.

10 François Furet, « Terreur », *in* François Furet et Mona Ozouf (dir.), *Dictionnaire critique de la Révolution française. Événements*, Flammarion, Paris, 1992, p. 312.

11 *Ibid.*, p. 313.

12 François Furet, « Vendée », *ibid.*, p. 357.

13 Pierre Chaunu, *Pour l'Histoire*, Perrin, Paris, 1984, p. 170. La thèse du génocide jacobin en Vendée a été défendue par Reynald Secher, *La Vendée vengée*, Presses universitaires de France, Paris, 1985. Voir aussi, pour une comparaison avec le génocide des juifs, Reynald Secher, *Juifs et Vendéens. D'un génocide à l'autre*, Olivier Orban, Paris, 1991.

attribuer à la Terreur républicaine un « programme d'extermination [14] ». Son approche sera néanmoins radicalisée par certains de ses disciples qui voient dans la répression de la Vendée un « crime contre l'humanité [15] ». C'est le même son de cloche qu'on entend chez Nolte et Courtois. Pour Nolte, c'est la Révolution française qui, « la première, fit passer dans la réalité l'idée d'exterminer une classe ou un groupe ». Les bolcheviks se seraient ainsi inspirés d'une « thérapeutique exterminationniste » élaborée d'abord par les révolutionnaires français [16]. Courtois, quant à lui, voit dans le « populicide » pratiqué par les jacobins en Vendée, en 1793, le paradigme des massacres bolcheviques pendant la guerre civile russe [17].

Les thèses de Furet ont été développées par un de ses disciples, Patrice Gueniffey, qui a consacré un ouvrage à la Terreur jacobine. Ne se contentant pas de répéter les thèses du maître, il les a radicalisées. Certes, selon lui, ce fut la Révolution française qui inventa l'« idéocratie » [18], mais la Terreur n'avait pas à ses yeux de matrice idéologique. L'idéologie en fut plutôt le produit, car la Terreur était inscrite dans la Révolution et découlait naturellement de sa dynamique interne. La Terreur, écrit Gueniffey, « est une fatalité, non pas de la Révolution française, mais de toute révolution considérée comme modalité de changement [19] ». Par conséquent, l'importance du jacobinisme tient à son caractère archétypal, comme l'avait bien compris Cochin, qui, en analysant la Terreur de l'An II,

---

14 François FURET, « Vendée », *op. cit.*, p. 356.

15 Patrice Gueniffey, *La Politique de la Terreur. Essai sur la violence révolutionnaire 1789-1794*, Fayard, Paris, 2000, p. 258. Voir aussi Alain GÉRARD, *« Par principe d'humanité ». La Terreur et la Vendée*, Fayard, Paris, 2000, avec une préface d'Alain Besançon qui théorise la continuité du jacobinisme et du bolchevisme.

16 Ernst NOLTE, « Légende historique ou révisionnisme ? », *Devant l'Histoire*, Cerf, Paris, 1990, p. 18-19.

17 Stéphane COURTOIS, « Les crimes du communisme », *in* Stéphane COURTOIS (dir.), *Le Livre noir du communisme. Crimes, terreur, répression*, Robert Laffont, Paris, 1997, p. 18.

18 Patrice GUENIFFEY, *La Politique de la Terreur*, *op. cit.*, p. 315.

19 *Ibid.*, p. 226.

avait inconsciemment contribué « à l'autopsie du bolchevisme [20] ». Selon Gueniffey, deux traits caractérisent les révolutions : une « terreur infinie » et l'« assassinat en série des victimes », selon un scénario qui « n'a cessé de se répéter depuis deux siècles [21] ».

Furet et ses disciples déshistorisent la Révolution en la transformant en une pièce dans laquelle n'agissent que des concepts, sans épaisseur sociale et en dehors de toute circonstance extérieure, aboutissant logiquement à une métaphysique de la Terreur. Sous la plume de Furet, écrit Steven L. Kaplan, la Révolution se fait « autonomie discursive », déroulement d'un concept ayant une existence propre, animé par des acteurs sans chair ni sang qui n'ont qu'une « existence anthropomorphique » [22]. Si Furet a raison d'affirmer que l'évocation des « circonstances » inspire souvent une interprétation apologétique de la Terreur par l'historiographie jacobine, sa propre lecture n'échappe pas au travers qu'il décèle chez les révolutionnaires de 1793 : un affranchissement total du « principe de réalité [23] ». Emporté par sa vigueur polémique, Furet semble oublier la leçon du fondateur de l'historiographie « révisionniste » de la Révolution française, Alfred Cobban, pour qui la Terreur ne s'explique pas comme une simple « mise en œuvre » du projet des Lumières. L'idéologie n'est pas un programme prêt à être appliqué et, au fond, elle n'explique rien ; c'est plutôt son influence sur un événement qu'il faudrait expliquer [24]. Elle n'instaure aucune causalité déterministe, mais constitue un facteur qui interagit avec d'autres dans le processus historique.

---

20 *Ibid.*, p. 234.

21 *Ibid.*, p. 338-339.

22 Steven Kaplan, *Farewell, Revolution. The Historians' Feud. France, 1789-1989*, Cornell University Press, Ithaca, 1995, p. 83, 103. Le mépris de Furet pour « une espèce de vulgate, l'"histoire sociale" », est souligné par Ran Halévi, *L'Expérience du passé. François Furet dans l'atelier de l'histoire*, Gallimard, Paris, 2007, p. 64.

23 *Ibid.*, p. 85.

24 *Cf.* Alfred Cobban, « The enlightenment and the French Revolution », *Aspects of the French Revolution*, Cape, Londres, 1968, p. 28.

La Terreur possédait assurément une logique politique, dont ses acteurs étaient par ailleurs parfaitement conscients. Saint-Just était le premier à le reconnaître, lorsqu'il écrivait que « toutes les révolutions du monde sont parties de la politique », en décelant parmi ses conséquences les « crimes » et les « catastrophes » qui les accompagnent [25]. Mais cette logique n'est pas celle du totalitarisme, comme le prétendent les historiens d'obédience contre-révolutionnaire, qui, refusant de distinguer le régicide du tyrannicide, nient toute légitimité à ce dernier en en faisant un simple acte criminel. Il s'agit plutôt, selon la formule suggérée par Robespierre dans un discours à la Convention de février 1794, de la logique du « despotisme de la liberté [26] ». Non pas, comme le pensait Quinet, le retour pur et simple à la violence de l'Ancien Régime, mais l'adoption de méthodes despotiques afin de défendre un projet émancipateur. C'est cette dialectique propre au processus révolutionnaire lui-même qui engendre l'autonomie de la Terreur, dont le résultat ultime, comme l'écrit fort bien Miguel Abensour, est celui de « pervertir irrémédiablement la révolution », en la faisant « retomber dans un autre système de domination [27] ». Certes, cette logique alimente la Terreur – dans la Révolution française comme dans la révolution russe – jusqu'à la rendre autonome, en transformant finalement le « despotisme de la liberté » en pouvoir autoritaire, et donc en remettant en cause le projet libérateur qu'il est censé protéger contre ses ennemis. Mais cette autonomie n'est pas donnée *a priori* ; elle est un aboutissement. À son origine demeure la relation « symbiotique » – faite de confrontation, d'opposition et d'interdépendance – entre la révolution et la contre-révolution. Défenseur

---

25 Saint-Just, « De la nature », *Œuvres complètes*, Gallimard, « Folio », Paris, 2004, p. 1065.

26 Robespierre, « Sur les principes de la morale politique », *Pour le bonheur et pour la liberté. Discours*, La Fabrique, Paris, 2000, p. 297. Sur la distinction entre régicide et tyrannicide, *cf.* Michael Walzer, *Régicide et Révolution*, Payot, Paris, 1989.

27 Miguel Abensour, « Lire Saint-Just », introduction à Saint-Just, *Œuvres*, *op. cit.*, p. 80.

d'une conception classiste de la Terreur, Albert Soboul demeure bien plus lucide que Furet lorsque, dans son étude sur les sans-culottes, il décrit la « seconde nature » que se forgent ces hommes de l'An II galvanisés par le sentiment de la menace qui pèse sur la patrie, par l'idée du complot aristocratique, par la vue du déploiement des armes [28].

L'explication « idéocratique » a toujours été le cheval de bataille des historiens conservateurs. Formulé vers la fin des années 1930 par Waldemar Gurian, un exilé allemand qui avait été disciple de Carl Schmitt, le concept d'« idéocratie » fera son chemin au sein de l'historiographie libérale [29]. Il a connu son apogée pendant la guerre froide, au début des années 1950, grâce à l'historien israélien Jacob L. Talmon qui saisissait les racines du totalitarisme moderne dans l'utopie démocratique radicale de Rousseau et Marx [30]. Ils ont été nombreux, dans cette perspective, à voir dans la pensée contre-révolutionnaire la première expression d'une critique du totalitarisme. Aux antipodes de Hannah Arendt, qui présentait la critique de la philosophie des droits de l'homme développée par Edmund Burke en 1790 comme l'une des sources idéologiques du totalitarisme moderne [31], Robert Nisbet voit dans l'auteur des *Reflections on the Revolution in France* un précurseur des croisés antitotalitaires du XXe siècle [32]. Les derniers pourfendeurs de l'« idéocratie » communiste sont les historiens américains Richard Pipes et Martin Malia [33]. Dans le

---

28 Albert Soboul, *Les Sans-Culottes parisiens en l'An II*, Seuil, Paris, 1968, p. 156.

29 Waldemar Gurian, « Le totalitarisme en tant que religion politique », *in* Enzo Traverso (dir.), *Le Totalitarisme. Le XXe siècle en débat*, Seuil, Paris, 2001, p. 448-459.

30 Jacob L. Talmon, *Les Origines de la démocratie totalitaire*, Calmann-Lévy, Paris, 1966.

31 Hannah Arendt, *Les Origines du totalitarisme*, Gallimard, « Quarto », Paris, 2002, p. 437-449.

32 *Cf.* Robert Nisbet, « *1984* and the conservative imagination », *in* Irving Howe (dir.), *1984 Revisited*, Harper & Row, New York, 1983, p. 180-206.

33 Pour un bilan global de l'historiographie conservatrice de la Révolution française et de la révolution russe, *cf.* Domenico Losurdo, *Le Révisionnisme historique. Problèmes et mythes*, Albin Michel, Paris, 2006.

sillage d'Auguste Cochin, référence constante de toute l'historiographie conservatrice, le premier souligne les similitudes entre les « sociétés de pensée » des Lumières et les cénacles de l'intelligentsia russe de la fin du XIXe siècle pour conclure que là, dans la « terreur sèche » de ces mouvements intellectuels, ont été jetées les bases de la « terreur sanglante » des dictatures révolutionnaires, la jacobine comme la bolchevique. Dans cette logique, le Comité de salut public découle de l'*Encyclopédie* comme la Tcheka des cercles populistes et sociaux-démocrates russes d'avant 1917. Quant à la terreur blanche – dont les victimes se comptent par centaines de milliers entre 1918 et 1922 –, elle ne joue aucun rôle dans son interprétation. « La Terreur s'enracine dans les convictions jacobines de Lénine », écrit-il, en ajoutant qu'elle s'exprimait dans la volonté « d'exterminer physiquement la "bourgeoisie" ». Le mot entre guillemets n'est pas le verbe, exterminer, mais le complément d'objet, la bourgeoisie, une notion incluant non seulement une classe sociale mais, plus généralement, tous « ceux qui, quel que fût leur statut social et économique, s'opposaient à la politique bolchevique [34] ». Tout en évitant ces formules extrêmes, Malia emprunte la même voie. Il décrit le communisme comme la mise en œuvre d'une « utopie » contre nature et interprète l'histoire de l'URSS comme l'extériorisation progressive d'une idéologie pernicieuse : « Dans le monde créé par la révolution d'Octobre – écrit-il –, nous n'avons jamais affaire à une société, mais toujours à un régime, et à un régime "idéocratique" [35]. » Toutes ces approches ramènent le noyau central de l'expérience révolutionnaire à la terreur – la dictature jacobine de l'An I, la dictature bolchevique pendant la guerre civile russe – qu'elles essayent d'expliquer, essentiellement sinon exclusivement, par des catégories telles que la psychose,

34 Richard PIPES, *La Révolution russe*, Presses universitaires de France, Paris, 1993, p. 736.

35 Martin MALIA, *La Tragédie soviétique. Histoire du socialisme en Russie 1917-1991*, Seuil, Paris, 1995, p. 20.

la passion, l'idéologie, la violence, le fanatisme. En évoquant Tocqueville, Pipes compare la révolution à un « virus [36] ». Furet, quant à lui, la décrit comme le triomphe de l'« illusion de la politique [37] ». Sur cette base, il a interprété la parabole du communisme comme l'évolution autarcique d'un concept, où l'histoire sociale s'efface pour laisser la place à l'essor et à l'effondrement d'une « illusion [38] ».

À bien y regarder, cette lecture présente beaucoup d'affinités avec le « catéchisme révolutionnaire » qu'il dénonçait si vigoureusement. Si l'historiographie jacobino-léniniste de la Révolution française a toujours été prisonnière – depuis Albert Mathiez – d'une lecture téléologique qui interprète 1789 à la lumière de 1917, en voyant les jacobins comme les ancêtres des bolcheviks, Furet ne sort pas de cette vision. Il se limite à en renverser les codes, en remplaçant l'épopée révolutionnaire par un récit totalitaire où la « vulgate léniniste » cède la place à la vulgate libérale. « Aujourd'hui – écrit Furet dans les premières pages de *Penser la Révolution française* – le Goulag conduit à repenser la Terreur, en vertu d'une identité dans le projet [39]. » Selon Furet, l'effondrement de l'URSS a affranchi la Révolution française « de la tyrannie que la révolution russe a exercée sur elle depuis trois quarts de siècle [40] », en émancipant le libéralisme de son héritage révolutionnaire – 1989 aurait ainsi congédié à la fois 1789 et 1917 – et en le consacrant finalement comme horizon indépassable de l'histoire, une histoire débarrassée une fois pour toutes des révolutions. *Le Livre noir du communisme*, que Furet aurait dû préfacer si sa mort prématurée ne l'en avait empêché, semble confirmer ce diagnostic. La tâche est donc revenue à Stéphane Courtois. Si Furet voyait

36 Richard Pipes, *La Révolution russe*, *op. cit.*, p. 122.

37 François Furet, *Penser la Révolution française*, *op. cit.*, p. 98.

38 Daniel Bensaïd, *Qui est le juge ? Pour en finir avec le tribunal de l'Histoire*, Fayard, Paris, 1999, p. 167.

39 François Furet, *Penser la Révolution française*, *op. cit.*, p. 29.

40 François Furet, « 1789-1917 : aller et retour », *La Révolution en débat*, Gallimard, « Folio », Paris, 1999, p. 188.

dans l'idéologie révolutionnaire la matrice des totalitarismes jacobin et bolchevique, Courtois, quant à lui, franchit un seuil supplémentaire en réduisant le communisme à un simple phénomène criminel. Son interprétation gomme les ruptures de l'histoire, avec son épaisseur sociale et politique, avec les dilemmes et les choix, souvent tragiques, de ses acteurs, pour la comprimer dans une continuité linéaire, celle du communisme totalitaire. La guerre civile russe, la famine, la collectivisation des campagnes, les déportations et le Goulag n'ont plus une multiplicité de causes et leur explication échappe même, dans une très large mesure, à leur contexte historique. Ils deviennent les manifestations extérieures d'une même idéologie de nature intrinsèquement criminelle : le communisme. Son acte de naissance remonte, selon Courtois, au « coup d'État » d'octobre 1917 [41]. Par ce déterminisme idéologique, la séquence qui unit révolution et terreur est tout simplement postulée *a priori*. Staline devient l'exécuteur des projets de Lénine et de Trotski. Ses crimes perdent leur caractère « erratique » et « improvisé [42] », pour devenir des massacres soigneusement planifiés. Une idéologie criminelle, le communisme, a été à l'origine de millions de morts : Lénine en fut l'architecte, Staline l'exécuteur. Ces figures s'élèvent ainsi à la hauteur de véritables démiurges qui ne manquent pas de rappeler, tout en les renversant, les mythes du « chef infaillible » et du « grand timonier » jadis propagés par la vulgate stalinienne. Nous voici donc, comme nous l'indiquions au début, à la « version antibolchevique d'une histoire "bolchevisée" ».

41 Stéphane Courtois, « Pourquoi ? », *Le Livre noir du communisme*, *op. cit.*, p. 803.

42 *Cf.* J. Arch Getty et Roberta Manning (dir.), *Stalinist Terror. New Perspectives*, New York, 1993.

Furies

C'est un autre son de cloche qu'on entend dans *Les Furies* d'Arno Mayer [43]. Opposé depuis toujours à l'école des *Cold War Warriors*, cet historien de Princeton brise le chœur conservateur et secoue le conformisme ambiant. S'il s'oppose clairement à la vague libérale, il n'adopte pas pour autant une posture apologétique à l'égard des écoles historiques anciennes. Ce qu'il partage avec Tocqueville et Furet, ce n'est pas la condamnation de la rupture révolutionnaire, mais la tentative de l'appréhender comme un processus de *longue durée*. Ce qu'il partage avec Albert Mathiez, c'est la reconnaissance d'une analogie fondamentale – dans les buts, les formes, les moyens – entre la Révolution française et la révolution russe. Cette dernière a été vécue par ses acteurs, sinon comme une répétition de 1789, du moins comme une transformation radicale de la société dont le modèle français pouvait fournir une boussole et une clef de lecture. Cette analogie justifie donc la comparaison. Le résultat est une grande fresque historique qui, par l'ampleur de son horizon, évoque aux yeux de certains de ses critiques les tableaux de Delacroix [44]. Mais il ne s'agit pas d'un retour à la narration épique. Tout son livre est fondé sur une solide charpente conceptuelle qui domine les grandes représentations chorales. S'il dispose de modèles de référence, il ne s'agit ni de Michelet ni de Deutscher, mais bien plutôt de Quinet, Marx et Weber.

Mayer refuse la vision d'une certaine historiographie libérale selon laquelle il y aurait d'un côté de « bonnes » révolutions, porteuses des libertés individuelles, de l'État de droit, du marché et de la propriété capitaliste, et de l'autre de « mauvaises », la quasi-totalité, inspirées par l'idéologie et le fanatisme, débouchant inévitablement sur la violence.

---

43 Arno J. Mayer, *Les Furies 1789-1917*, Fayard, Paris, 2002.

44 D. A. Bell, « Violence, terror, and war : a commentary on Arno Mayer's *Furies* », *French Historical Studies*, vol. 424, 2001, n° 4, p. 559.

D'habitude, du moins depuis leur systématisation théorique par Hannah Arendt, ces deux archétypes sont incarnés respectivement par la révolution américaine (la recherche de la liberté) et par la Révolution française (dévoyée par sa quête d'émancipation sociale) [45]. La Révolution française ne se satisfaisait pas de la liberté, elle voulait conquérir l'égalité. Ses acteurs poursuivaient un dessein émancipateur et universaliste qui, selon Martin Malia, les avait progressivement déconnectés de la réalité : « Les droits de l'homme – écrit-il dans le sillage d'Edmund Burke – deviennent des principes rationnels anhistoriques [46]. » Cela revient toujours à distinguer, dans une révolution, une phase constructive de son « dérapage » totalitaire : 1789 contre 1793, février contre octobre 1917 (mais aussi, pour les historiens marxistes, la dictature jacobine contre Thermidor, la dictature bolchevique contre le stalinisme). Mayer, en revanche, considère les révolutions comme des « furies » qui, par nature, ont tendance à se radicaliser, des furies dont la terreur est un moment consubstantiel, structurant, voire permanent.

Pour Mayer, le paradigme de la révolution demeure 1789, l'événement qui rend obsolète la vision traditionnelle – empruntée à l'astronomie – de la révolution comme retour à l'ancien ordre, au bout d'un mouvement cyclique comparable à une rotation terrestre (c'est ainsi qu'on a qualifié de *Glorious Revolution* la stabilisation de la monarchie en Angleterre, en 1688, vingt-huit ans après sa restauration sous Charles II). Une révolution est donc une rupture créatrice d'un nouvel ordre qui, porté par des masses actives, surgit d'un vide de pouvoir à l'apogée d'une crise sociale et politique. Consciente de sa mission historique, la révolution tend à affirmer des valeurs universelles en se projetant dans l'avenir. Parmi les précurseurs théoriques d'une telle conception, Mayer indique Machiavel, mais elle se rapproche bien

45 *Cf.* Hannah Arendt, *Essai sur la Révolution* (1961), Gallimard, Paris, 1967.

46 Martin Malia, *Histoire des révolutions*, Tallandier, Paris, 2008, p. 285.

davantage de ce que Carl Schmitt appelait la « dictature souveraine » : un « pouvoir constituant » radicalement subversif, fondateur de sa propre légitimité [47]. Cette rupture implique l'usage de la force. Il n'y a pas de révolution sans violence, une violence matricielle – au sens où Marx et Engels y voyaient une « accoucheuse » de l'histoire – qu'il faut bien distinguer de la violence restauratrice de l'ordre et du pouvoir. La violence de la New Model Army, pas celle du Léviathan théorisé par Hobbes à l'époque de la révolution anglaise, ni non plus celle conceptualisée par Weber et Schmitt au lendemain de la Grande Guerre et de la révolution russe. Selon Mayer, toute révolution est indissociable de la contre-révolution. Elles sont unies par un lien « symbiotique » : l'une engendre l'autre et les deux se nourrissent réciproquement dans une spirale de radicalisation [48]. Si le concept de révolution connaît des métamorphoses et des variations avant d'être codifié en 1789, celui de contre-révolution est clair dès le départ, lorsque son contenu et son usage ont été définis par Burke et de Maistre, Bonald et Chateaubriand. Certes, cette dernière a eu des précurseurs idéologiques, tout au long du XVIIIe siècle, chez les représentants des anti-Lumières mais, pour se structurer en courant intellectuel et politique, elle a besoin d'un ennemi contre lequel se définir et livrer son combat. Elle ne se limite pas à défendre les valeurs du passé et le retour à la tradition ; elle mobilise les foules, appelle à l'action et devient à son tour subversive. Son idéalisation du passé n'est ni impuissante ni résignée, car la contre-révolution est active et tend parfois à adopter les méthodes de la révolution elle-même. Une fois débarrassée de ses oripeaux aristocratiques, la tradition contre-révolutionnaire débouchera enfin, au XXe siècle, dans la « révolution conservatrice » et dans le fascisme, un mouvement que

---

47 Carl SCHMITT, *La Dictature* (1922), Seuil, Paris, 2000 ; voir aussi Toni NEGRI, *Le Pouvoir constituant*, Presses universitaires de France, Paris, 1997.

48 Arno J. Mayer, *Les Furies*, *op. cit.*, p. 53.

ses idéologues n'hésitaient pas à présenter comme une « révolution contre la révolution ».

La Terreur s'inscrit dans cette relation dialectique entre révolution et contre-révolution. Née de la guerre civile consécutive à l'effondrement de l'Ancien Régime, elle surgit d'en bas avant d'être canalisée, encadrée et même théorisée par ses chefs : Marat et Robespierre, Lénine et Trotski. Depuis deux siècles, souligne Mayer, le débat historiographique ne fait que reproduire le clivage né à la fin du XVIIIe siècle : d'un côté, Kant et Hegel, qui ont justifié la Terreur jacobine comme une arme du progrès contre « le Mal » ; de l'autre, Goethe et Schiller, qui y avaient saisi le signe d'une régression vers la « barbarie »[49]. Dans le conflit opposant les « généticiens », pour lesquels la terreur découlerait de l'idéologie révolutionnaire, aux « environnementalistes », qui la font surgir des circonstances (la guerre civile déclenchée par la contre-révolution et la nécessité d'y faire face), Mayer se range plutôt du côté des seconds, non sans avoir préalablement relevé les limites d'une troisième explication qui ramène la violence à la psychologie des acteurs d'une tragédie historique. Mais s'il rejette les lectures idéologiques de la terreur révolutionnaire, en rappelant le contexte qui a vu naître la guillotine et la Tcheka, Mayer s'efforce surtout d'en critiquer les interprétations monocausales, en reconnaissant que, si elle avait surgi dans un contexte donné, l'idéologie l'avait radicalisée. Ses acteurs pouvaient l'arrêter ou l'étendre. Un des moteurs de la violence révolutionnaire, ajoute Mayer dans le sillage de Georges Lefebvre, réside dans la *peur*, dans un désir de vengeance qui s'impose comme un phénomène plus « naturel » que social, poussé par des impulsions irrationnelles et projeté vers la destruction de l'ennemi[50].

---

49 *Ibid.*, p. 87.

50 *Ibid.*, p. 123. *Cf.* Georges LEFEBVRE, *La Grande Peur de 1789*, Armand Colin, Paris, 1988. Voir aussi Timothy TACKETT, « La Grande Peur et le complot aristocratique sous la Révolution française », *Annales historiques de la Révolution française*, 2004, n° 335, p. 1-17.

Selon Mayer, en tant qu'acte fondateur d'un ordre nouveau, la révolution possède toutes les caractéristiques d'une « religion séculière [51] ». À l'instar de leurs ancêtres français, qui avaient érigé le culte de la Raison, les bolcheviks ont chargé le socialisme d'une aura quasi religieuse lui donnant la force d'une croyance. Bertrand Russell en avait eu l'intuition lorsque, en 1920, il avait décrit le bolchevisme comme une synthèse entre la Révolution française et la naissance de l'islam [52]. La révolution crée sa propre liturgie, faite de cérémonies publiques, de rites, d'emblèmes, avec sa commémoration des martyrs et ses icônes (Lénine embaumé dans un mausolée). En France comme en Russie, l'amour de l'humanité avait remplacé la foi traditionnelle en Dieu, et la révolution sécularisait des attentes millénaristes anciennes. La nation et le socialisme se chargeaient d'une forte dimension messianique et prométhéenne à la fois. Vécue comme une religion et défendue par la foi, la révolution tendait alors à combattre ses ennemis comme des mécréants et à pourchasser comme des hérétiques les critiques qui surgissaient en son sein. Les « religions séculières » des jacobins et des bolcheviks se sont affrontées à la religion traditionnelle de la contre-révolution. En France, la Convention s'est vue contrainte de se défendre à l'intérieur contre une armée encadrée par des curés, à l'extérieur contre une coalition des monarchies européennes qui se réclamait de l'alliance entre l'autel et la couronne. L'aristocratie avait trouvé son idéologue en Joseph de Maistre, « absolutiste féroce, théocrate enragé, légitimiste intransigeant, apôtre d'une trinité monstrueuse faite du pape, du roi et du bourreau [53] ». En Russie, les lectures religieuses de la révolution en ont accompagné l'avènement

---

51 Arno J. Mayer, *Les Furies*, *op. cit.*, p. 126.

52 Bertrand Russell, *La Théorie et la pratique du bolchevisme* (1921), Mercure de France, Paris, 1969.

53 Selon le portrait de Maistre par Émile Faguet cité *in* Isaiah Berlin, « Joseph de Maistre et les origines du totalitarisme », *Le Bois tordu de l'humanité*, Albin Michel, Paris, 1992, p. 102.

depuis ses débuts. Pour les uns, ce fut un moment cathartique, le réveil de l'âme russe et l'accomplissement messianique d'une *Civitas Dei* attendue depuis des siècles, une véritable « résurrection » dans laquelle les schémas positivistes du marxisme russe s'enchevêtraient de façon paradoxale avec l'idéalisation populiste de la communauté slave traditionnelle opposée au monde occidental. Pour les autres, ce fut un cataclysme divin, une vague de violence exigée du Ciel pour expier les péchés d'une humanité corrompue. Si le bolchevisme sécularisait la dimension religieuse de la révolution, l'anticommunisme ne pouvait que revendiquer sa foi authentique, prête à se transformer en croisade. C'est en effet avec un esprit de croisade que les contre-révolutionnaires tsaristes participèrent à la guerre civile entre 1918 et 1921. Cela vaut encore plus pour d'autres vagues contre-révolutionnaires de la première moitié du XXe siècle, notamment celle du franquisme, pendant la guerre civile espagnole, conçue comme une *Cruzada* national-catholique contre l'athéisme rouge. Mayer avait déjà utilisé le concept de « croisade sécularisée » pour définir la guerre nazie contre l'URSS, entre 1941 et 1945, où la destruction du communisme et l'extermination des juifs s'unissaient dans un même combat « rédempteur [54] ».

Rupture, violence, pouvoir constituant, guerre civile, religion séculière : les expériences historiques française et russe illustrent l'articulation complexe des différents éléments du processus révolutionnaire. La violence de la Terreur monte d'en bas. Les jacobins avaient essayé de l'organiser et de la contenir dans un cadre légal [55]. C'était l'expression d'une dictature née dans l'émergence – Lazare Carnot l'avait appelée une « dictature de la détresse » – qui a d'abord été annoncée par la levée en masse – lorsque la révolution était menacée par

---

54 Arno J. Mayer, *La « Solution finale » dans l'histoire*, La Découverte, Paris, 1990, p. 50-55.

55 *Cf.* Sophie Wahnich, *La Liberté ou la Mort. Essai sur la Terreur et le terrorisme*, La Fabrique, Paris, 2003, notamment p. 63 et 94.

une coalition militaire étrangère – puis incarnée par le Comité de salut public – lorsque la réaction a commencé à s'organiser à l'intérieur du pays. Selon Robespierre et Danton, il s'agissait de remplacer la vengeance populaire, aveugle et dangereusement portée à l'excès, par « le glaive de la loi [56] ». À la suite d'Edgar Quinet, Mayer analyse la Vendée comme une guerre civile classique marquée par l'outrance et le fanatisme des deux côtés. Donnant forme à la résistance catholique, royaliste et paysanne contre les transformations révolutionnaires, elle a pris le visage d'une réaction militaire et été réprimée par la force. La comparaison avec un génocide n'est donc pas appropriée, puisque les victimes de cette guerre étaient essentiellement des soldats. La cible des « furies » jacobines n'était pas un peuple, mais la contre-révolution, dans une région où 90 % des prêtres avaient refusé de prêter serment de loyauté à l'égard de la nation, de la loi et de la Constitution, jusqu'à créer une armée royaliste [57].

Mais la Terreur fut de courte durée. Ce qui caractérise la dynamique profonde de la Révolution française, selon Mayer, fut son « extériorisation » par les guerres napoléoniennes, qui ont propagé son impact social et politique à l'échelle de l'Europe. Il souligne cette tendance en empruntant les mots de Marx, pour qui Napoléon avait achevé la Terreur en remplaçant la révolution permanente par la guerre permanente [58]. En dernière analyse, la Révolution s'achève en 1815, lors de la Restauration, qui ramène l'Europe dans le cadre d'un Ancien Régime « persistant [59] ». Quoique renouvelé et transformé, ce dernier se maintiendra jusqu'à son effondrement définitif en 1914. La nouvelle guerre de Trente Ans qui lui succédera ne trouvera son épilogue qu'en 1945, dans une Europe en

---

56 Arno J. Mayer, *Les Furies*, *op. cit.*, p. 171-172.

57 *Ibid.*, p. 315.

58 C'est le diagnostic de Karl Marx, *in* François Furet (dir.), *Marx et la Révolution française*, Flammarion, Paris, 1986, p. 170.

59 *Cf.* Arno J. Mayer, *La Persistance de l'Ancien Régime. L'Europe de 1848 à la Grande Guerre*, Flammarion, Paris, 1983.

ruines [60]. En Russie, en revanche, la terreur était née d'une guerre civile encore plus virulente et meurtrière que celle de 1793-1794. La guerre civile russe se greffait sur une guerre mondiale qui avait radicalisé et brutalisé les conflits politiques, les relations sociales, les clivages nationaux. Menacé par une coalition internationale et une contre-révolution interne qui agissaient sur plusieurs fronts, les deux s'enchevêtrant parfois avec des révoltes nationales contre un régime perçu comme le continuateur de la domination russe, le pouvoir soviétique a été contraint de se défendre en érigeant en modèle la dictature jacobine. Mayer ne nie pas le poids de l'idéologie dans la terreur bolchevique – la violence justifiée comme voie obligée de la transition vers un ordre socialiste –, mais il refuse d'y voir la seule cause, encore moins la cause décisive. À ses yeux, pour expliquer la violence du pouvoir soviétique, il faut la mettre en rapport avec celle de la contre-révolution. À l'instar de la « levée en masse », puis de la guerre de Vendée, le communisme de guerre surgissait d'un contexte tragique, où « sa conduite était dictée par un mélange de panique, de crainte et de pragmatisme mâtiné d'hybris, d'idéologie et d'une volonté de fer [61] ».

La terreur rouge répondait à la terreur blanche, dans un contexte de violence sociale endémique, avec sa spirale de radicalisation, d'outrance et d'excès, qu'elles canalisaient. C'est alors que la Tcheka s'est constituée ; celle-ci a rapidement acquis un pouvoir considérable – elle est passée de 2 000 membres en 1918 à 14 000 en 1921 – et s'est imposée comme un organe extralégal de la terreur – là réside sans doute la différence essentielle avec la dictature jacobine – autonome à l'égard des cours ordinaires et même des tribunaux révolutionnaires. Dans ce climat de guerre civile, l'idéologie des forces révolutionnaires – c'est-à-dire la lecture bolchevique du marxisme – n'a pas été *la* cause de la dictature, mais en a certes

60 *Ibid.*, p. 11 ; Arno J. MAYER, *La « Solution finale » dans l'histoire*, *op. cit.*, p. 50.
61 Arno J. MAYER, *Les Furies*, *op. cit.*, p. 199.

favorisé l'émergence. Fondée sur le culte de la violence comme « accoucheuse » de l'histoire et sur une vision normative de la dictature comme instrument de transformation sociale, elle se combinait avec une profonde sous-estimation de la place du droit dans un nouvel État révolutionnaire, en provoquant des fuites en avant volontaristes et en infligeant parfois des blessures profondes au corps social. Voilà des éléments qui ne découlaient pas naturellement du contexte matériel, mais qui ont plutôt constitué la réponse apportée par les bolcheviks aux difficultés de la situation. L'idéologie et le fanatisme ont joué leur part dans la terreur rouge – un ouvrage de Trotski comme *Terrorisme et Communisme* (1920) en demeure la systématisation la plus cohérente [62] – de la même façon qu'ils avaient joué un rôle – Marx en a été l'un des premiers critiques [63] – dans la Terreur jacobine. Lorsque Lénine présentait la suspension du droit comme le dépassement de la « démocratie bourgeoise » et que Trotski identifiait la militarisation du travail avec la dictature du prolétariat, la violence avait perdu son caractère spontané et émancipateur pour se transformer en système de gouvernement justifié au nom de la raison d'État. Ce fut un défenseur de la révolution d'Octobre, le communiste libertaire Victor Serge, qui tira ce bilan au cours des années 1930 [64].

Née du cataclysme de la Grande Guerre, la révolution russe n'a pas réussi à se propager au reste du continent. La fin de la guerre civile en Russie a coïncidé avec la défaite des tentatives révolutionnaires en Europe centrale. En janvier 1919, les spartakistes étaient écrasés à Berlin et, quelques mois plus tard, les *Freikorps* rétablissaient l'ordre à Munich grâce à une nouvelle répression sanglante. À Budapest, au mois d'août, le maréchal Horthy mettait fin à l'éphémère république des conseils ouvriers dirigée par le communiste Béla Kun. Après l'échec de l'Armée rouge aux portes de Varsovie, pendant l'été

62 Léon Trotski, *Terrorisme et Communisme*, UGE, 10/18, Paris, 1974.

63 *Cf.* François Furet, *Marx et la Révolution française*, *op. cit.*

64 *Cf.* Victor Serge, *Mémoires d'un révolutionnaire*, Seuil, Paris, 1951, p. 294.

1920, les bolcheviks au pouvoir sont restés isolés. C'est alors que s'est amorcé, selon Mayer, le processus d'« intériorisation » de la révolution russe, qui a débouché sur le stalinisme. Si Napoléon avait projeté la révolution vers l'extérieur en faisant la guerre, Staline l'a ramenée vers l'intérieur, d'abord en proclamant le « socialisme dans un seul pays », puis en procédant à une politique extrêmement brutale et déchirante de modernisation de la société. Mayer ne partage pas les théories « totalitaristes » qui font du communisme russe l'homologue du nazisme allemand et du fascisme italien. Dans une formule qui n'est pas sans rappeler Deutscher, il présente le stalinisme comme un amalgame de « réalisations monumentales et de crimes monstrueux [65] ». La « seconde révolution » mise en œuvre par Staline à partir de 1929 a été une terrible guerre sociale contre l'arriération slave, où convergeaient des pulsions occidentalistes, des impératifs idéologiques et une hostilité ancienne du marxisme russe vis-à-vis du monde paysan, ainsi qu'un autoritarisme hérité du passé tsariste. La guerre civile (1918-1921), la collectivisation des campagnes (1929-1933) et les purges liées aux procès politiques (1936-1938) ont constitué les différentes étapes d'un processus d'« intériorisation » de la révolution, isolée et repliée sur elle-même. Pas davantage que la guerre de Vendée la dékoulakisation ne fut un génocide, son but n'ayant pas été d'exterminer le peuple. S'il est certain que les expropriations, la confiscation des récoltes, les déportations et la famine généralisée se sont soldées par plusieurs millions de victimes, cela fut le résultat d'une « révolution par en haut » conçue et mise en œuvre par des méthodes bureaucratiques, beaucoup plus improvisée que rigoureusement planifiée (et donc aux effets largement incontrôlables). La comparaison la plus pertinente, selon Mayer, ne serait pas avec la Shoah, mais avec la grande famine qui a décimé la population irlandaise au milieu du

65 Arno J. Mayer, *Les Furies*, *op. cit.*, p. 512. Voir Isaac Deutscher, « Two revolutions », *Marxism, Wars & Revolutions*, *op. cit.*, p. 34-45.

XIXe siècle[66]. De même que pour les « catastrophes naturelles » de l'Inde britannique, le recours au concept de génocide apparaît problématique, mais il est certain que la famine qui a ravagé les campagnes soviétiques dans les années 1930 a étouffé toute résistance sociale à la politique de Staline. Le Goulag – 18 millions de déportés et plus de deux millions et demi de victimes entre 1929 et 1953[67] – remplissait à son tour une fonction économique essentielle dans ce processus de modernisation. Bref, Staline n'était ni un chef providentiel, selon une mythologie désormais révolue, ni un véritable « thermidorien » russe. Aux yeux de Mayer, il apparaît, sinon comme un révolutionnaire, tout au moins comme un « modernisateur radical » dont l'œuvre s'inscrit à part entière dans le processus ouvert par octobre 1917[68]. Quoique distinctes, ses « furies » seraient bel et bien la prolongation des combats de l'Armée rouge durant la guerre civile, et leur élan ne s'épuiserait qu'en 1945, à la fin de la « grande guerre patriotique » contre l'Allemagne nazie. C'est donc à la fin de la nouvelle guerre de Trente Ans qui lui avait donné naissance, que la révolution russe a achevé sa parabole, de même que la Révolution française avait connu son épilogue en 1815.

Si cette interprétation de la terreur révolutionnaire suscite des réserves, cela ne tient ni à son historicisme (la longue durée) ni à son comparatisme (France et Russie mises en parallèle, à plus d'un siècle de distance l'une de l'autre), mais plutôt à son monolithisme : les révolutions sont appréhendées comme des blocs dans lesquels nous pouvons distinguer des

---

66 Arno J. Mayer, *Les Furies*, *op. cit.*, p. 541. D'autres considèrent que si la collectivisation des campagnes soviétiques ne fut pas conçue comme un génocide, elle prit néanmoins des traits génocidaires en Ukraine, où elle visait *aussi* l'éradication du nationalisme (*cf.* Nicolas Werth, « La grande famine ukrainienne de 1932-1933 », *La Terreur et le Désarroi. Staline et son système*, Perrin, Paris, 2007, p. 116-134).

67 *Cf.* Anne Applebaum, *Goulag. A History*, Anchor, New York, 2003 (surtout l'annexe : « How many ? », p. 578-586).

68 Arno J. Mayer, *Les Furies*, *op. cit.*, p. 562-563.

étapes, pas des ruptures [69]. Amorcée en 1789, la Révolution française s'est achevée en 1815, en incluant non seulement Thermidor, mais aussi l'Empire ; née en 1917, la révolution russe a accompli son cycle avec la défaite allemande de 1945. Par conséquent, le stalinisme ne serait pas – comme le considérait Trotski, dont les analyses sont étrangement ignorées par Mayer [70] – sa phase thermidorienne et bonapartiste, mais l'apogée de la Terreur. Cette approche présente des affinités significatives avec celle des nouveaux historiens sociaux américains, dits « révisionnistes », comme J. Arch Getty et Sheila Fitzpatrick. Pour ces derniers, il ne s'agit pas tant de postuler une continuité substantielle entre Lénine et Staline, mais d'inscrire les deux, avec leurs différences, dans un même processus historique, puisque la collectivisation et l'industrialisation de 1929 supposaient et approfondissaient la rupture de 1917. « Les guerres révolutionnaires de Napoléon – écrit Fitzpatrick dans *The Russian Revolution* – peuvent être incluses dans notre concept général de la Révolution française, même si nous ne les considérons pas comme l'incarnation de l'esprit de 1789 ; une approche analogue semble légitime dans le cas de la révolution russe. Au sens courant du terme, une révolution couvre la période de soulèvement et d'instabilité entre la chute de l'Ancien Régime et la consolidation du nouveau. À la fin des années 1920, les lignes définitives du nouvel ordre russe n'avaient pas encore été esquissées [71]. » Autrement dit, entre Lénine et Staline, il n'y aurait ni rupture radicale ni évolution linéaire. La Russie de 1917 et celle de Staline n'étaient

---

69 Voir Carla Hesse, « Revolutionary historiography after the Cold War : Arno Mayer's *Furies* in the French context », *The Journal of Modern History*, vol. 73, 2001, n° 4, p. 902.

70 Léon Trotski, « État ouvrier, Thermidor et bonapartisme », *Nature de l'État soviétique*, Maspero, Paris, 1969, p. 27-42, et aussi Léon Trotski, *La Révolution trahie*, Éditions de Minuit, Paris, 1989. Selon Trotski, le Thermidor russe datait du milieu des années 1920. Il voyait le stalinisme comme une forme de bonapartisme soviétique qui avait à la fois préservé et déformé les conquêtes de la révolution russe.

71 Sheila Fitzpatrick, *The Russian Revolution*, Oxford University Press, Londres, 1994, p. 3-4.

pas les mêmes. Entre la violence d'une révolution et celle d'un système totalitaire, il y a une différence qui passe par des choix empiriques, des décisions politiques, des transformations internes à l'appareil du parti et de l'État, mais il serait difficile de nier que les bases du stalinisme ont été posées en Russie pendant les années de la guerre civile.

Pour Fitzpatrick, la révolution russe s'arrête en 1938, avec les procès de Moscou, alors que Mayer y inclut la Seconde Guerre mondiale (ce qu'elle ne manque pas de lui reprocher [72]), mais la question n'est pas d'ordre chronologique. Citant Hannah Arendt, Mayer distingue entre la terreur de la guerre civile, qui était le fait d'une dictature révolutionnaire, et la terreur stalinienne, totalitaire, qui avait été déclenchée par le pouvoir central, à froid, dans un pays pacifié [73]. Il s'agit bien évidemment d'une distinction essentielle, sur laquelle cependant il ne juge pas utile de s'attarder. Si Mayer a raison d'affirmer que les révolutions ne découlent pas d'une idéologie, il semble négliger qu'elles traversent non seulement des étapes, mais aussi des ruptures, pendant lesquelles s'opèrent des choix politiques décisifs. La « révolution par en haut » de Staline n'aurait pas été possible sans la rupture de 1917, comme le Code civil introduit par Napoléon dans l'Europe conquise découlait des transformations de 1789, mais les deux n'en étaient pas le résultat inéluctable et automatique. D'autres systèmes politiques, d'autres formes institutionnelles et d'autres voies modernisatrices étaient possibles. Aucune fatalité ne présidait à l'avènement de l'Empire napoléonien ou du totalitarisme stalinien. Mayer ne s'intéresse guère aux querelles sur la démocratie, aux notions de propriété, d'égalité et de justice sociale qui divisaient feuillants et jacobins, jacobins et girondins ou encore jacobins et sans-culottes. Les forces

72 Voir Sheila Fitzpatrick, « Vengeance and ressentiment in the Russian Revolution », *French Historical Studies*, 2001, n° 4, p. 585.

73 Arno J. Mayer, *Les Furies*, p. 104. *Cf.* Hannah Arendt, *Les Origines du totalitarisme*, *op. cit.*, p. 632.

sociales sous-jacentes à ces conflits idéologiques, déjà détectées par des historiens comme Albert Soboul et Daniel Guérin, ne trouvent pas de place dans une reconstruction où, comme le reconnaît l'auteur lui-même, la révolution est bien davantage un fait politique qu'un conflit de forces sociales [74]. De même, il néglige les débats sur la dictature, les libertés publiques, le pluralisme politique, le rapport entre parti et soviets, entre plan et démocratie, entre nationalisme et internationalisme, qui divisaient les forces révolutionnaires russes. Ces conflits ont pourtant été très aigus, aussi bien entre 1917 et 1922, la période où s'est mis en place en Russie un régime de parti unique, qu'entre 1925 et 1929, lorsque Staline a d'abord éliminé l'opposition de gauche (trotskiste), puis celle de droite (boukharinienne), dans le parti bolchevique. Mayer n'évoque ces conflits que dans sa perspective particulière qui fait de Staline à la fois l'héritier et l'exécuteur de la révolution : « Le débat entre trotskistes et staliniens n'était pas sans rappeler certains éléments de la discussion sur la guerre et la paix entre girondins et jacobins en 1791-1792. Girondins et trotskistes tendaient à affirmer le primat de la politique étrangère, la révolution européenne devant soutenir la révolution "nationale" ; jacobins et staliniens soulignaient en revanche la prédominance de la politique intérieure. À cet égard, Staline ressemblait au Robespierre d'avant la course péremptoire de la Convention à la guerre générale [75]. »

Sur toutes ces questions, *Les Furies* rouvre le débat. Mayer dessine une alternative à l'historiographie libérale et conservatrice, tout en introduisant un puissant aiguillon critique dans le champ de l'historiographie révolutionnaire.

---

74 Arno J. Mayer, « Response », *French Historical Studies*, 2001, n° 4, p. 590. Voir Daniel Guérin, *Les Luttes de classes en France sous la Première République*, Gallimard, Paris, 1946, 2 vol. ; Albert Soboul, *La Révolution française*, Presses universitaires de France, Paris, 1984.

75 Arno J. Mayer, *Les Furies*, *op. cit.*, p. 527.

Mythe et histoire

Si on essaie de comprendre octobre 1917 au-delà du mythe, cet événement prend les traits à la fois d'une révolution et d'un coup d'État : un acte de force décidé par le parti bolchevique dans le contexte d'une crise révolutionnaire qui n'avait pas cessé de s'approfondir après l'écroulement du tsarisme [76]. Sur le plan militaire, Octobre n'a pas été une insurrection de masse et est certes apparu beaucoup moins spectaculaire que bien d'autres événements dont Petrograd avait été le théâtre au cours des mois précédents. Mis à part deux salves du croiseur *Aurora* et quelques balles tirées depuis la forteresse Pierre-et-Paul, contrôlée par les bolcheviks, sur le Palais d'Hiver, les gardes rouges ont pris d'assaut un bâtiment resté pratiquement sans défense et ont arrêté en quelques heures les membres du gouvernement provisoire – Kerenski avait déjà pris la fuite – sans quasiment verser de sang. Sur le plan politique, les bolcheviks ont su exploiter les faiblesses et les incohérences de leurs adversaires. Ils étaient les seuls à ne pas s'être compromis avec un gouvernement qui, au lieu de satisfaire la demande de paix surgie du soulèvement de février, avait lancé en juin une offensive militaire désastreuse en Galicie, et sont apparus comme les gardiens de la révolution lorsque, en août, ils ont apporté une contribution décisive pour mettre en échec le coup d'État du général Kornilov. Leur mot d'ordre – « tout le pouvoir aux soviets » – rencontrait une adhésion très large, bien au-delà de leurs propres forces, et a été ratifié lors du second congrès des soviets des ouvriers, des soldats et des paysans, pendant la nuit fatidique du 7 novembre. Si la proposition, formulée par Martov – le chef

---

76 *Cf.* Nicolas Werth, « Un État contre son peuple. Violences, répressions, terreurs en Union soviétique », *in* S. Courtois (dir.), *Le Livre noir du communisme*, *op. cit.*, p. 50. Voir aussi Orlando Figes, *La Révolution russe 1891-1924. La tragédie d'un peuple*, Gallimard, « Folio », Paris, 2008, 2 vol. ; Alexander Rabinowitch, *The Bolsheviks in Power. The First Year of Soviet Rule in Petrograd*, Indiana University Press, Bloomington, 2007.

menchevique le plus enclin au compromis –, d'un gouvernement de tous les partis socialistes n'a pas été accueillie favorablement, c'est qu'elle était minoritaire. Bien sage d'un point de vue rétrospectif, elle est apparue pathétique dans ces circonstances et Trotski a eu l'arrogance de vouer son ancien compagnon à « la poubelle de l'Histoire [77] ». Les bolcheviks n'étaient pas l'avant-garde d'une armée prolétarienne en marche vers l'avenir, selon l'image d'Épinal qu'ils diffuseront par la suite, mais ils n'étaient pas non plus la minorité sanguinaire que décriront leurs ennemis. Minoritaires dans l'ensemble du pays – comme devaient le prouver les élections pour l'Assemblée constituante, largement dominées par les socialistes révolutionnaires, la force la plus enracinée dans les campagnes russes –, ils avaient conquis la majorité dans les soviets et constituaient la force hégémonique dans les grandes villes comme Petrograd et Moscou. Ils ont réussi à s'emparer du pouvoir en profitant à la fois des majorités fluctuantes au sein d'une assemblée des soviets que la dynamique des événements poussait vers des solutions de plus en plus radicales, et du discrédit d'un gouvernement incapable de rétablir l'ordre face à la décomposition de l'armée et à une hostilité populaire croissante.

La ratification du changement de pouvoir par le congrès des soviets prouve qu'Octobre n'a pas été un *putsch* au sens traditionnel du terme. Mais cet acte de force a marqué un tournant : il a mis fin à l'effervescence démocratique née en février et ouvert une nouvelle étape qui débouchera sur la guerre civile. Cette dernière n'était pas inscrite dans le projet idéologique de Lénine et Trotski, mais, après avoir surmonté le dualisme de pouvoir entre les soviets et l'Assemblée constituante, ils ne pouvaient plus revenir en arrière, et la seule manière de survivre consistait à combattre leurs adversaires par tous les moyens, en essayant de chevaucher la vague révolutionnaire et d'« organiser » l'anarchie sociale qui s'était emparée du

77 Léon Trotski, *Histoire de la révolution russe, t. 2, Octobre*, Seuil, Paris, 1967, p. 691.

pays. Ils avaient bien compris que la révolution était une furie et qu'ils devaient en prendre la direction s'ils ne voulaient pas y laisser leur peau. La révolution russe était née de la Grande Guerre et sa violence surgissait d'un trauma profond, d'une *brutalisation* des relations sociales, de la culture et du monde mental de l'Europe. De cette violence, les bolcheviks n'ont pas été les inventeurs ; ils en furent plutôt les interprètes, confrontés à des ennemis tout aussi féroces, sinon davantage, soutenus par les grandes puissances occidentales.

Pour historiciser la révolution, il faut sortir des mythes. Mais il ne suffit pas non plus de les évacuer. Il faudrait plutôt les étudier, les analyser et les expliquer, car ils peuvent aussi se charger d'une force extraordinaire. Il n'est sans doute pas faux de voir dans les premiers congrès du Komintern un cocktail hautement explosif dans lequel se mélangeaient des révolutionnaires, des conspirateurs, des intellectuels doctrinaires, des idéalistes, des aventuriers, des « cosmopolites sans racines », des chefs charismatiques, des héros et des martyrs, à côté de futurs bureaucrates, de calculateurs machiavéliques, de tchékistes et, dans les coulisses, de quelques bourreaux en attente de leur tour. Mais le communisme ne fut pas seulement un cauchemar orwellien ; il fut aussi un mouvement qui a réussi à donner un sentiment de dignité aux classes subalternes et à allumer les espérances de plusieurs générations. Toute l'histoire du XXe siècle a été traversée par ce Janus à deux têtes capable d'incarner en même temps un système totalitaire et de fortes aspirations émancipatrices, en mobilisant des millions d'hommes et de femmes à l'échelle de la planète. C'est peut-être pour cela qu'aujourd'hui, arrivés à la conclusion de cet « âge des extrêmes », nous nous retrouvons dans un monde à court d'utopies, dans lequel la commémoration des victimes des génocides remplit le vide laissé par les espérances des révolutions naufragées. Même Arthur Koestler, l'auteur de *Zéro et l'infini* et de *The God that Failed*, ne pouvait pas nier la force d'attraction magnétique dont avait fait preuve le communisme pendant toute la première phase de sa trajectoire, à laquelle lui-même n'avait pas su résister. « Nous avions tort pour de bonnes raisons », écrivait-il dans son autobiographie, en ajoutant que « ceux qui, dès le début, dénigrèrent la révolution russe le firent principalement pour des raisons moins louables que notre erreur. Il y a un monde de différence entre un amoureux désenchanté et des êtres incapables d'aimer [78] ».

---

78 Arthur KOESTLER, « La corde raide », *Œuvres autobiographiques*, Robert Laffont, Paris, 1994, p. 227.

3

Fascismes
Sur George L. Mosse, Zeev Sternhell et Emilio Gentile

Au cours des trois dernières décennies, l'historiographie du fascisme a connu une mutation considérable, en élargissant son champ d'étude, en modifiant ses paradigmes et en esquissant de nouvelles lignes d'investigation. Parmi les historiens qui ont le plus contribué à ce renouvellement, George L. Mosse, Zeev Sternhell et Emilio Gentile occupent une place de tout premier plan. Bien sûr, ils ne sont pas les seuls à avoir apporté des contributions importantes [1], mais leurs travaux ont sans doute suscité les débats les plus riches à l'échelle internationale. Si Mosse a concentré ses recherches sur l'Allemagne nazie, Sternhell sur la France de la IIIᵉ République et Gentile sur l'Italie de

1 Voir, pour ne rappeler que quelques ouvrages, Roger EATWELL, « Towards a new model of generic fascism », *Journal of Theoretical Politics*, IV, n° 1, 1992, p. 1-68 ; Roger GRIFFIN, *The Nature of Fascism*, Routledge, Londres, 1993 ; Roger GRIFFIN, *Modernism and Fascism. The Sense of a Beginning under Mussolini and Hitler*, Palgrave, Houndmills, 2007 ; Robert O. PAXTON, *Le Fascisme en action*, Seuil, Paris, 2004 ; Stanley G. PAYNE, *Fascism. Comparison and Definition*, University of Wisconsin Press, Madison, 1980 ; S. G. Payne, *A History of Fascism 1914-1945*, UCL, Londres, 1995 ; Ismael Saz CAMPOS, *España contra España. Los nacionalismos franquistas*, Marcial Pons, Madrid, 2003 ; Federico FINCHELSTEIN, *Transatlantic Fascism. Ideology, Violence, and the Sacred in Argentina and Italy, 1919-1945*, Duke University Press, Durham & Londres, 2010.

Mussolini, tous les ont inscrites dans une perspective comparative dont le concept de fascisme constitue l'horizon commun.

Constellations historiennes

Le rôle de pionnier revient incontestablement à Mosse, le plus âgé des trois, décédé il y a dix ans et déjà « canonisé » comme un des grands historiens du XXᵉ siècle. Son approche de l'histoire contemporaine est le résultat d'un itinéraire intellectuel assez particulier, bien restitué dans ses Mémoires, parus à titre posthume [2]. Il était né au début de la république de Weimar au sein d'une puissante famille du patriciat juif prussien, son père possédant l'un des plus importants empires éditoriaux allemands. Avec sa famille, le jeune Mosse a été contraint de quitter l'Allemagne en 1933, en poursuivant ses études d'abord à Cambridge, en Grande-Bretagne, puis à Harvard, aux États-Unis, où il s'installa en 1939. Après avoir consacré une thèse à l'histoire de la Réforme, il s'orienta vers l'étude du fascisme et du nazisme. Sa carrière se déroula pour l'essentiel à l'université du Wisconsin, Madison, une des plus *liberal* du monde académique américain. Il vécut donc la fin de Weimar et l'essor du nazisme, l'apogée et la disparition du judaïsme allemand, l'antifascisme des années 1930 et la guerre, le maccarthysme dans l'Amérique des années 1950 et l'atmosphère bouillonnante des campus dans la décennie suivante. Juif et homosexuel, il puisait à son propre bagage de souvenirs et d'expériences lorsqu'il écrivait sur le problème de la respectabilité bourgeoise, sur la relation complexe entre nationalisme et sexualité, entre norme et altérité, entre nationalisme et avant-garde artistique, ainsi que sur l'image du corps dans l'esthétique fasciste.

---

2 George L. Mosse, *Confronting History. A Memoir*, University of Wisconsin Press, Madison, 2000.

Appartenant à des générations postérieures, Sternhell et Gentile ont connu d'autres expériences formatrices. Le premier, professeur d'histoire à l'université de Jérusalem, s'est formé à l'Institut d'études politiques de Paris, où il a préparé sa thèse. Bien qu'il ait par la suite pris ses distances à l'égard de cette institution, il a bâti une œuvre qui porte l'empreinte d'une histoire des idées politiques de facture plutôt classique, imperméable aussi bien aux influences du marxisme qu'à celles de l'histoire sociale et culturelle. Gentile, quant à lui, a été un disciple du principal biographe de Mussolini et historien italien du fascisme, Renzo De Felice, vis-à-vis duquel il reconnaît sa filiation intellectuelle [3]. Il s'est cependant éloigné de son maître, d'une part en prêtant une moindre attention à la biographie du fondateur du fascisme et, d'autre part, en orientant davantage ses travaux vers l'histoire culturelle. À tel point que ses affinités méthodologiques avec Mosse sont aujourd'hui bien plus évidentes que celles qui l'unissent à son maître italien [4]. Mais De Felice reste le lien entre les deux. De Felice et Mosse étaient deux historiens à plusieurs égards différents. Cadet de Mosse d'une dizaine d'années, De Felice s'était formé à l'école historiciste de Delio Cantimori et Federico Chabod, ne découvrant l'œuvre de son collègue américain que lorsqu'il avait déjà bien entamé sa recherche sur Mussolini. Son approche du fascisme privilégiait l'histoire politique et institutionnelle par rapport à la culture et à l'esthétique qui, en revanche, restent au centre de l'attention de Mosse. En dépit de ces différences, le biographe du *Duce* ne cachait pas son admiration pour son collègue américain, chez qui il trouvait la conceptualisation de plusieurs de ses intuitions et de certains résultats de ses recherches. Les travaux de Mosse l'ont aidé à préciser sa vision du fascisme comme phénomène de

---

3 Emilio GENTILE, *Renzo De Felice. Lo storico e il personaggio*, Laterza, Rome-Bari, 2003.

4 C'est à l'égard de Mosse que Gentile reconnaît sa « plus grande dette » (*cf.* Emilio GENTILE, *Il culto del littorio. La sacralizzazione della politica nell'Italia fascista*, Laterza, Rome-Bari, 2001, p. XI).

nature moderne et « révolutionnaire », à saisir dans la « nationalisation des masses » la source du consensus populaire à l'égard du régime de Mussolini, enfin à rechercher les origines du fascisme dans une tradition de gauche de matrice jacobine [5]. À son tour, De Felice a largement contribué à la diffusion de l'œuvre de Mosse en Italie, le pays où elle a rencontré l'écho le plus grand en dehors des États-Unis (et, dans une moindre mesure, de l'Allemagne [6]). Mosse, de son côté, voyait dans le biographe de Mussolini un chercheur qui avait systématiquement appliqué dans ses travaux une méthode proche de la sienne, consistant à étudier le fascisme « de l'intérieur », en prenant au sérieux ses hommes, ses idées, sa culture et son « autoreprésentation », sans les filtrer par un regard extérieur, notamment celui de l'antifascisme [7]. D'une certaine façon, De Felice est le lien qui unit les trois historiens qui sont au centre de ce chapitre. Dès 1983, il désignait Mosse, Sternhell et Gentile, aux côtés du sociologue italo-argentin Gino Germani, comme les chercheurs qui avaient apporté les contributions les plus importantes et novatrices à l'analyse du fascisme depuis la fin des années 1960 [8]. Sternhell, quant à lui, a reconnu récemment ses affinités avec « les héritiers italiens de Renzo De Felice », Pier Giorgio Zunino et Emilio Gentile, pour lesquels « l'explication du fascisme italien réside tout d'abord dans l'idéologie et la culture » [9].

---

5 Renzo De Felice, « Prefazione » (1983), *Le interpretazioni del fascismo*, Laterza, Rome-Bari, 1995, p. VII-XXV, ainsi que l'introduction de De Felice à l'édition italienne de George L. Mosse, *La nazionalizzazione delle masse. Simbolismo politico e movimenti di massa in Germania (1815-1933)*, Il Mulino, Bologne, 1975, p. 7-18.

6 Sur le retard de la diffusion de l'œuvre de Mosse en France, *cf.* Stéphane Audoin-Rouzeau, « George L. Mosse. Réflexions sur une méconnaissance française », *Annales*, 2001, n° 1, p. 183-186.

7 George L. Mosse, « Renzo De Felice e il revisionismo storico », *Nuova Antologia*, 1998, n° 2206, p. 177-186, notamment p. 185.

8 Renzo De Felice, « Prefazione » (1983), *Le interpretazioni del fascismo, op. cit.*, p. IX.

9 Zeev Sternhell, « Morphologie et historiographie du fascisme en France », préface à la troisième édition de *Ni droite ni gauche. L'idéologie fasciste en France*, Fayard, Paris, 2000, p. 49.

Culture fasciste

Que fut donc le fascisme ? Si chacun de ces trois historiens a apporté sa réponse, ils partagent tous une définition centrée sur quelques caractéristiques essentielles : le fascisme fut à la fois une révolution, une idéologie, une vision du monde et une culture. Une révolution, puisqu'il voulait bâtir une société nouvelle. Une idéologie, puisqu'il avait reformulé le nationalisme dans une perspective qui, après avoir rejeté le marxisme, s'opposait aussi bien au conservatisme qu'au libéralisme, en recherchant une voie alternative. Une vision du monde, puisqu'il inscrivait son projet politique dans une vision de l'histoire, voulait créer un « homme nouveau » et se présentait comme le destin providentiel de la nation. Et une culture, puisqu'il voulait transformer l'imaginaire collectif, modifier les styles de vie, supprimer tout clivage entre vie privée et vie publique. Il s'agit, pour les trois, d'une « révolution de droite [10] », dont le moteur social résidait dans les classes moyennes et dont l'ambition était la construction d'une civilisation nouvelle [11]. Autrement dit, une révolution à la fois antilibérale et antimarxiste, « spirituelle » et « communautaire » [12].

Pendant longtemps, l'historiographie a défendu une vision du fascisme comme magma éclectique fait de matériaux de récupération, capable de se définir seulement *en négatif* en

10 Emilio Gentile, *Qu'est-ce que le fascisme ? Histoire et interprétation*, Gallimard, Paris, 2004, p. 152.

11 George L. Mosse, *La Révolution fasciste*, Seuil, Paris, 2003, p. 71 ; Zeev Sternhell, « Le concept de fascisme », *in* Zeev Sternhell, Mario Sznajder, Maja Ashéri, *Naissance de l'idéologie fasciste*, Gallimard, « Folio », Paris, 1994, p. 23-24.

12 Zeev Sternhell, *Ni droite ni gauche. L'idéologie fasciste en France*, Seuil, Paris, 1983, p. 273-274. La version la plus radicale de la thèse qui postule le caractère « révolutionnaire » du fascisme est celle de A. James Gregor, pour lequel le fascisme, et non pas le communisme, fut la vraie révolution du XXe siècle, à la fois pour son idéologie, sa technique de propagande et sa politique de modernisation (*cf.* James Gregor, *The Fascist Persuasion in Radical Politics*, Princeton University Press, Princeton, 1974).

tant qu'antilibéralisme, anticommunisme, anti-démocratie, antisémitisme, anti-Lumières, mais foncièrement incapable de produire une culture originale et harmonieuse. Selon Norberto Bobbio, par exemple, la cohérence idéologique du fascisme n'était qu'apparente et tenait à la fusion de cette posture négative avec d'autres valeurs héritées d'une tradition autoritaire et conservatrice qui, elle, n'avait rien de moderne et encore moins de révolutionnaire : ordre, hiérarchie, obéissance [13]. Contre cette vision, nos trois historiens soulignent la cohérence du projet fasciste, qui, certes, s'appropriait plusieurs éléments préexistants, mais parvenait à les fondre dans une synthèse nouvelle. Dissoutes dans le maelström fasciste, les valeurs conservatrices changeaient leurs codes et resurgissaient chargées d'une connotation inédite, éminemment moderne. Le darwinisme social transformait l'idée organiciste de communauté héritée de l'Ancien Régime en une vision monolithique de la nation, fondée sur la race et issue d'un processus de sélection naturelle. Le militarisme et l'impérialisme muaient le rejet de la démocratie et de l'égalité en culte de l'ordre national et racial, le rejet de l'individualisme en adoration de la masse, l'idéal chevaleresque de courage en culte vitaliste et irrationaliste du combat, l'idée de force en projet de conquête et de domination, le principe d'autorité en vision totalitaire du monde.

Les composantes du fascisme étaient certes disparates. On y trouve d'abord une impulsion romantique, c'est-à-dire une mystique nationale qui idéalise la tradition, souvent en fabriquant de toutes pièces un passé mythique. La culture fasciste exalte l'action, la virilité, la jeunesse, le combat, en les traduisant dans une certaine image du corps, dans des gestes, des emblèmes, des symboles qui devraient redéfinir l'identité nationale. Toutes ces valeurs exigent leur antithèse, qui se

13 Norberto Bobbio, « L'ideologia del fascismo » (1975), *Dal fascismo alla democrazia. I regimi, le ideologie, le figure e le culture politiche*, Baldini & Castoldi, Milan, 1997, p. 61-98.

décline en une multiplicité de figures de l'altérité : l'altérité de genre des homosexuels et des femmes n'acceptant pas une position subalterne ; l'altérité sociale des délinquants et des criminels ; l'altérité politique des anarchistes, communistes et subversifs ; l'altérité raciale des juifs et des peuples colonisés. Tous portent les stigmates, dans le corps et dans l'esprit, d'une « dégénérescence » qui symbolise l'antithèse de la normalité bourgeoise, aussi bien physique qu'esthétique et morale. L'intellectuel qui vit en ville, loin de la nature, qui ne pratique pas de sport, ne soigne pas son corps et pense au lieu d'agir incarne la maladie et la décadence auxquelles s'opposent la vigueur physique, le courage, le mépris du danger et l'éthique guerrière de l'« homme nouveau » fasciste. Il va sans dire que le juif incarne de façon idéal-typique cet ensemble de traits négatifs. Judéité, homosexualité et féminité sont les figures négatives par excellence permettant à l'esthétique fasciste d'élaborer ses mythes positifs de la virilité, de la santé, de l'hygiène physique et morale [14]. Mais la stigmatisation bourgeoise de l'homosexualité coexiste dans le fascisme avec un imaginaire érotique hérité du *Männerbund* (la communauté masculine des mouvements de jeunesse allemands d'avant 1914) et inspiré des modèles esthétiques d'origine grecque codifiés par Winckelmann dès la fin du XVIIIᵉ siècle [15]. Plusieurs écrivains – de Pierre Drieu La Rochelle à Robert Brasillach, de Julius Evola à Ernst Jünger – seront fortement attirés par ce mélange singulier de morale conservatrice, d'idéologie répressive et d'imaginaire transgressif [16].

Grâce à l'eugénisme et à la biologie raciale, le nazisme avait transformé les stéréotypes négatifs de l'altérité en catégories médicales. « Le concept de race – écrit Mosse en s'appuyant sur les travaux de Sander Gilman – concernait tout

14 George L. Mosse, *Nationalism and Sexuality. Respectability and Abnormal Sexuality in Modern Europe*, Howard Fertig, New York, 1985, ch. VII ; George L. Mosse, *L'Image de l'homme. L'invention de la virilité moderne*, Abbeville, Paris, 1997, p. 157-180.

15 George L. Mosse, *La Révolution fasciste*, *op. cit.*, p. 244-245.

16 *Ibid.*, ch. 9.

d'abord les juifs, mais la transformation des "*outsiders*" en cas médicaux les plaçait tous clairement en dehors des normes sociales. La notion de maladie permettait de figer davantage encore les criminels ordinaires, les homosexuels et les juifs à l'intérieur de leur prétendue anormalité [17]. » Cependant, il ne faudrait pas assimiler les différentes formes d'altérité en oubliant que, dans la vision du monde nazie, les figures du juif et de l'homosexuel n'étaient pas interchangeables. L'homosexuel était stigmatisé à cause de sa « déviance », donc de son comportement ; le juif à cause de son *essence*. L'un devait être « rééduqué » ou « corrigé », l'autre exterminé [18]. Si le fascisme avait hérité de la société bourgeoise du XIXe siècle une idée normative de respectabilité, Gentile a raison de rappeler que la « respectabilité en habit civil » n'est pas la même que la « respectabilité en uniforme » [19].

Paradoxalement, cette impulsion romantique coexistait dans le fascisme avec un culte de la modernité technique bien illustré par la célébration de la vitesse chez les futuristes et par le « romantisme d'acier » de Josef Goebbels, qui voulait unir la beauté naturelle des forêts germaniques à la puissance industrielle des usines Krupp. Il y a là tous les éléments d'une métamorphose du *pessimisme culturel* de la fin du XIXe siècle en *modernisme réactionnaire* [20], capable de réactiver les valeurs de la tradition conservatrice dans une lutte pour la régénération nationale avec les moyens de l'impérialisme et de l'État

---

17 George L. Mosse, « Bookburning and betrayal by the German intellectuals », *Confronting the Nation. Jewish and Western Nationalism*, Brandeis University Press, Hanover, N. H., 1993, p. 111.

18 *Cf.* Saul Friedländer, « Mosse's influence on the historiography of the Holocaust », *in* Stanley G. Payne, David Sorkin et John S. Tortorice (dir.), *What History Tells. George L. Mosse and the Culture of Modern Europe*, The University of Wisconsin Press, Madison, 2004, p. 144-145.

19 *Cf.* Emilio Gentile, « A provisional dwelling. The origin and development of the concept of fascism in Mosse's historiography », in *What History Tells*, *op. cit.*, p. 101.

20 Voir Jeffrey Herf, *Reactionary Modernism. Technology, Politics and Culture in Weimar and the Third Reich*, Cambridge University Press, New York, 1984.

totalitaire. Mais la notion de « modernisme réactionnaire » rappelle trop la base idéologique hétérogène, sinon ouvertement éclectique, du fascisme, pour recueillir l'approbation de Mosse, Sternhell et Gentile. Ils n'attribuent aucun caractère « réactionnaire » au fascisme, qui constitue à leurs yeux un phénomène révolutionnaire à part entière. Selon Gentile, le concept de « modernisme fasciste » ou de « modernité totalitaire » serait beaucoup plus approprié [21].

Tous les éléments constitutifs du fascisme se greffent sur la branche du nationalisme qui, dans la société de masse, connaît une transformation qualitative en élargissant ses bases, en modifiant son langage et en recrutant ses chefs au sein des classes populaires. Le *Führer* et le *Duce* ne sont plus des politiciens d'origine aristocratique, mais des plébéiens qui, étrangers aux voies traditionnelles de formation des élites dominantes, ont découvert leur vocation politique dans la rue, au contact des masses, lors des crises politiques qui ont précédé ou suivi le premier conflit mondial. Cette métamorphose s'achève en effet au lendemain de la Grande Guerre, quand le fascisme essaie d'introduire dans la lutte politique le langage et les méthodes de combat hérités des tranchées. Grand tournant au cœur de l'Europe, la guerre totale avait banalisé la violence et *brutalisé* les sociétés en les accoutumant au massacre industriel et à la mort anonyme de masse [22]. En tant que mouvement politique nationaliste, le fascisme est issu de ce traumatisme. Mosse le présente comme le fils de la « nationalisation des masses » [23], puissamment accélérée pendant la guerre. Il voulait mobiliser les masses en leur donnant l'illusion d'être des acteurs et non plus, comme dans les

21 Emilio Gentile, *Qu'est-ce que le fascisme ?*, *op. cit.*, ch. xi.

22 George L. Mosse, *Fallen Soldiers. Reshaping the Memory of the World Wars*, Oxford University Press, New York, 1990, ch. vii-viii.

23 George L. Mosse, *The Nationalization of the Masses. Political Symbolism and the Mass Movements in Germany from the Napoleonic Wars through the Third Reich*, Howard Fertig, New York, 1974.

sociétés libérales d'avant 1914, des spectateurs passifs de la politique.

La nationalisation des masses s'exprime dans un ensemble de rites collectifs – manifestations patriotiques, culte des martyrs, célébration de fêtes nationales, monuments, drapeaux et hymnes – qui trouvent leur accomplissement dans la liturgie fasciste et nazie, dans les discours de Mussolini à Piazza Venezia, à Rome, et de Hitler au stade Zeppelin de Nuremberg. Autrement dit, le fascisme devenu régime illustre de manière éloquente un phénomène typique de la modernité : la transformation du nationalisme en *religion civile*[24]. Il s'agit d'une tendance dont Mosse fait remonter les origines à la Révolution française, avec la sacralisation des institutions séculières (la République), la foi dans la nation, célébrée par des fêtes collectives qui reproduisent des rituels de type religieux, et la recherche d'un style qui invente une relation nouvelle entre esthétique et politique. En ce sens, il voit dans le fascisme « un descendant direct du style politique jacobin[25] ». Par la célébration de ses conquêtes et la commémoration de ses martyrs, le fascisme s'inscrit dans le sillage des fêtes révolutionnaires de la Révolution française. Mais il hérite aussi ses pratiques d'une certaine tradition socialiste, surtout allemande. En mobilisant les travailleurs autour de valeurs (émancipation, égalité, socialisme) et en les encadrant à l'intérieur de puissantes organisations (non seulement politiques et syndicales, mais aussi sportives, culturelles, juvéniles, etc.), les sociaux-démocrates avaient créé une nouvelle religion séculière, bâtie autour de symboles comme le drapeau rouge et de rituels comme les manifestations du 1er Mai, avec leur chorégraphie et leurs hymnes. Certes, la différence essentielle entre le socialisme et le fascisme réside dans le fait que, chez le premier, la dimension religieuse trouve son contrepoids dans un

24 George L. Mosse, *The Nationalization of the Masses*, *op. cit.*, ch. I ; George L. Mosse, *La Révolution fasciste*, *op. cit.*, p. 75.

25 *Ibid.*, p. 26.

fort ancrage dans le rationalisme des Lumières et dans une conception de l'émancipation prolétarienne aux antipodes du populisme fasciste. Mais cette différence essentielle n'empêcha pas le socialisme, selon Mosse, d'exercer une influence considérable sur le fascisme en tant que modèle dont il pouvait reproduire certaines formes tout en rejetant ses valeurs [26].

Cette approche ne s'identifie pas tout à fait avec celle, élaborée à partir des années 1930 et 1940 par Eric Voegelin et Raymond Aron, qui interprète le nazisme et le communisme comme deux « religions séculières » de la modernité, distinctes l'une de l'autre, partageant le même rejet du libéralisme et se nourrissant des mêmes aspirations eschatologiques [27]. Pour Mosse, le fascisme présente une dimension religieuse dans la mesure où il suscite chez ses adeptes une adhésion fondée davantage sur la croyance que sur la conviction rationnelle, mais il en étudie surtout le style, les pratiques et les représentations, en attribuant une importance moindre à ses contenus idéologiques. Dans le sillage de Mosse, Gentile définit le style fasciste comme une « sacralisation de la politique », dont il analyse la symbolique : la matraque comme outil d'une politique purificatrice et régénératrice, l'appel lors des commémorations des martyrs, le *fascio littorio* comme symbole d'union ; sans oublier le mythe de la louve fondatrice de Rome [28]. Il montre surtout jusqu'à quel point le fascisme lui-même était conscient de sa dimension religieuse, ouvertement revendiquée par Mussolini dans un essai écrit en collaboration avec Giovanni Gentile pour l'*Enciclopedia italiana* [29]. Dès 1922, *Il popolo d'Italia*

---

26 George L. MOSSE, *The Nationalization of the Masses*, *op. cit.*, ch. VII.

27 Eric VOEGELIN, *Les Religions politiques*, Cerf, Paris, 1994 ; Raymond ARON, « L'avenir des religions séculières », *Chroniques de guerre. La France libre 1940-1945*, Gallimard, Paris, 1990, p. 925-948. Sur ce concept, voir surtout Emilio GENTILE, *Les Religions de la politique. Entre démocratie et totalitarismes*, Seuil, Paris, 2005.

28 Emilio GENTILE, *Il culto del littorio*, *op. cit.*, p. 43, 47, 53.

29 Mussolini y définissait le fascisme comme « une conception religieuse » (Benito MUSSOLINI, « La doctrine du fascisme », *in* Enzo TRAVERSO (dir.), *Le Totalitarisme. Le*

comparait le fascisme au christianisme, en saisissant chez les deux tant « une foi civile et politique » qu'« une religion, une milice, une discipline de l'esprit »[30]. Dans le sillage de Jean-Pierre Sironneau, Emilio Gentile relève dans le fascisme la structure typique d'une religion articulée autour de quatre dimensions essentielles : la foi, le mythe, le rite et la communion[31]. Pour appréhender la liturgie politique du fascisme, la notion de « religion civile » serait à ses yeux bien plus pertinente que celle d'*esthétisation de la politique* (élaborée par Walter Benjamin en 1935, d'après l'analyse des écrits d'Ernst Jünger et Filippo Tommaso Marinetti[32], puis utilisée par Mosse). Gentile trouve cette définition insatisfaisante, et souligne au contraire que, dans le fascisme, l'esthétisation de la politique était tout à fait indissociable d'une *politisation de l'esthétique*, dont les différentes manifestations étaient soumises aux dogmes d'une idéologie et soutenues par la force d'une foi[33]. Il n'empêche que la mobilisation des masses liée aux rituels de la « religion » fasciste ne visait pas à les transformer en sujets historiques mais plutôt à les réduire, comme écrivait Siegfried Kracauer dès 1936, en pure « forme ornementale[34] ». Ne pas saisir cet aspect signifie, une fois de plus, tomber dans l'illusion optique qui consiste à identifier le fascisme avec son autoreprésentation.

Mosse n'appartient pas au courant historiographique – dont l'initiateur a été Jacob L. Talmon et le dernier

---

XXe siècle en débat, Seuil, Paris, 2001, p. 125). *Cf.* Emilio GENTILE, *Il culto del littorio*, *op. cit.*, p. 103.

30 *Ibid.*, p. 95.

31 Emilio GENTILE, *Qu'est-ce que le fascisme ?*, *op. cit.*, ch. 9. La référence est à Jean-Pierre SIRONNEAU, *Sécularisation et Religions politiques*, Mouton, La Haye, 1982.

32 Walter BENJAMIN, « L'œuvre d'art à l'époque de sa reproductibilité technique », *Œuvres III*, Gallimard, Paris, 2000, p. 314-315. Mosse reprend la définition de Benjamin dans *The Nationalization of the Masses*, ch. II.

33 Emilio GENTILE, *Qu'est-ce que le fascisme ?*, *op. cit.*, p. 428-429.

34 Siegfried KRACAUER, « Masse und Propagande », *in* Ingrid BELKE, Irina RENZ (dir.), *Siegfried Kracauer 1889-1966*, Deutsche Schillergesellschaft, Marbach am Neckar, 1989 (*Marbacher Magazine* n° 47), p. 88. Voir aussi, dans le sillage de Kracauer, Peter REICHEL, *La Fascination du nazisme*, Odile Jacob, Paris, 1993, p. 243.

représentant François Furet [35] – qui perçoit fascisme et communisme comme deux jumeaux totalitaires, même s'il accepte d'en reconnaître la matrice commune dans le jacobinisme. Les différences entre fascisme et communisme sont telles qu'il n'accepte pas de les regrouper dans une seule catégorie, en adoptant une définition qui s'arrête à leur seul trait partagé : l'antilibéralisme [36]. En réalité, la continuité qu'il saisit entre jacobinisme et fascisme ne concerne pas l'idéologie et se cantonne au style politique (deux manières distinctes de sacraliser la nation) [37]. L'assimilation du fascisme et du communisme dans une même catégorie est rejetée aussi par Gentile, qui souligne l'antithèse radicale entre le nationalisme de l'un et l'internationalisme de l'autre, une antithèse qui enlève à ses yeux tout « fondement historique » à la vision d'une prétendue affinité génétique entre les deux [38]. Sternhell, quant à lui, ne croit pas à la thèse de François Furet, qui postule une « complicité entre communisme et fascisme ». Au-delà de leurs affinités superficielles, pense-t-il, ils « possédaient une conception totalement opposée de l'homme et de la société ». Ils poursuivaient des buts révolutionnaires, mais leurs révolutions étaient aux antipodes : l'une économique et sociale, l'autre « culturelle, morale, psychologique et politique », visant à changer la civilisation, mais certes pas à détruire le capitalisme [39]. Cette différence radicale renvoie à la relation antinomique que communisme et fascisme entretiennent avec la tradition des Lumières, dont l'un se voulait l'héritier et l'autre le fossoyeur [40].

---

35 Jacob L. Talmon, *Les Origines de la démocratie totalitaire*, Calmann-Lévy, Paris, 1966 ; François Furet, *Le Passé d'une illusion. Essai sur l'idée communiste au XXe siècle*, Robert Laffont/Calmann-Lévy, Paris, 1995.

36 George L. Mosse, *Intervista sul nazismo*, Laterza, Rome-Bari, 1977, p. 77.

37 George L. Mosse, « Political style and political theory. Totalitarian democracy revisited » (1984), *Confronting the Nation*, *op. cit.*, p. 65.

38 Emilio Gentile, *Qu'est-ce que le fascisme ?*, *op. cit.*, p. 98.

39 Zeev Sternhell, « Le fascisme, ce "mal du siècle" », *in* Michel Dobry (dir.), *Le Mythe de l'allergie française au fascisme*, Albin Michel, Paris, 2003, p. 405.

40 Zeev Sternhell, « Morphologie et historiographie du fascisme en France », *op. cit.*, p. 106.

Mosse considère l'histoire culturelle comme un domaine bien plus vaste que l'histoire des idées, telle qu'il l'avait découverte lorsqu'il est arrivé aux États-Unis (représentée surtout par le *Journal of the History of Ideas* d'Arthur Lovejoy, où il publia ses premiers articles). Pour comprendre le fascisme, pense-t-il, l'histoire idéologique et politique ne suffit pas. Il faut aussi prendre en compte ses représentations, ses pratiques et sa capacité de donner forme aux sentiments populaires. C'est un imaginaire collectif qui a trouvé dans le fascisme un foyer, un miroir, un amplificateur et un exutoire. Dans cette perspective, qui privilégie les aspects culturels et anthropologiques à l'économie et à la société, aux idéologies et aux institutions, l'historiographie traditionnelle du fascisme et du nazisme, complètement axée sur la dimension politique des régimes, peut tranquillement être ignorée. L'étude des formes symboliques inspirée par Ernst Cassirer, Aby Warburg et Ernst Kantorowicz semble bien plus féconde [41]. Certes, cette approche fait la force de l'œuvre de Mosse, qui a renouvelé l'interprétation du fascisme en prenant au sérieux son langage et ses mythes [42]. Mais cette approche a aussi montré, au fil des années, toutes ses faiblesses, en débouchant sur une histoire culturelle qui sous-estime souvent l'importance des idéologies, en se substituant à l'histoire sociale au lieu de l'intégrer. Dans son premier grand ouvrage, *The Crisis of German Ideology* (1964), Mosse s'était mis à la recherche des racines du nazisme qu'il repérait dans un vaste mouvement culturel spécifiquement allemand : le nationalisme *völkisch*. Il étudiait la naissance de l'idée allemande de *Volk* au sein du néoromantisme, puis son « institutionnalisation » entre le dernier quart du XIXe siècle et

41 *Cf.* l'introduction de George L. Mosse, *Masses and Man. Nationalist and Fascist Perceptions of Reality*, Howard Fertig, New York, 1980.

42 George L. Mosse, *La Révolution fasciste*, *op. cit.*, p. 10. Voir à ce sujet Seymour Drescher, David Sabean et Allan Shalin (dir.), « George Mosse and political symbolism », *Political Symbolism in Modern Europe. Essays in Honor of George Mosse*, Transaction Books, New Brunswick, Londres, 1982, p. 1-19.

la Première Guerre mondiale, aussi bien dans le monde académique que dans les mouvements de jeunesse, pour analyser enfin son essor dans le national-socialisme après 1918 [43]. Le trait marquant de cette idéologie *völkisch* lui apparaissait alors se trouver dans le rejet des Lumières. Son interprétation du nazisme se présentait encore comme une version nouvelle, plus axée sur l'anthropologie et la culture que sur la politique, de la théorie traditionnelle du *Sonderweg* allemand [44]. Certes, une version plus sophistiquée et admirablement argumentée sur le plan culturel, mais non pas qualitativement distincte du diagnostic apparu au lendemain de la guerre, lorsqu'on commença à interpréter le chemin du Reich wilhelmien vers la modernité comme un éloignement par rapport à un prétendu modèle occidental incarné par la Révolution française et le libéralisme britannique [45]. À partir des années 1970, en revanche, Mosse a commencé à explorer – peut-être sous l'influence de l'école de Francfort – le côté sombre de l'*Aufklärung*, dont il a analysé la dialectique négative non pas en philosophe, mais en historien de la culture [46]. Au fur et à mesure que le nationalisme absorbait le conformisme bourgeois, l'idéal de la *Bildung* – l'éducation, la culture et l'autoperfectionnement conçus comme valeurs universelles – était relégué dans le camp des *outsiders*, en prenant une coloration de plus en plus juive. Le hiatus que le nationalisme creusait entre son

43 George L. MOSSE, *The Crisis of German Ideology. Intellectual Origins of the Third Reich*, Grosset & Dunlap, New York, 1964.

44 Sur le parcours intellectuel de Mosse, voir les remarques éclairantes de Steven E. ASCHHEIM, « George L. Mosse at 80. A critical laudatio », *Journal of Contemporary History*, 1999, 34/2, p. 295-312.

45 Pour une reconstruction du débat sur le *Sonderweg* allemand, *cf.* Davis BLACKBURN et Geoff ELY, *The Peculiarities of German History. Bourgeois Society and Politics in Nineteenth Century Germany*, Oxford University Press, Oxford, 1984. Pour une mise au point plus récente, Federico FINCHELSTEIN, « Revisitando el *Sonderweg* aléman. Los historiadores, la tradición de la derecha y la ruta historica de Bismarck a Hitler », *El Canon del Holocausto*, Prometeo, Buenos Aires, 2010, p. 73-98.

46 George L. MOSSE, *Toward the Final Solution. A History of European Racism*, Howard Fertig, New York, 1978, ch. I. Cet aspect est encore souligné par Steven E. ASCHHEIM, « George L. Mosse at 80 », *op. cit.*, p. 308.

appropriation de la respectabilité bourgeoise (*Sittlichkeit*) d'un côté et la *Bildung* juive de l'autre, soulevait des doutes quant à la capacité du libéralisme à s'opposer à la montée du fascisme [47]. Le nationalisme moderne était né de la Révolution française et sa rencontre avec la société de masse, à la fin du XIXe siècle, avait jeté les bases pour la naissance du fascisme, qui aura lieu après la rupture de 1914. Ainsi, le fascisme incarnait le rejet d'un certain legs philosophique et culturel des Lumières (l'idéal de la *Bildung*) et, en même temps, en prolongeait et en radicalisait d'autres traits constitutifs (la nationalisation des masses). Les mythes, les symboles et l'esthétique – les vecteurs essentiels de ce processus – ont ainsi pris une place prépondérante, dans les travaux de Mosse, au détriment d'autres composantes fondatrices du fascisme [48]. Ce dernier a sans doute hérité son style politique du jacobinisme, le point de départ de la transformation du nationalisme en religion civile, mais son idéologie et sa vision du monde se sont forgées dans un conflit radical avec la philosophie des Lumières et avec toutes les valeurs – liberté, égalité, démocratie, droits de l'homme – proclamées par la Révolution française. Mosse en était conscient, mais se travaux sont loin de prendre en considération toutes les implications de ce constat.

Idéologie

De ce point de vue, les travaux de Zeev Sternhell contribuent à rééquilibrer les perspectives. En privilégiant l'histoire des idées, ce dernier saisit le noyau du fascisme dans

---

47 G.L. Mosse, « Jewish emancipation. Between *Bildung* and respectability » (1985), *Confronting the Nation*, *op. cit.*, p. 131-145.

48 Jay Winter, « De l'histoire intellectuelle à l'histoire culturelle : la contribution de George L. Mosse », *Annales*, 2001, a. 56, n° 1, p. 177-181. C'est aussi une des deux critiques essentielles adressées par Sternhell à Mosse, l'autre concernant la datation du fascisme. Voir le compte rendu par Zeev Sternhell du livre de Mosse, « The fascist revolution », *The American Historical Review*, 2000, vol. 105, n° 3.

les anti-Lumières : « Un refus total de la vision de l'homme et de la société élaborée de Hobbes à Kant, depuis la révolution anglaise du XVIIe siècle jusqu'aux révolutions américaine et française [49]. » Mais sa tendance à réduire le fascisme à un « archétype idéologique [50] » et à en capturer l'essence, au sens « platonicien », dans un processus intellectuel isolé de son contexte social, présente des limites tout aussi considérables, quoique différentes, que celles déjà relevées chez Mosse. En effet, l'approche de Sternhell se caractérise, au-delà de son indifférence à la mythologie et au symbolisme fascistes, par son rejet normatif de tout apport de l'histoire sociale. Le fascisme, explique-t-il contre ses critiques, a « des raisons intellectuelles profondes », en ajoutant que, pour le comprendre, « l'histoire sociale ne sera pas d'un grand secours » [51]. Dans un ensemble d'ouvrages constamment réédités et enrichis, Sternhell a présenté le fascisme comme un courant idéologique apparu en France à la fin du XIXe siècle, à l'époque de l'affaire Dreyfus, et naturellement accompli par le régime de Vichy en 1940. À ses origines, il y aurait la rencontre et la fusion entre deux traditions politiques jusqu'alors antinomiques, l'une de gauche et l'autre de droite. La « droite révolutionnaire », première manifestation du fascisme, était le produit d'une synthèse entre des courants de droite qui, sous l'impact de la société de masse, avaient donné à leur nationalisme une empreinte populiste, et des courants de gauche qui, passés par une révision du marxisme et affranchis à l'égard de la tradition des Lumières, avaient pris une orientation nationaliste. Le rejet partagé de la démocratie politique et du libéralisme serait la base de cette fusion syncrétique entre droite populiste et gauche nationaliste débouchant sur une forme nouvelle de

49 Zeev Sternhell, « Le concept de fascisme », *Naissance de l'idéologie fasciste, op. cit.*, p. 28-29.

50 Zeev Sternhell, « L'archetipo ideologico », entretien avec M. Diani et M. Nacci, *I viaggi di Erodoto*, 1988, n° 6, p. 89.

51 Zeev Sternhell, « Morphologie et historiographie du fascisme », *op. cit.*, p. 50.

« socialisme national »[52]. L'essor du darwinisme social, du racisme, de l'antilibéralisme, de l'antisémitisme, de l'élitisme antidémocratique et d'une critique de la modernité nourrissant la hantise de la « décadence » avait créé un humus favorable à la naissance du fascisme, précédé par le boulangisme et finalement par l'affaire Dreyfus. Ses pères spirituels seraient Maurice Barrès, avec sa synthèse d'« autoritarisme, culte du chef, anticapitalisme, antisémitisme et un certain romantisme révolutionnaire[53] », et Georges Sorel, avec sa révision antimatérialiste du marxisme menée à l'aide de Le Bon, Bergson, Nietzsche et Pareto[54], à côté desquels il faudrait placer Georges Valois et Jules Sury, les premiers théoriciens du « socialisme national ». Le profil idéologique du fascisme aurait donc pris forme « bien avant 1914 », et la France de la IIIe République serait son véritable « laboratoire »[55]. Tout autour de cette constellation intellectuelle, Sternhell place un *Zeitgeist* marqué par des figures comme Édouard Drumont, l'auteur de *La France juive*, Charles Maurras, le fondateur de l'Action française, le sociologue Gabriel Tarde, l'historien Hyppolite Taine et l'eugéniste Georges Vacher de Lapouge. Le climat intellectuel de l'entre-deux-guerres aurait inévitablement accentué cette tendance au « socialisme national », lui permettant de s'épanouir et de trouver une assise de masse. La synthèse fasciste a connu une étape décisive avec l'arrivée au pouvoir de Mussolini en Italie, puis une troisième, au cours

---

52 Zeev Sternhell, *La Droite révolutionnaire. Les origines françaises du fascisme 1885-1914*, Gallimard, « Folio », Paris, 1997 (éd. or. 1978).

53 Zeev Sternhell, *Maurice Barrès et le nationalisme français* (1972), Complexe, Bruxelles, 1985, p. 384.

54 Zeev Sternhell, « Le concept de fascisme », *Naissance de l'idéologie fasciste, op. cit.*, p. 65.

55 Zeev Sternhell, « La droite révolutionnaire. Entre les anti-Lumières et le fascisme », in *La Droite révolutionnaire, op. cit.*, p. x. Cette thèse est défendue aussi, bien que de façon plus nuancée, par l'historien américain Robert Soucy, *The French Fascism. The First Wave 1924-1933*, Yale University Press, New Haven, 1986 ; *The French Fascism. The Second Wave 1933-1939*, Yale University Press, New Haven, 1995. Voir sa reconstruction de la « controverse Sternhell » dans le second volume, p. 8-12.

des années 1930, marquée par des figures telles que le « néo-socialiste » Marcel Déat, l'ex-communiste Jacques Doriot, les « spiritualistes » Bertrand de Jouvenel, Thierry Maulnier et Emmanuel Mounier, le « planiste » belge Henri De Man, ainsi qu'une vaste cohorte d'esthètes et de « nationalistes sociaux » tels que l'écrivain Pierre Drieu La Rochelle et Robert Brasillach [56].

Au cours des années 1930, le fascisme français devient un phénomène politique de masse. Il n'est plus incarné par des petits cénacles intellectuels, comme le Cercle Proudhon, mais par des partis qui regroupent des dizaines de milliers de membres, à l'instar du Parti populaire français de Jacques Doriot et des Chemises vertes de Henry Dorgères. Dans la perspective de Sternhell, Vichy achève la parabole du fascisme français comme débouché naturel et logique d'un long parcours amorcé lors de l'affaire Dreyfus, quarante ans plus tôt. La netteté avec laquelle cette thèse est défendue dans *Ni droite ni gauche* (1983) révèle selon certains commentateurs les traces évidentes d'une approche « téléologique » [57]. Mais ces critiques n'ont pas convaincu Sternhell qui, dans un long essai ajouté à la troisième édition de son livre, réaffirme sa thèse : « Tous les principes qui sous-tendent la législation de Vichy sont inscrits dans le programme du nationalisme des années 1890 [58]. »

La limite fondamentale de la thèse de Sternhell réside, comme de nombreux historiens l'ont indiqué, dans la tendance à réduire l'histoire du fascisme à sa généalogie intellectuelle. Dans le sillage de Mosse, Gentile reste convaincu que le

56 Zeev Sternhell, *Ni droite ni gauche*, *op. cit.*

57 Voir Robert Wohl, « French fascism. Both right and left : Reflections on the Sternhell controversy », *Journal of Modern History*, 1991, n° 63, p. 91-98, notamment p. 95. Pour une reconstruction d'ensemble du débat, *cf.* António Costa Pinto, « Fascist ideology revisited : Zeev Sternhell and his critics », *European History Quarterly*, 1986, XVI, p. 465-483.

58 Zeev Sternhell, « Morphologie et historiographie du fascisme en France », *op. cit.*, p. 46.

fascisme a besoin, pour naître, de la Première Guerre mondiale, « sa véritable matrice [59] », la crise de civilisation sans laquelle la synthèse que décrit Sternhell n'aurait jamais dépassé le stade de quelques cercles intellectuels marginaux et impuissants [60]. C'est la Grande Guerre qui provoque l'effondrement définitif de l'ordre européen issu un siècle plus tôt du Congrès de Vienne, remet en cause radicalement l'ordre libéral et confère au nationalisme un caractère nouveau, bien plus agressif, militariste, impérialiste et antidémocratique. En dehors de cette rupture, la naissance du fascisme et du nazisme n'aurait jamais pu se produire, comme le reconnaissaient ses protagonistes eux-mêmes. À l'instar de Jünger, qui voyait dans la guerre la matrice du « Travailleur » (*Arbeiter*), le « milicien du travail » capable de remodeler la société dans un sens totalitaire par des méthodes militaires, Mussolini évoquait, dès la fin de 1917, la rencontre entre nationalisme et socialisme comme un produit de la guerre, l'expérience qui avait engendré un nouveau pouvoir issu des tranchées *(trincerocrazia)* [61]. Bien que Sternhell refuse de prendre en considération « le poids et l'incidence qu'ont eus les baïonnettes sur la pensée [62] », c'est la guerre qui, en Italie, a donné naissance au fascisme. C'est elle qui a permis la rencontre d'un courant socialiste devenu nationaliste (Mussolini) avec le syndicalisme révolutionnaire (Sergio Panunzio), le nationalisme radical (Enrico Corradini, Alfredo Rocco), l'irrédentisme (D'Annunzio), le libéralisme conservateur (Giovanni Gentile) et une avant-garde futuriste devenue à son tour belliciste (Marinetti). Emilio Gentile souligne que le nationalisme

---

59 Emilio GENTILE, *Qu'est-ce que le fascisme ?*, *op. cit.*, p. 85.

60 *Ibid.*, p. 413-415.

61 Ernst JÜNGER, *Le Travailleur* (1932), Christian Bourgois, Paris, 1989 ; Benito MUSSOLINI, « Trincerocrazia » (1917), *Opera omnia*, La Fenice, Florence, 1951, vol. X, p. 140-143.

62 Francesco GERMINARIO, « Fascisme et idéologie fasciste. Problèmes historiographiques et méthodologiques dans le modèle de Sternhell », *Revue française d'histoire des idées politiques*, 1995, n° 1, p. 39-78, notamment p. 63.

d'avant 1914 ne voulait pas « régénérer » la civilisation, tandis que, en dépit de ses tendances nationalistes, le syndicalisme révolutionnaire visait encore l'émancipation des travailleurs par la grève générale [63]. Ce n'est qu'après la Grande Guerre que ce courant abandonna son projet social au nom du nationalisme, en s'impliquant dans une action politique dont le mouvement ouvrier constituait même une des cibles privilégiées. Beaucoup plus que le fascisme, pourrait-on remarquer, Sternhell a mis en lumière un *préfascisme* dont les éléments constitutifs ne se seraient articulés, amalgamés et réunis organiquement qu'après le tournant de 1914-1918. Sur la base de son approche, qui privilégie l'essence idéologique du fascisme plutôt que ses manifestations historiques concrètes, Sternhell donne la même importance aux représentants du Cercle Proudhon qu'aux chefs fascistes des années 1930, non plus animateurs d'une nébuleuse groupusculaire, mais dirigeants de partis de masse. Bref, Sternhell efface les différences qui séparent le préfascisme du fascisme, puis le mouvement fasciste du régime fasciste, différences qui ont été au centre de l'attention des historiens depuis des décennies.

D'autres critiques de Sternhell ont souligné la pertinence limitée de sa conception du fascisme comme synthèse entre deux traditions politiques, l'une issue de la gauche et l'autre de la droite. Cette vision peut certes trouver des points d'appui dans les cas français et italien (avec les précisions chronologiques rappelées) mais ne peut certes pas être généralisée. On ne trouve aucune composante de gauche à l'origine de deux variantes majeures du fascisme en Europe, celle du nazisme allemand et celle du franquisme espagnol (sans prendre en considération le cas portugais, ni ceux de la nébuleuse fasciste d'Europe centrale). Il s'agit donc d'une conception – certains critiques n'ont pas hésité à la qualifier de « gallo-centrique [64] » – qui transforme en *paradigme* le fascisme français, c'est-à-dire un fascisme

63 Emilio Gentile, *Qu'est-ce que le fascisme ?*, *op. cit.*, p. 416-418.
64 Francesco Germinario, « Fascisme et idéologie fasciste », *op. cit.*, p. 54.

somme toute marginal. Incomparablement plus faible que celui d'autres pays européens, le fascisme français est arrivé au pouvoir sur le tard, pour une très courte période, en vertu d'une défaite et d'une occupation militaires sans lesquelles il est douteux qu'il aurait jamais réussi à s'ériger en régime [65]. Un fascisme, de surcroît, dont les traits étaient restés pendant longtemps essentiellement intellectuels et dont la transformation en régime, sous la forme de la « Révolution nationale » du maréchal Pétain, avait eu lieu au prix d'un syncrétisme singulier avec d'autres courants politiques liés bien davantage à la tradition conservatrice, autoritaire et légitimiste, qu'à celle des fascismes européens. C'est pourquoi, selon Robert O. Paxton, le régime de Vichy entre finalement dans la catégorie des « fascismes d'occupation », auxquels faisait défaut un trait essentiel du fascisme authentique : « une politique expansionniste de grandeur nationale [66] ».

Révolution ou contre-révolution ?

Mosse, Sternhell et Gentile ont en commun de sous-estimer un trait majeur du fascisme : l'anticommunisme. Bien sûr, aucun d'entre eux n'ignore cet aspect, mais aucun ne lui attribue un rôle décisif. Cette sous-estimation a des origines différentes. Dans le cas de Mosse, elle tient surtout à sa dévalorisation de la dimension idéologique du fascisme, à la mise en avant de ses aspects culturels, esthétiques et symboliques. Dans le cas de Sternhell, elle découle de son interprétation du fascisme comme réaction purement antilibérale ou, plus précisément, de sa réduction du fascisme à une expression moderne des anti-Lumières, dont l'anticommunisme ne

65 Philippe BURRIN, « Le fascisme », *in* Jean-François SIRINELLI (dir.), *Histoire des droites en France, I. Politique*, Gallimard, Paris, 1990, p. 603-652, notamment, au sujet de Sternhell, p. 613-617.

66 Robert O. PAXTON, *Le Fascisme en action*, *op. cit.*, p. 193.

serait qu'une variante. Enfin, Mosse, Sternhell et Gentile sous-estiment l'anticommunisme à cause de leur insistance sur la nature « révolutionnaire » du fascisme. Or l'anticommunisme façonne le fascisme du début à la fin de sa trajectoire. Il s'agit d'un anticommunisme militant, agressif, radical, qui confère un caractère nouveau au nationalisme et transforme sa « religion civile » en guerre de croisade contre l'ennemi. En tant qu'antibolchevisme, le fascisme n'apparaît guère « révolutionnaire », mais plutôt comme un phénomène typiquement *contre-révolutionnaire*, qui prend son essor dans le climat de guerre civile né en Europe après 1917. La vague répressive d'après guerre – Berlin, la Bavière et Budapest en 1919, le *biennio rosso* italien en 1919-1920, les Pays baltes en 1919-1921, la Bulgarie en 1923 – en constitue les moments marquants. La révolution fasciste ne pouvait se définir autrement que par une opposition radicale à la révolution communiste. Il s'agissait bien, en ce sens, d'une « révolution contre la révolution [67] ». Au fond, c'est cette dimension contre-révolutionnaire qui constitue le socle commun des fascismes en Europe, au-delà de leurs idéologies et de leurs parcours souvent différents. Arno J. Mayer a raison d'affirmer que « la contre-révolution se développa et arriva à maturité à travers toute l'Europe sous les traits du fascisme [68] ». C'est au nom de l'anticommunisme que le fascisme italien, le nazisme et le franquisme convergent dans un front commun lors de la guerre civile espagnole. À plusieurs égards, l'anticommunisme est bien plus fort que l'antilibéralisme dans le fascisme. En Italie en 1922, comme en Allemagne dix ans plus tard, la convergence entre le fascisme et les élites traditionnelles, de souche libérale et conservatrice, fut à l'origine de la « révolution légale » permettant l'arrivée au pouvoir de Mussolini et Hitler. Il ne s'agit certes pas de réduire le fascisme à

67 *Cf.* Mark Neocleous, *Fascism*, Open University Press, Buckingham, 1997, ch. III-IV.

68 Arno J. Mayer, *The Furies. Violence and Terror in the French and Russian Revolutions*, Princeton University Press, Princeton, 2000, p. 67.

l'anticommunisme ou, dans le sillage d'Ernst Nolte, à une « copie » négative du communisme [69]. Le fascisme essaie d'articuler dans un système cohérent des éléments idéologiques nés avant la révolution russe de 1917 et il ne fait pas de doute que son anticommunisme se greffe tout naturellement dans le tronc des anti-Lumières. Mais l'anticommunisme demeure indispensable pour amalgamer ces différents éléments et surtout pour transformer une idéologie en politique et une vision du monde en un programme d'action. Autrement dit, le fascisme n'existerait pas sans l'anticommunisme, même s'il ne se réduit pas à ce dernier.

C'est au fond le concept même de *révolution fasciste*, largement utilisé par nos trois historiens, y compris dans le titre de leurs travaux, qui soulève une interrogation majeure. S'ils ont raison de souligner les faiblesses des interprétations marxistes du fascisme, ils ont tort de les ignorer complètement, car elles auraient pu les aider à saisir la portée réelle de la « révolution fasciste ». Les fascismes ont bien instauré des régimes nouveaux, en détruisant l'État de droit, le parlementarisme et la démocratie libérale, mais, à l'exception de l'Espagne franquiste, ils ont pris le pouvoir par des voies légales et n'ont jamais bouleversé la structure économique de la société. À la différence des révolutions communistes, qui ont radicalement modifié les formes de la propriété, les fascismes ont toujours intégré dans leur système de pouvoir les anciennes élites économiques, administratives et militaires. Autrement dit, la naissance des régimes fascistes implique toujours un certain degré d'« osmose » entre fascisme, autoritarisme et conservatisme. Aucun mouvement fasciste n'est arrivé au pouvoir sans l'appui, ne serait-ce que « par défaut », des élites traditionnelles [70]. Cela

69 *Cf.* Ernst Nolte, *La Guerre civile européenne 1917-1945. National-socialisme et bolchevisme*, Éditions des Syrtes, Paris, 2000. Cette thèse était déjà présente dans le premier ouvrage de Nolte, dans le cadre d'une approche plus nuancée qui incluait dans le fascisme l'Action française (Ernst Nolte, *Le Fascisme dans son époque*, Julliard, Paris, 1970, 3 vol.).

70 Robert O. Paxton, *Le Fascisme en action*, *op. cit.*, p. 246-247.

vaut sur les plans économique et social, mais aussi, dans une certaine mesure, sur le plan idéologique, si l'on pense à la coexistence de Mussolini et du libéral Giovanni Gentile dans le fascisme italien, des carlistes et des phalangistes dans le premier franquisme. Quand on parle de « révolution » fasciste, il faudrait toujours utiliser des grands guillemets, si on ne veut pas se laisser aveugler par le langage et l'esthétique du fascisme lui-même. Philippe Burrin visait juste lorsqu'il définissait le fascisme comme une « révolution sans révolutionnaires[71] ».

L'insistance sur cette matrice « révolutionnaire » du fascisme amène nos historiens à sous-estimer, voire à nier la présence d'une composante conservatrice au sein du fascisme. Les trois insistent sur sa dimension moderne, sur sa volonté de bâtir une « civilisation nouvelle » et sur son caractère totalitaire, en oubliant un peu trop vite que le conservatisme accompagne la modernité, dont il est un des visages, et que même l'idéologie de la contre-révolution classique – celle de Joseph de Maistre, comme l'avait montré Isaiah Berlin dans un brillant essai – préfigurait certains traits du fascisme[72].

Pour Mosse – son accord avec Jacob L. Talmon s'arrête là –, le fascisme est totalitaire dans la mesure où il se rattache à une certaine tradition jacobine. Pour Sternhell, il est totalitaire en tant que critique moderne des Lumières visant à régénérer la communauté nationale[73]. Et pour Gentile, en tant que projet de modernisation de la société fondé sur le culte de la technique et sur le mythe de l'homme nouveau (ce qui ferait de l'idéologie fasciste « la rationalisation la plus complète de l'État totalitaire[74] »). Or ces approches sont loin de restituer

71 Philippe Burrin, « Le fascisme : la révolution sans révolutionnaires », *Le Débat*, 1986, n° 38.

72 Isaiah Berlin, « Joseph de Maistre et les origines du totalitarisme », *Le Bois tordu de l'humanité*, Albin Michel, Paris, 1992.

73 Zeev Sternhell, « Fascism », *in* Roger Griffin (dir.), *International Fascism. Theories, Causes and the New Consensus*, Arnold, Londres, 1998, p. 34.

74 Emilio Gentile, *Qu'est-ce que le fascisme ?*, *op. cit.*, p. 407. Sur le processus de construction juridique et politique de l'État totalitaire en Italie, voir surtout

toute la complexité de la relation entretenue par le fascisme avec le conservatisme. D'autres historiens plus soucieux de ramener la façade idéologique et propagandiste du régime à son contenu social et politique ont parlé en revanche de « faillite des ambitions totalitaires du fascisme [75] ». Ils ont ainsi souligné, dans le cas italien, la bureaucratisation et la stabilisation conservatrice du régime pendant les années 1930, lorsque le parti fasciste a été pratiquement absorbé au sein de l'appareil d'État (à l'envers de ce qui s'est produit en Allemagne [76]). Le modernisme affiché et revendiqué du nazisme allemand et du fascisme italien n'a pas empêché ces deux régimes d'assimiler des courants conservateurs au moment de leur installation, ni d'intégrer des piliers entiers du conservatisme dans leur système de pouvoir. C'est dans un esprit ou dans un réflexe conservateur, non pas par adhésion profonde à sa vision du monde et à son projet de purification et de domination raciale, que les élites économiques et l'armée allemandes ont soutenu le régime hitlérien, en devenant des composantes incontournables de sa *polycratie* [77]. Et c'est en prenant conscience de la nécessité, pour consolider son pouvoir, d'obtenir le soutien des forces conservatrices essentielles de la société italienne, que Mussolini a d'abord accepté d'ériger son régime à l'ombre de la monarchie de Victor Emmanuel III et ensuite décidé de

---

Emilio Gentile, *La via italiana al totalitarismo. Il partito e lo Stato nel regime fascista*, La Nuova Italia Scientifica, Rome, 1995.

75 Nicola Tranfaglia, *La prima guerra mondiale e il fascismo*, UTET, Torino, 1995, p. 635. Ce constat avait déjà été avancé par Alberto Acquarone, *L'organizzazione dello Stato totalitario*, Einaudi, Turin, 1965, ainsi que par Renzo De Felice, *Mussolini il Duce. II. Lo Stato totalitario 1936-1940*, Einaudi, Turin, 1981, ch. I. Sur les flottements dans l'approche de De Felice à la question de la nature du totalitarisme fasciste, *cf.* Emilio Gentile, *Renzo De Felice*, *op. cit.*, p. 104-111.

76 Renzo De Felice, « Introduzione », *Le interpretazioni del fascismo*, *op. cit.*, p. XVI.

77 *Cf.* Franz Neumann, *Behemoth. Structure et pratique du national-socialisme 1933-1944*, (1942), Payot, Paris, 1987. Le rôle des élites conservatrices dans la montée au pouvoir de Hitler a été souligné par Ian Kershaw, *Hitler 1889-1936*, Flammarion, Paris, 1998, ch. X.

parvenir à un compromis avec l'Église catholique[78]. Cela vaut bien davantage dans le cas français, au centre de l'analyse de Sternhell. En dépit de ses traits fascistes, le régime de Vichy est resté ancré dans un projet restaurateur, autoritaire et traditionaliste, celui de la « Révolution nationale » qui, souligne Robert O. Paxton, « se situe manifestement plus près du conservatisme que du fascisme[79] ». Toutes les âmes de l'extrême droite et du nationalisme français, du conservatisme maurrassien au fascisme, ont convergé, sur la base d'un rejet partagé du parlementarisme, dans le régime de Vichy, en le caractérisant comme un mélange de conservatisme et de fascisme[80]. Emblématique, de ce point de vue, est le cas espagnol, ignoré par nos trois historiens. En Espagne, deux composantes coexistaient au sein du franquisme : d'un côté le national-catholicisme, l'idéologie conservatrice des élites traditionnelles, de la grande propriété foncière à l'Église ; de l'autre, un nationalisme d'orientation explicitement fasciste – séculier, moderniste, impérialiste, « révolutionnaire » et totalitaire – incarné par la Phalange. Le premier n'était nullement fasciné par le mythe d'une « civilisation nouvelle », car il voulait restaurer une grandeur espagnole projetée non pas dans l'avenir, mais dans le passé, dans le *Siglo de oro*. Le second souhaitait bâtir un État fasciste moderne et puissant, intégré dans une Europe totalitaire aux côtés de l'Italie et de l'Allemagne, prémisse de son expansion impérialiste en Afrique et en Amérique latine. Franco a joué un rôle de médiateur entre les deux durant la guerre civile et les premières années de son régime, qu'il a ensuite réorganisé, à partir de 1943, lorsque la défaite des forces de l'Axe se profilait en Europe, sur des bases clairement national-catholiques. Certains historiens font de ce tournant le point de départ d'une « catholicisation » de la

---

78 Pour une application du modèle polycratique au cas italien, *cf.* Nicola Tranfaglia, *La prima guerra mondiale e il fascismo*, *op. cit.*, p. 498.

79 Robert O. Paxton, *La France de Vichy 1940-1944*, Seuil, Paris, 1973, p. 222.

80 *Cf.* l'introduction de Michel Winock (dir.), *Histoire de l'extrême droite en France*, Seuil, Paris, 1993, p. 11-12.

Phalange et d'une « défascisation » du franquisme[81]. Des conflits entre autoritarisme conservateur et fascisme ont bien pu se produire au cours des années 1930 et 1940, comme le prouvent la chute de Dollfuss en Autriche, en 1934, l'élimination de la Garde de fer roumaine par le général Antonescu, en 1941, ou encore la crise entre le régime nazi et une large partie de l'élite militaire prussienne (crise révélée par l'attentat contre Hitler en 1944). Mais ces conflits sont loin d'éclipser les moments de convergence rappelés plus haut (ils apparaissent plutôt comme des exceptions qui confirment la règle).

Reste le problème de la violence, relégué à l'arrière-plan par ces trois interprétations du fascisme axées sur l'idéologie, les représentations et la culture. Nos trois auteurs soulignent tous l'importance du militarisme et de l'impérialisme, du culte vitaliste du combat et du nationalisme guerrier au cœur du fascisme. Mosse a consacré des études approfondies à l'essor de l'antisémitisme *völkisch*, éclairant ainsi une des prémisses idéologiques de la « Solution finale ». Avec son interprétation de la Grande Guerre, dont il indique une conséquence majeure dans l'accoutumance des sociétés européennes au massacre industriel, il a saisi une clef pour expliquer la violence nazie lors du second conflit mondial. Mais ces intuitions ne sont pas intégrées dans sa définition du fascisme, qui reste limitée à sa base culturelle, mythique et symbolique. Gentile, quant à lui, a souligné l'importance de la création de l'« Empire » pour l'achèvement de l'État totalitaire italien, sans toutefois s'interroger sur le lien existant entre l'idéologie et les pratiques du régime. Le problème est en revanche évacué par Sternhell qui, en faisant du nationalisme français de la fin du XIXe siècle la version idéal-typique du fascisme, exclut la violence de ses éléments constitutifs (ou la réduit implicitement à un épiphénomène découlant de façon tout à fait naturelle et immédiate de l'idéologie). Aucun des trois, en substance, ne désigne la violence comme un trait

81 Ismael Saz Campos, *Los nacionalismos franquistas*, *op. cit.*, p. 369.

consubstantiel du fascisme, déployé sous la forme de la répression de masse, de système concentrationnaire ou de pratiques exterminatrices. Il s'agit pourtant d'un aspect massif, fortement présent dans la conscience historique et dans la mémoire collective des sociétés européennes. Peut-on faire abstraction de la violence dans la définition du fascisme italien, dont la parabole historique est encadrée par deux guerres civiles, la première latente (1922-1925) et l'autre particulièrement meurtrière (1943-1945), avec au milieu une guerre coloniale qui prit vite les traits d'un génocide (1935) [82] ? Peut-on faire abstraction de la violence dans le cas du nazisme, un régime charismatique qui a connu un processus de radicalisation permanente de sa naissance jusqu'à sa chute, dans une apothéose de terreur et d'extermination [83] ? Peut-on faire abstraction de la violence dans la définition du franquisme, né à son tour d'une guerre civile terriblement meurtrière, suivie d'une répression systématique marquée, pendant dix ans, par des dizaines de milliers d'exécutions, souvent extralégales, et par la création d'un système très étendu de camps de travail forcé [84] ?

---

82 Voir par exemple Angelo DEL BOCA (dir.), *I gas di Mussolini. Il fascismo e la guerra d'Etiopia*, Editori Riuniti, Rome, 1996. Sur le génocide fasciste en Éthiopie *cf.* Pierre MILZA, *Mussolini*, Fayard, Paris, 1999, p. 672-673, et Nicola LABANCA, « Il razzismo coloniale italiano », *in* Alberto BURGIO (dir.), *In nome della razza. Il razzismo nella storia d'Italia 1870-1945*, Il Mulino, Bologne, 1998, p. 145-163. Sur le refoulement historiographique de la violence du fascisme italien, *cf.* Ruth BEN-GHIAT, « A lesser evil ? Italian fascism in/and the totalitarian equation », *in* Helmut DUBIEL, Gabriel MOTZKIN (dir.), *The Lesser Evil. Moral Approaches to Genocide Practices in a Comparative Perspective*, Frank Cass, Londres, 2004, et Filippo FOCARDI, « "Bravo italiano" e "cattivo tedesco". Riflessioni sulla genesi di due immagini incrociate », *Storia e memoria*, 1996, n° 1, p. 55-83. La violence du fascisme occupe cependant une place bien limitée dans la gigantesque biographie de Mussolini par Renzo De Felice.

83 Enzo TRAVERSO, *La Violence nazie. Une généalogie historique*, La Fabrique, Paris, 2002.

84 Voir Julián CASANOVA (dir.), *Morir, matar, sobrevivir. La violencia en la dictadura de Franco*, Crítica, Barcelone, 2002 ; Carme MOLINERO et Margarida SALA (dir.), *Una inmensa prisión. Los campos de concentración y las prisiones durante la guerra civil y el franquismo*, Crítica, Barcelone, 2003.

Or la violence n'est jamais au centre de la réflexion de Mosse. Son ancien disciple Steven E. Aschheim a sans doute raison de préciser que, pour l'historien américain, les camps d'extermination n'étaient au fond qu'un aspect « technique » du nazisme, alors que toute son œuvre s'efforce de comprendre l'arrière-plan mental et culturel de la violence nazie [85]. Entre l'idéologie, la culture et la politique d'extermination reste néanmoins un écart que ses travaux n'ont jamais essayé de combler. Dans son dernier ouvrage, Mosse semble réduire la comparaison entre fascisme et nazisme, sur le plan de la violence, au caractère « plus humain » du dictateur italien par rapport à son homologue allemand [86]. À la différence de son maître De Felice, qui soulignait l'exclusion de l'Italie fasciste du « cône d'ombre » de l'Holocauste [87], Gentile évite ce genre de comparaisons qui, sous la plume d'un Italien, risquent de prendre une coloration apologétique. Il souligne très lucidement l'incapacité de Mosse à voir un des éléments constitutifs du fascisme dans la « militarisation de la politique [88] ». Dans ses propres travaux, cependant, il ne semble guère s'intéresser à la violence du fascisme italien.

Interpréter le fascisme *de l'intérieur*, en partant du langage, de la culture, des croyances, des symboles et des mythes de ses protagonistes, permet de comprendre des aspects essentiels de cette expérience historique. Un regard extérieur qui, en rejetant *a priori* toute empathie entre l'historien et son objet d'étude, remplace l'effort de compréhension par un jugement éthico-politique est condamné à ne pas saisir la nature du fascisme. C'est la conviction qui a amené De Felice, Mosse et Gentile à rejeter l'interprétation antifasciste du fascisme. Les résultats de cette approche ont été contradictoires, avec des intuitions novatrices et des points aveugles stupéfiants. En

---

85 Steven E. Aschheim, « Introduction », *What History Tells*, *op. cit.*, p. 6.

86 George L. Mosse, *La Révolution fasciste*, *op. cit.*, p. 65-70.

87 *Cf.* l'interview à Renzo De Felice *in* Jader Jacobelli (dir.), *Il fascismo e gli storici oggi*, Laterza, Bari-Rome, 1988, p. 6.

88 Emilio Gentile, « A provisional dwelling », *What History Tells*, *op. cit.*, p. 102.

réduisant le fascisme à sa culture et à son imaginaire, sa violence demeure symbolique. Pour saisir la portée réelle de la violence fasciste, il faut adopter un autre type d'empathie, dirigée cette fois vers ses victimes. Il va sans dire que cela implique l'adoption d'une posture épistémologique liée, quant à elle, à la tradition de l'antifascisme. Le caractère souvent idéologique de cette tradition et les abus dont elle a été la source dans le passé, lorsqu'elle a pu remplacer l'analyse historique par le jugement moral, ne remettent pas en cause la pertinence d'un grand nombre d'études qui s'y rattachent.

Sternhell, en revanche, se limite à évoquer un clivage idéologique. À ses yeux, « le fascisme ne saurait en aucune façon être identifié avec le nazisme », fondé sur le déterminisme biologique. Les deux présentent certes des traits communs, mais se séparent sur ce point décisif. Le racisme biologique est incontestablement présent dans le fascisme français, mais c'est seulement avec le nazisme qu'il devient « à lui tout seul l'alpha et l'oméga d'une idéologie, d'un mouvement et d'un régime [89] ». Sur ce point, Sternhell se rapproche de De Felice, qui a toujours insisté sur les origines révolutionnaires et de gauche du fascisme italien, opposées à celles, romantiques et réactionnaires, du nazisme. Dans le sillage de Jacob Talmon, De Felice ramenait le fascisme et le nazisme à deux formes distinctes de totalitarisme, l'un de gauche et l'autre de droite, l'un issu du jacobinisme et l'autre du racisme [90]. Cette remarque de Sternhell s'inscrit cependant dans une vision globale fort problématique. D'un côté, elle permet de saisir la singularité historique de l'antisémitisme nazi, lié à sa vision du monde fondée sur la biologie raciale et débouchant sur une pratique d'extermination industrielle qui demeure sa caractéristique exclusive. De l'autre côté, elle nie

---

89 Zeev Sternhell, « Le concept de fascisme », *Naissance de l'idéologie fasciste*, *op. cit.*, p. 19-20.

90 Renzo De Felice, *Intervista sul fascismo* (1975), Laterza, Rome-Bari, 2001, p. 105-106.

l'appartenance du nazisme à la famille politique des fascismes, une famille européenne qui a connu différentes variantes, qui n'exclut certes pas la spécificité de chaque régime, mais qui constitue néanmoins leur matrice commune. Dans l'Europe des années 1930, le fascisme se dessinait tout d'abord comme un « champ magnétique » au sein duquel s'inscrivaient des intellectuels, des mouvements, des partis et des régimes [91]. Chacun y apportait ses propres traditions nationales et dosait à sa guise le mélange entre conservatisme et modernité, révolution et contre-révolution, nationalisme et impérialisme, antisémitisme et racisme, antilibéralisme et anticommunisme qui est au cœur de toute forme de fascisme ; chacun élaborait ses mythes et ses symboles, chacun les traduisait aussi en pratiques politiques. L'« imprégnation » fasciste, pour utiliser les termes de Sternhell, ne prend pas toujours la forme d'un régime, mais lorsque c'est le cas, la violence de masse y est toujours présente.

Usage public de l'histoire

Si l'on aborde les interprétations du fascisme sous l'angle de leur impact sur la conscience historique et sur la mémoire collective dans les pays où leur réception a été la plus importante, le paysage devient contrasté. Mosse a frayé le chemin et l'historiographie est aujourd'hui unanime à lui reconnaître son rôle de pionnier. Ses études ont accompagné l'essor de la mémoire de l'Holocauste dans le monde occidental et ont été reçues comme un effort incontournable pour comprendre le nazisme, sa culture, ainsi que l'arrière-plan historique de ses crimes. Son statut d'intellectuel judéo-allemand exilé ne laissait planer aucune ambiguïté sur la signification de ses efforts de compréhension du fascisme *de*

---

91 Philippe BURRIN, « Le champ magnétique des fascismes », *Fascisme, nazisme, autoritarisme*, Seuil, Paris, 2000, p. 211-246.

l'intérieur, en procédant par *empathie*. Comme il affirmait lors d'une interview, peu avant sa mort, l'Holocauste remettait en cause la culture européenne dans son ensemble ; c'est pourquoi, ajoutait-il, « tous mes ouvrages touchent d'une façon ou d'une autre la catastrophe juive de mon époque[92] ».

Sa défense de la campagne « anti-antifasciste » de De Felice et de ses disciples, en revanche, n'a pas été aussi limpide. En Italie, le renouvellement des paradigmes interprétatifs du fascisme s'est inscrit dans un contexte culturel et politique marqué par la remise en cause de la légitimité éthique et politique de l'antifascisme. Les études axées sur la dimension culturelle et symbolique du fascisme ont accompagné sa dépolitisation en tant qu'objet de mémoire. C'est à l'abri de la revendication néopositiviste d'une étude « scientifique » et dépolitisée de l'histoire du fascisme que s'est produite, sous la bénédiction de la droite et des médias, la « réconciliation » de la nation avec son passé. La frontière entre compréhension et légitimation est petit à petit devenue très floue. La liturgie du fascisme a été inscrite au patrimoine national, tandis que l'antifascisme a été disqualifié, ramené à l'action d'une minorité. Le fascisme incarnerait ainsi la mémoire nationale tandis que l'antifascisme, né après le 8 septembre 1943, serait un produit de la « mort de la patrie[93] ». Dans la vulgate médiatique – qu'il ne faudrait pas confondre avec l'œuvre de De Felice, bien que ce dernier l'ait encouragée[94] –, la violence du fascisme a été mise entre parenthèses, ses aspects génocidaires en Afrique ont été gommés et sa complicité avec la politique exterminatrice du nazisme

---

92 Cit. *in* Steven E. Aschheim, « George L. Mosse at 80 », *op. cit.*, p. 301.

93 Renzo De Felice, *Mussolini l'alleato. La guerra civile 1943-1945*, Einaudi, Turin, 1997, p. 86-87. Voir aussi Ernesto Galli della Loggia, *La morte della patria*, Laterza, Rome-Bari, 1996.

94 Gianpasquale Santomassimo, « Il ruolo di Renzo De Felice », *in* Enzo Collotti (dir.), *Fascismo e antifascismo. Rimozioni, revisioni, negazioni*, Laterza, Rome-Bari, 2000, p. 415-432 ; Nicola Tranfaglia, *Un passato scomodo. Fascismo e postfascismo*, Laterza, Rome-Bari, 1996, p. 98.

relativisée. La violence de la République de Salò a été séparée de l'histoire du fascisme et isolée dans le contexte de la guerre civile italienne des années 1943-1945, où elle s'expliquerait comme réaction à la violence antifasciste (qualifiée, selon les préférences, de communiste, totalitaire ou antinationale). En Italie, De Felice a réconcilié Mosse avec Nolte [95]. C'est dans ce contexte que s'inscrit la réception de l'œuvre de Gentile. Originale et novatrice, son étude de la culture fasciste risque de se révéler tout aussi unilatérale que les interprétations antifascistes du fascisme dominantes dans les années de l'après-guerre et qu'elle se propose maintenant de dépasser. Pour comprendre le fascisme, il ne suffit pas d'étudier ses « autoreprésentations », de même qu'il ne suffit pas de le réduire à l'image qu'en donnaient ses ennemis. Comme ses critiques le lui ont reproché, une telle méthode consistant à privilégier la « littéralité » du discours fasciste risque souvent de tomber dans le piège de « ne plus voir la différence qui existe entre les mots et les faits » ; elle identifie en effet la société avec le régime, et ce dernier avec sa façade extérieure [96].

Les travaux de Sternhell ont eu des effets bien différents, en secouant de façon très salutaire l'ancien consensus historiographique sur l'inexistence d'un fascisme français et en devenant un des moments marquants du réveil du « syndrome » de Vichy [97]. Jusqu'au milieu des années 1970, la thèse de René Rémond sur l'immunité française vis-à-vis du fascisme – considéré comme un phénomène étranger aux trois traditions de la droite nationale (légitimiste, orléaniste et

95 *Cf.* Pier Paolo Poggio, « La ricezione di Nolte in Italia », *in* Enzo Collotti (éd.), *Fascismo e antifascismo*, *op. cit.*, p. 317-414.

96 Robert J. B. Bosworth, *The Italian Dictatorship. Problems and Perspectives in the Interpretation of Mussolini and Fascism*, Arnold, Londres, 1998, p. 21. Selon Bosworth, l'école historiographique italienne de De Felice aurait ainsi réalisé une jonction paradoxale entre une conception « néorankéenne » de la recherche historique et la vision postmoderniste de l'histoire comme simple récit discursif (p. 26).

97 Henry Rousso, *Le Syndrome de Vichy de 1944 à nos jours*, Seuil, Paris, 1990.

bonapartiste[98]) – avait accompagné l'oubli de Vichy. Avec d'autres historiens, de Robert O. Paxton à Michael Marrus, Sternhell a rouvert le débat[99]. Il a montré que, loin d'être un simple incident de parcours dû à la défaite et à l'occupation allemande, le régime de Vichy était le produit d'une histoire bien hexagonale, dans laquelle convergeaient plusieurs courants de pensée, enracinés dans la culture française depuis presque un demi-siècle. La thèse de Sternhell a marqué un tournant et occupe aujourd'hui une place incontournable dans le débat historiographique. Ce débat est loin d'être épuisé, mais la vision traditionnelle d'une culture française « allergique » au fascisme a graduellement été abandonnée, au bout de plusieurs étapes d'« adaptations », de « révisions » et d'« ajustements »[100]. L'idée d'une *origine* française du fascisme reste hautement controversée, mais la reconnaissance de l'existence d'un fascisme français est désormais quasi unanime.

98 René Rémond, *Les Droites en France*, Aubier, Paris, 1982 (la première édition date de 1954). Le débat est reconstitué par Michel Dobry, « La thèse immunitaire face aux fascismes. Pour une critique de la logique classificatoire », in *Le Mythe de l'allergie française au fascisme*, *op. cit.*, p. 17-67.

99 Michael R. Marrus et Robert O. Paxton, *Vichy et les Juifs*, Calmann-Lévy, Paris, 1981.

100 Michel Dobry, « La thèse immunitaire », *op. cit.*, p. 19.

4

Nazisme

Un débat entre Martin Broszat et Saul Friedländer

Écrire l'histoire du national-socialisme a toujours été une tâche difficile, indissociable d'un usage public du passé marqué d'abord par les clivages politiques de la guerre froide, puis par la résurgence des mémoires juive et allemande. Sur le plan historiographique, le nazisme et la Shoah se sont constitués comme deux objets relativement distincts. Leur rencontre s'est faite au cours des années 1980. Jusqu'alors, l'Holocauste avait occupé une place marginale dans la recherche. Ses historiens étaient, dans la plupart des cas, des *outsiders*, comme le savant britannique Gerald Reitlinger, qui n'appartenait à aucune école, ou des émigrés juifs comme Léon Poliakov en France et Raul Hilberg aux États-Unis [1]. L'historiographie du nazisme, quant à elle, avait traversé deux phases principales. Au cours des années 1950, dominaient les théories du totalitarisme qui regardaient le Troisième Reich comme un système de pouvoir monolithique séparé de la société et complètement soumis à la volonté de son chef charismatique. La tentation d'une *reductio*

1 Léon POLIAKOV, *Le Bréviaire de la haine. Le Troisième Reich et les juifs*, Calmann-Lévy, Paris, 1951 ; Gerald REITLINGER, *Final Solution. The Attempt to Exterminate the Jews of Europe*, Beechhurst Press, New York, 1953 ; Raul HILBERG, *La Destruction des juifs d'Europe* (1961), Fayard, Paris, 1988.

ad Hitlerum était forte (et commode). Puis, pendant les deux décennies suivantes, l'avènement de l'histoire sociale a permis de sonder les liens entre le régime et la société allemande, en étudiant le degré de pénétration de l'idéologie nazie dans ses différentes composantes, mais aussi les contradictions qui pouvaient surgir entre le pouvoir et la société [2]. Cette dernière ne coïncidait pas avec la façade du régime. En Allemagne, une génération d'historiens qui s'étaient formés et avaient amorcé leur carrière sous le nazisme – Werner Conze, Thomas Schieder et d'autres – laissait la place à une nouvelle génération d'historiens « fonctionnalistes », très attentifs aux formes de modernisation de la société (Jürgen Kocka, Hans-Ulrich Wehler), aux structures de l'État nazi et à la vie quotidienne des Allemands sous le nazisme (Martin Broszat). Dans les années 1980, la Shoah est entrée en force aussi bien dans le débat intellectuel que dans la réflexion historiographique. Précédé par l'impact puissant et inattendu d'une série télévisée américaine, *Holocaust*, le *Historikerstreit* a secoué la culture allemande d'une façon incomparablement plus profonde que les procès de Francfort ou le procès Eichmann, au début des années 1960 [3]. La polémique entre Jürgen Habermas et Ernst Nolte a affecté en profondeur le monde universitaire. Est alors apparue une troisième génération de chercheurs, qui ont placé la Shoah au centre de leurs travaux (Götz Aly, Ulrich Herbert, Wolfgang Benz, Norbert Frei, puis Peter Longerich, Christian Gerlach et bien d'autres). Le résultat a été une remise en cause des procédés traditionnels d'historisation : le nazisme est

---

2 Pour une synthèse de ce débat, *cf.* Ian Kershaw, *Qu'est-ce que le nazisme ? Problèmes et perspectives d'interprétation*, Gallimard, « Folio », Paris, 1997. Sur l'Allemagne, *cf.* Édouard Husson, *Comprendre Hitler et la Shoah. Les historiens de la République fédérale d'Allemagne et l'identité allemande depuis 1949*, Presses universitaires de France, Paris, 2000, et surtout Nicolas Berg, *Der Holocaust und die westdeutschen Historiker. Erforschung und Erinnerung*, Wallstein, Göttingen, 2003.

3 *Devant l'Histoire*, Éditions du Cerf, Paris, 1988. Pour une bonne synthèse de ce débat, *cf.* Hans-Ulrich Wehler, *Entsorgung der deutschen Vergangenheit ? Ein polemischer Essay zum « Historikerstreit »*, C. H. Beck, Munich, 1988 ; Richard Evans, *In Hitler's Shadow*, Pantheon Books, New York, 1989.

devenu indissociable de la Shoah, qui sortait de son isolement pour redéfinir un paysage historique (et mémoriel) dans lequel elle occupe depuis une place centrale. Les acquis de l'histoire sociale empêchaient de l'inscrire dans un schéma purement idéologique ou de l'expliquer par le recours au modèle totalitaire traditionnel : la confiscation de la société par un système de pouvoir agissant comme un corps étranger. L'étendue du processus d'extermination des juifs d'Europe a soulevé des interrogations nouvelles sur la complexité des liens entre la politique criminelle du nazisme et la société allemande (voire, au-delà, les sociétés européennes occupées par le Troisième Reich). Elle a aussi interrogé la coexistence singulière entre deux temporalités spécifiques : celle de la vie quotidienne des Allemands ordinaires pendant la guerre, et celle, hors du commun, des camps d'extermination. Le débat historiographique a donc resurgi sur des bases nouvelles. La Shoah est devenue, pour reprendre une formule percutante de Dan Diner, l'une des principales figures de cette nouvelle génération d'historiens, comme une sorte de « *no man's land* de la compréhension, un noyau obscur de l'interprétation (*ein Niemandsland des Verstehens, ein schwarzer Kasten des Erklärens*) [4] ». Le nazisme est désormais perçu comme « un passé qui ne veut pas passer » ; son historisation est devenue synonyme de « normalisation », dans un débat qui enchevêtre l'interprétation historienne et la formation d'une conscience historique au sein de la société allemande.

Une correspondance

Comment peut-on historiciser le nazisme lorsqu'on saisit dans l'extermination des juifs l'un de ses traits

---

4 Dan Diner, « Zwischen Aporie und Apologie. Über Grenzen der Historisierbarkeit des Nationalsozialismus », *in* Dan Diner (dir.), *Ist der Nationalsozialismus Geschichte ? Zu Historisierung und Historikerstreit*, Fischer, Francfort/Main, 1987, p. 73.

majeurs ? Et quelles sont les limites d'une telle historisation ? Ces questions sont au centre de l'échange épistolaire noué en 1987 entre Martin Broszat et Saul Friedländer. Conscients de l'importance de cette correspondance, ils ont voulu lui donner un caractère public, puisqu'elle a été éditée aussi bien en anglais qu'en allemand – les langues dans lesquelles elle a eu lieu – avant de faire l'objet d'une traduction française [5]. Ancien directeur de l'Institut für Zeitgeschichte de Munich, Martin Broszat est l'auteur de plusieurs ouvrages de référence, dont *L'État hitlérien* (1969) [6], et l'animateur, au cours des années 1970, d'une équipe de recherche qui a revisité l'histoire de la vie quotidienne (*Alltagsgeschichte*) des Bavarois sous le national-socialisme [7]. Israélien d'origine tchèque, professeur d'histoire aux universités de Tel-Aviv et de Californie, à Los Angeles, après avoir enseigné à Genève, Saul Friedländer est l'auteur de nombreuses études sur l'Allemagne nazie, ses interprétations et sa mémoire. Ces lettres ont été une sorte de testament intellectuel pour Broszat, décédé en 1989, et ont constitué une étape importante dans le travail de Friedländer, dont les ouvrages postérieurs, notamment les deux volumes

---

5 Martin Broszat et Saul Friedländer, « Um die "Historisierung" des Nationalsozialismus. Ein Briefwechsel », *Vierteljarshefte für Zeitgeschichte*, 1988, n° 36, p. 339-372 ; « A controversy about the historicization of national-socialism », *New German Critique*, 1988, n° 44, p. 85-126 (puis repris *in* Peter Baldwin (dir.), *Reworking the Past. Hitler, the Holocaust, and the Historians' Debate*, Beacon Press, Boston, 1990) ; « De l'historisation du national-socialisme. Échange de lettres », *Bulletin trimestriel de la Fondation Auschwitz*, 1990, n° 24, p. 43-86, avec une introduction de Jean-Michel Chaumont, « Milieux scientifiques et milieux de mémoire : plaidoyer pour des meilleurs rapports », p. 13-26. Ce débat a fait l'objet de plusieurs analyses critiques. Voir notamment Philippe Burrin, « L'historien et l'"historisation" », *in* Robert Frank (dir.), *Écrire l'histoire du temps présent. En hommage à François Bédarida*, Éditions du CNRS, Paris, 1992, p. 77-82 ; Édouard Husson, *Comprendre Hitler et la Shoah*, *op. cit.*, p. 166-170 ; et Jörn Rüsen, « The logic of historicization. Metahistorical reflections on the debate between Friedländer and Brosztat », *History and Memory*, 1997, vol. 9, n° 1-2, p. 113-144.

6 Martin Broszat, *L'État hitlérien*, Fayard, Paris, 1986.

7 Martin Broszat (dir.), *Bayern in der NS-Zeit*, Oldenbourg, Munich, 1977-1983, 6 vol.

de *L'Allemagne nazie et les Juifs* [8], portent les traces. Le grand intérêt de cet échange épistolaire réside dans le fait qu'il s'agit du premier dialogue entre deux historiens qui, appartenant pratiquement à la même génération (Broszat est né en 1926, Friedländer en 1932), reconnaissent ouvertement les différentes perspectives à partir desquelles ils étudient le passé nazi. En 1987, les conditions étaient sans doute mûres pour interroger, même dans un domaine aussi délicat, l'implication subjective de l'historien dans sa recherche. Auparavant, cette question avait toujours été étouffée par la référence rituelle au devoir déontologique d'objectivité scientifique de l'historien. En Allemagne, en particulier, cette devise avait été l'écran derrière lequel une génération d'historiens cachait son passé douteux. Au sein de l'Institut für Zeitgeschichte de Munich, dans les années 1950, des historiens juifs comme Joseph Wulf et Léon Poliakov avaient été accusés de manquer d'objectivité et de faire preuve d'une approche trop émotionnelle [9]. Trente ans plus tard, une telle attitude n'était évidemment plus tenable. Désormais, la recherche commune de la vérité et l'estime réciproque ne cachaient plus les perspectives distinctes à partir desquelles opéraient Broszat et Friedländer : l'un étudiait le nazisme de l'intérieur de la société allemande, celle qui l'a engendré et qui en assume aujourd'hui l'héritage ; l'autre l'étudiait du point de vue de ses victimes. La mémoire personnelle des deux correspondants – âgé de dix-neuf ans en 1945, l'historien munichois a été membre des Jeunesses hitlériennes, alors que celui de Los Angeles a pu survivre aux persécutions après avoir été caché, pendant la guerre, par une famille catholique française [10] – demeure sous-jacente, mais affleure parfois explicitement au fil des pages.

---

8 Saul Friedländer, *L'Allemagne nazie et les Juifs, I. Les années de persécution 1933-1939*, Seuil, Paris, 1997 ; *L'Allemagne nazie et les Juifs, II. Les années d'extermination 1939-1945*, Seuil, Paris, 2008.

9 *Cf.* Nicolas Berg, *Der Holocaust une die westdeutschen Historiker*, *op. cit.*, p. 337-370.

10 Saul Friedländer, *Quand vient le souvenir*, Seuil, Paris, 1978.

Historisation

À l'origine de l'échange il y a deux articles. Le premier, intitulé significativement « Plaidoyer pour une historisation du national-socialisme », a été publié par Broszat en 1985, à l'occasion du quarantième anniversaire de la chute du Troisième Reich [11]. Il y dresse un bilan de la recherche à la lumière des contraintes morales et psychologiques découlant d'une stigmatisation du nazisme désormais largement dominante au sein de la société allemande. Deux ans plus tard, dans un autre essai historiographique, Friedländer revient sur les thèses de Broszat en émettant de sérieuses réserves quant à son modèle d'historisation [12]. Entre-temps, en 1986, avait éclaté en Allemagne, avec de larges échos au niveau international, le *Historikerstreit*, la controverse autour de l'Holocauste, de sa singularité et de sa postérité. C'est dans ce climat, perceptible dans leurs lettres, que Broszat prend l'initiative d'écrire à son collègue israélien.

Le « plaidoyer » de Broszat s'ouvre par le constat d'une tendance déplorable, nettement visible au sein des études germaniques, à « isoler » l'histoire allemande des années 1933-1945. Dès qu'on atteint ce tournant majeur, souligne-t-il, « l'historien prend ses distances. La sensibilité au contexte historique cesse, tout comme le plaisir de la narration historique (*Lust am historischen Erzählen*) [13] ». À ses yeux, cette tendance constitue tout d'abord un héritage de l'historiographie de la RFA, quelles qu'en soient les orientations méthodologiques. Dans les années d'après guerre, celle-ci avait remplacé l'analyse contextuelle du nazisme par sa condamnation morale et politique, avec un souci clairement affiché de mettre

---

11 Martin Broszat, « Plaidoyer pour une historisation du national-socialisme », *Bulletin trimestriel de la Fondation Auschwitz*, 1990, n° 24, p. 27-42.

12 Saul Friedländer, « Réflexions sur l'historisation du national-socialisme », *Vingtième Siècle*, 1987, n° 16, p. 43-54.

13 Martin Broszat, « Plaidoyer pour une historisation du national-socialisme », *op. cit.*, p. 29.

à distance une époque honnie. En dépit de ses intentions louables, cette approche avait eu l'effet fâcheux d'éclipser tout effort de comprendre le nazisme. Ce dernier était interprété comme le produit d'une « voie spéciale de l'Allemagne » (*deutscher Sonderweg*) vers la modernité occidentale – une thèse défendue par des historiens comme Friedrich Meinecke, Gerhard Ritter, Hans Rothfels [14] –, ou encore appréhendé à l'aide de la catégorie de totalitarisme, alors dominante dans les sciences politiques anglo-saxonnes, que Karl D. Bracher avait importé dans l'historiographie ouest-allemande [15]. L'avènement de l'histoire sociale, à partir des années 1960, avait profondément renouvelé les chantiers de la recherche, mais ses investigations s'étaient fatalement arrêtées au moment de la montée au pouvoir de Hitler. L'ère wilhelmienne et la république de Weimar avaient ainsi acquis leur historicité, tandis que le nazisme demeurait un continent maudit qui n'arrivait pas à trouver une place dans le récit historique allemand. Le « plaidoyer » de Broszat visait donc à le réintégrer dans la continuité de l'histoire allemande, comme une sorte d'appel lancé à ses collègues pour qu'ils osent enfin briser les frontières l'enfermant dans son îlot séparé.

Il fallait donc renverser l'approche, désormais consolidée en *habitus* mental, consistant à étudier l'histoire de l'époque nazie à partir de son aboutissement : Auschwitz. Il ne s'agissait certes pas, pour Broszat, de nier ou de sous-estimer la signification de ce résultat criminel, mais de reconnaître qu'il était forcément absent de l'horizon mental des Allemands avant 1945 et que, pendant les années de guerre, il n'y occupait qu'une place tout à fait marginale. Cet épilogue meurtrier s'est

---

14 Sur ce débat, *cf.* Jean Solchany, *Comprendre le nazisme dans l'Allemagne des années zéro (1945-1949)*, Presses Universitaires de France, Paris, 1997, ainsi que la deuxième partie du livre cité de Nicolas Berg, *Der Holocaust und die westdeutschen Historiker*, *op. cit.*, p. 47-192.

15 Hannah Arendt, *Les Origines du totalitarisme*, Gallimard, « Quarto », Paris, 2000 ; Karl D. Bracher, *La Dictature allemande. Naissance, structure et conséquences du national-socialisme*, (1969), Privat, Toulouse, 1986.

profondément inscrit dans la conscience historique de nos contemporains, mais il était absent de l'esprit des acteurs de l'époque. Autrement dit, notre regard serait piégé par une optique rétrospective qui nous ferait reparcourir l'histoire à rebours au lieu de la suivre dans sa progression [16]. Dans une lettre à Friedländer, Broszat souligne que, pendant la guerre, le sort des juifs n'était important ni pour la majorité de la population allemande, qui le percevait comme « une chose accessoire à laquelle on prêtait peu attention », ni pour les forces alliées. Un effet dommageable de cette déformation optique rétrospective serait l'occultation de la « tradition allemande non national-socialiste » qui, du coup, se trouverait injustement confisquée par un regard historique la plaçant abusivement « dans l'ombre d'Auschwitz » [17]. Bref, l'extermination des juifs ne devrait pas constituer, selon Broszat, « l'unique étalon de la perception historique » de l'époque nazie [18]. C'est précisément pour affranchir cette tradition allemande qu'il avait animé les recherches sur la vie quotidienne en Bavière pendant les années 1930 et 1940.

Les études de l'*Alltagsgechichte* ont mis au jour la « normalité » de l'ère nazie, dans une société civile qui n'était ni complètement « mise au pas » ni parfaitement superposable à l'image qu'en donnait le régime. Elles avaient montré que de larges couches de la population réprouvaient les violences déclenchées par le régime lors de la nuit de cristal, en novembre 1938. Elles avaient révélé les véritables ressorts du mythe du Führer, qui tenait davantage à sa propagande populiste qu'à une véritable adhésion à sa vision du monde. Elles avaient aussi constaté l'existence de certaines « tendances civilisatrices », dont le nazisme, en dépit de sa nature criminelle, avait été le vecteur, par exemple en concevant un système de

16 Martin Broszat, « De l'historisation du national-socialisme », *op. cit.*, p. 60.
17 *Ibid.*, p. 61.
18 *Ibid.*

sécurité sociale, en 1941-1942, qui sera repris et développé par la RFA après la guerre [19].

Si on arrache le national-socialisme à son isolement, il faut le soumettre aux mêmes critères d'analyse scientifique avec lesquels on étudie n'importe quelle autre période du passé. C'est ainsi qu'il pourra acquérir sa place dans le *continuum* du passé allemand. Ce travail d'historisation, ajoute Broszat, se distingue de l'historisme traditionnel qui débouche inéluctablement sur une vision apologétique du passé. Alors que ce dernier prône une « empathie » (*Einfühlung*) à l'égard des acteurs de l'histoire, avec le résultat d'en justifier le comportement, sinon de le glorifier, l'historisation qu'il propose se fonde sur une « perception » (*Einsicht*) historique qui vise à expliquer plutôt qu'à « comprendre » [20]. Si un certain degré de « reviviscence par empathie » est indispensable, elle doit s'inscrire dans un dispositif analytique impliquant aussi des procédés de distanciation et d'objectivation. Une telle historisation permettrait de reconstituer le passé allemand sous le nazisme en évitant deux travers symétriques : d'une part, celui d'une relativisation de ses crimes ; d'autre part, celui d'une distanciation globale remplaçant l'analyse historique par la condamnation morale.

L'article de Broszat, dont il approfondit les arguments dans sa correspondance, prend finalement la forme d'un plaidoyer pour une « normalisation de la conscience historique allemande [21] ». Restituer au nazisme son historicité signifie construire, au sein de la société allemande, une conscience partagée des fils qui la relient à son propre passé. Isoler l'époque nazie est une solution commode, mais fausse et indéfendable sur le plan épistémologique. À l'issue de son article, Broszat renverse la posture qui avait été celle d'Adorno après

19 Martin Broszat, « Plaidoyer pour une historisation du national-socialisme », *op. cit.*, p. 40.

20 Martin Broszat, « De l'historisation du national-socialisme », *op. cit*, p. 45.

21 Martin Broszat, « Plaidoyer pour une historisation du national-socialisme », *op. cit.*, p. 42.

son retour en Allemagne. Alors que le philosophe francfortois avait mis en garde non pas contre le risque d'un retour du fascisme mais contre la survivance du fascisme au sein de la RFA [22], Broszat plaide pour une reconnaissance de ces survivances, qu'il propose de « considérer de façon critique, mais sans condamnation globale [23] ». Au fond, son « plaidoyer pour une historisation du national-socialisme » risque fort d'apparaître comme la nouvelle version, sans doute plus argumentée et critique, d'un *topos* du discours historique et politique allemand d'après guerre : la « maîtrise du passé » (*Vergangenheit Bewältigung*).

Dans sa correspondance avec Friedländer, Broszat ajoute un corollaire méthodologique important à son concept d'historisation : l'exclusion de la mémoire parmi les sources de reconstruction du passé. Implicite dans son article, cette posture se clarifie au fil des lettres. La mémoire n'est rien d'autre, pour l'historien allemand, qu'un puissant obstacle moral et politique érigé contre l'effort scientifique d'écriture de l'histoire. Et puisque la mémoire est la cause principale de l'isolement dans lequel on a relégué le passé nazi, pour restituer à ce passé son historicité, il faut inévitablement surmonter cet obstacle. Certes, l'historien munichois reconnaît le caractère « légitime » de la mémoire juive, mais il prend garde de la placer à l'extérieur du champ de l'investigation historique. Invité par Friedländer à préciser sa position, il oppose son historisation – un procédé scientifique objectif et rationnel – au « souvenir mythique » des victimes [24]. Ces dernières peuvent susciter sa compassion, mais leurs témoignages ne sont pas dignes d'entrer dans l'atelier de l'historien.

---

22 Theodor W. Adorno, « Que signifie : repenser le passé ? », *Modèles critiques*, Payot, Paris, 1984, p. 97-98.

23 Martin Broszat, « Plaidoyer pour une historisation du national-socialisme », *op. cit.*, p. 42.

24 Martin Broszat, « De l'historisation du national-socialisme », *op. cit.*, p. 48.

Apories

Soucieux d'éviter des malentendus, Friedländer répond à son interlocuteur en reconnaissant d'abord non seulement la légitimité, mais aussi la nécessité, d'une historisation du national-socialisme. Tout dépend du sens que l'on donne à cette formule. Si elle désigne, de façon très générale, une « approche de l'ère nazie avec toutes les méthodes dont dispose l'historien, sans aucune interdiction », son accord s'impose avec la force d'une « nécessité évidente » [25]. Tout historien se déclarera favorable à une recherche visant à atteindre une connaissance plus profonde, précise et nuancée du passé. S'il se limitait à une telle demande, le plaidoyer de Broszat ne ferait qu'enfoncer une porte ouverte, car ce travail était mené depuis des années et l'historiographie allemande en était déjà, en 1987, le principal foyer. Le problème surgit lorsqu'on s'interroge sur la portée, les visées et les limites de l'historisation du national-socialisme proposée par Broszat.

Replaçant le « plaidoyer » de ce dernier dans le contexte ouvert par le *Historikerstreit*, Friedländer souligne que la « normalisation » de la conscience historique allemande et l'intégration du nazisme dans la continuité du passé allemand ont aussi été le drapeau derrière lequel se sont ralliés Nolte et ses partisans, préoccupés de surmonter un « passé qui ne veut pas passer ». Sans lui prêter les visées apologétiques de Nolte, Friedländer reproche à Broszat de « choisir un certain angle d'approche » (*choice of focus*) qui contribuerait inévitablement, quelles que soient ses intentions, à une relativisation de la dimension criminelle du nazisme [26]. Soustraire la société allemande à l'« ombre d'Auschwitz » pour l'étudier de façon plus objective et rigoureuse signifie mettre entre parenthèses les crimes nazis et donc ignorer, sinon occulter, les relations

25 Saul Friedländer, « Réflexions sur l'historisation du national-socialisme », *op. cit.*, p. 44.

26 *Ibid.*, p. 47.

qu'elle entretenait avec la politique criminelle du régime, le rapport indissociable entre la normalité de la vie quotidienne et l'exceptionnalité de la politique d'abord persécutrice, puis exterminatrice du nazisme. Or l'exploration de ces liens est indispensable pour comprendre la mise en œuvre des crimes nazis. Certes, pour les Allemands ordinaires, l'année 1933 n'a sans doute pas marqué un tournant majeur dans leurs comportements, leurs habitudes, leurs modes de vie et leurs pratiques quotidiennes, mais la société dans laquelle ils vivaient est entrée alors dans une spirale dont l'aboutissement a été, douze ans plus tard, les camps d'extermination. Valoriser l'attitude de « dissension » ou d'« inadaptation » (*Resistenz*) d'une partie des Allemands ordinaires vis-à-vis du régime nazi, en l'opposant à la résistance politique (*Widerstand*) [27], souvent objet d'une représentation « monumentale », revient au fond, chez Broszat, à séparer une société civile saine et un système politique criminel, en blanchissant implicitement la première des forfaits du second. Or la société civile allemande sous le national-socialisme présentait une palette de comportements qui allaient de la désapprobation (minoritaire) au soutien enthousiaste à la politique nazie, en passant par différentes formes de « dissension » et d'adaptation, tantôt forcée tantôt volontaire [28]. Le régime nazi n'aurait pu mettre en œuvre ses crimes sans bénéficier de ce soutien, sans exploiter ces formes d'adaptation, sans neutraliser les attitudes de « dissension » ou réprimer les formes plus ouvertes de résistance.

---

27 *Ibid.*, p. 50-52. Voir aussi, sur ce point, Saul Friedländer, « Martin Broszat and the historicization of national socialism », *Memory, History, and the Extermination of the Jews*, Indiana University Press, Bloomington, 1993, p. 92-95. Sur le concept de *Resistenz, cf.* Martin Broszat, « Resistenz und Widerstand », *Nach Hitler. Der schwierige Umgang mit unserar Geschichte*, Oldenbourg, Munich, 1986, p. 68-91. Pour une présentation de ce débat, *cf.* Ian Kershaw, *Qu'est-ce que le nazisme ?, op. cit.*, ch. 8.

28 Sur cette problématique, voir notamment Philippe Burrin, *La France à l'heure allemande 1940-1944*, Seuil, Paris, 1995.

En d'autres termes, Friedländer n'exclut pas que l'historisation proposée par Broszat puisse se traduire, contre ses attentes, en une forme traditionnelle d'historisme fondée sur un procédé empathique d'identification avec les acteurs du passé qui se trouvaient, à des degrés différents, dans le camp des persécuteurs. Ce risque n'est pas théorique, comme le prouve l'exemple d'Andreas Hillgruber, auteur de *Zweierlei Untergang*[29], objet de la critique ravageuse de Jürgen Habermas lors du *Historikerstreit*. Étudiant l'effondrement du nazisme, cet historien, autre représentant éminent de la « génération des Jeunesses hitlériennes » et ancien soldat de la Wehrmacht sur le front oriental, a soudainement retrouvé le « plaisir de la narration historique » en décrivant la résistance désespérée des soldats allemands face à l'avancée impitoyable de l'Armée rouge. Hillgruber rappelait que ces efforts assuraient la protection des civils en fuite devant les « orgies vengeresses » de l'ennemi, en oubliant qu'ils étaient aussi la condition indispensable pour le maintien en fonction des camps d'extermination pendant l'année 1944.

Toute tentative d'historisation de l'ère nazie bute donc sur Auschwitz. Citant Habermas, Friedländer souligne le caractère historiquement singulier de l'extermination des juifs – « Auschwitz a changé les conditions de continuité de la trame historique de la vie, et ce, pas seulement en Allemagne[30] » –, un phénomène « sans précédent » qui rend problématique tout effort de comparaison et fixe des limites insurmontables à tout procédé d'historisation. Face à cela, la « distanciation » se révèle impuissante, l'« empathie » obscène et immorale. Refusant d'opposer histoire et mémoire – selon une tendance qu'il relève chez bien des historiens de Pierre Nora à Josef H. Yerushalmi[31] –, Friedländer ne peut ni qualifier

29 Andreas Hillgruber, *Zweierlie Untergang. Die Zerschlagung des deutschen Reiches und das Ende des europäischen Judentums*, Siedler, Berlin, 1986, notamment p. 24-25.

30 Saul Friedländer, « De l'historisation du national-socialisme », *op. cit.*, p. 65.

31 Saul Friedländer, *Memory, History, and the Extermination of the Jews, op. cit.*, p. viii. Il fait allusion à Yosef H. Yerushalmi, *Zakhor. Histoire juive et mémoire juive*, La

de « mythique » ni évacuer de son horizon épistémologique le souvenir des victimes. Y voir un obstacle sur la voie d'une reconstruction du passé signifie retomber dans la vieille chimère positiviste d'un récit « scientifique » établi par un chercheur au regard axiologiquement neutre, débarrassé de toute implication subjective. Selon Friedländer, en revanche, l'historien est pris à l'intérieur d'une trame complexe dans laquelle interagissent ses réminiscences personnelles, ses connaissances acquises, les contraintes de son contexte social et culturel et aussi ses efforts de distanciation critique. Penser pouvoir se débarrasser de ces conditionnements pour atteindre une sorte de « distanciation purement scientifique », conclut-il, n'est qu'une « illusion psychologique et épistémologique » [32]. Plus tard, il évoquera « la part de transfert » qui caractérise le travail de l'historien, dont il doit être conscient précisément pour pouvoir la maîtriser [33].

L'historisation du nazisme, ainsi sonne la conclusion de Friedländer dans cette correspondance, est à la fois nécessaire et impossible. *Nécessaire,* car l'Allemagne nazie appartient à l'histoire et ne peut se soustraire à l'analyse historique ; *impossible,* car le passé nazi est trop proche pour être déjà considéré comme histoire tout court. Nous ne pouvons pas étudier ce passé comme nous étudions la Réforme ou la Révolution française. Friedländer reconnaît certes « qu'aucune valeur fondamentale » ne l'oppose à Broszat et que leur divergence n'est qu'une « question de perspective », mais il ne cache pas non plus qu'il s'agit d'une divergence « d'une importance majeure sur le plan de l'historiographie [34] ». Si cet échange épistolaire met en lumière, selon les mots de Broszat, « toutes les

---

Découverte, Paris, 1984, et Pierre NORA, « Entre histoire et mémoire. La problématique des lieux », *in* Pierre NORA (dir.), *Les Lieux de mémoire. I, La République,* Gallimard, Paris, 1984.

32 Saul FRIEDLÄNDER, « De l'historisation du national-socialisme », *op. cit.*, p. 80.

33 Saul FRIEDLÄNDER, « History, memory, and the historian. Dilemmas and responsibilities », *New German Critique,* 2000, n° 80, p. 3-15.

34 Saul FRIEDLÄNDER, « De l'historisation du national-socialisme », *op. cit.*, p. 78.

difficultés d'un dialogue germano-juif sur la représentation et le souvenir du passé national-socialiste[35] », Friedländer prend acte de l'envergure de cette « différence d'accentuation, de focalisation », en constatant qu'une « fusion des horizons » n'est malheureusement « pas encore en vue »[36].

Dans une série d'écrits postérieurs, Friedländer aura l'occasion de revenir sur ses divergences avec Broszat, en introduisant quelques nuances dans son jugement. En 1992, il réaffirme son désaccord fondamental à l'égard de la méthode de l'école de Munich en termes très clairs : « L'*Alltagsgeschichte* de la société allemande comporte inévitablement sa part d'ombre : l'*Alltagsgeschichte* des victimes[37]. » Dans sa préface à *L'Allemagne nazie et les Juifs*, dont le premier volume est paru en 1997, il intègre implicitement certains éléments de la méthode de Broszat, en adoptant un style narratif capable de restituer la vie quotidienne des victimes, au lieu de celle des membres de la *Volksgemeinschaft* nazie. Mais cette méthode implique forcément une prise en compte de leur mémoire. L'écran protecteur forgé par l'historien grâce à son effort de distanciation risque ainsi d'être soudainement déchiré par l'irruption imprévisible d'une forte charge émotionnelle liée à l'empathie avec les acteurs du passé. Une telle empathie tient à la proximité du passé récent et assure un privilège épistémologique aux historiens du temps présent ; elle sera inconnue aux historiens des générations futures. Cette irruption peut se révéler féconde, puisqu'elle permet de secouer la froideur de la plupart des sources écrites, notamment dans le cas de la Shoah, dont les archives sont essentiellement constituées de circulaires et rapports administratifs. En empruntant sa formule au lexique psychanalytique, Friedländer appelle « perlaboration » (*working through*) l'équilibre délicat et instable

---

35 *Ibid.*, p. 54.

36 *Ibid.*, p. 84.

37 Saul Friedländer, « Trauma, transference, and "working through" in writing the history of the Shoah », *History and Memory*, 1992, n° 1, p. 53.

établi par l'historien de la Shoah entre mise à distance et identification émotionnelle [38]. En 1995, la publication du journal de Victor Klemperer, dont l'impact a été énorme sur la culture allemande, a sans doute apporté la preuve que l'on pouvait essayer de reconstituer la vie quotidienne sous le national-socialisme du point de vue de ses victimes [39]. La tâche n'est pas simple et les sources sont plus rares, voire exceptionnelles, tel le journal du philologue de Dresde, mais elles existent. Les références nombreuses aux *Tagebücher* de Klemperer qui émaillent le premier tome de *L'Allemagne nazie et les Juifs* semblent confirmer cette hypothèse.

D'autre part, s'appuyant sur un vaste matériel rassemblé par la recherche historique au cours des quinze dernières années, Friedländer est parvenu à la conclusion que « l'ignorance allemande sur le sort des juifs » n'était qu'une « construction mythique d'après guerre » [40]. Si dans leur grande majorité les Allemands n'ont ni participé ni assisté aux opérations d'extermination, les informations circulaient largement. Les convois de déportés traversaient les villes. L'implication, désormais incontestablement prouvée, de l'Ostwehr dans les massacres signifie que des centaines de milliers de soldats avaient une connaissance directe du génocide des juifs, parfois photographié et décrit dans les lettres qu'ils envoyaient du front. Bien que moins nombreux, le personnel des camps d'extermination maintenait, comme les soldats, des relations avec la société civile qui ne pouvait rester ignare de ce qui se passait sur le front oriental. Bref, la violence nazie pénétrait au sein de la vie quotidienne des Allemands ordinaires sous le régime nazi. Selon Friedländer, au moins un tiers de la population civile allemande était au courant des massacres des juifs à l'Est, même si la dimension globale du génocide et les caractéristiques spécifiques de la Solution finale,

---

38 *Ibid.*, p. 51.

39 Victor Klemperer, *Journal 1933-1945*, Seuil, Paris, 2000, 2 vol.

40 Saul Friedländer, *L'Allemagne nazie et les Juifs. II, op. cit.*, p. 631.

notamment les camps d'extermination, restaient inconnues à la grande majorité [41].

Antisémitisme

Cette nouvelle appréciation du degré d'implication de la société allemande dans la politique exterminatrice du nazisme conduit Friedländer à prendre ses distances avec les interprétations « fonctionnalistes » classiques de l'antisémitisme hitlérien, dont Broszat a été l'un des premiers défenseurs. Dans une étude de 1977 contre le révisionniste britannique David Irving, Broszat a avancé l'hypothèse – reprise par la suite par Hans Mommsen – selon laquelle Hitler n'aurait jamais décidé la Solution finale, mais simplement entériné un choix empirique fait sur le terrain, dans le chaos de la guerre sur le front oriental. Son antisémitisme n'aurait pas planifié, mais seulement autorisé, et donc rendu possible, un acte largement « improvisé » par les différents responsables de la politique d'occupation nazie [42]. Autrement dit, pour Broszat, l'antisémitisme ne fut pas *la* cause, mais seulement un élément parmi d'autres du climat global duquel a surgi la Shoah. Dans le sillage de Broszat, Hans Mommsen définira l'extermination comme le produit d'un processus de « radicalisation cumulative » qui avait largement échappé au contrôle de ses déclencheurs et dont l'idéologie nazie, dans laquelle les juifs jouaient

---

41 Saul Friedländer, « Erlösungsantisemitismus », *Den Holocaust beschreiben. Auf dem Weg zu einer integrierten Geschichte*, Wallstein, Göttingen, 2006, p. 49. Peter Longerich est parvenu à des conclusions analogues. Selon lui, « entre le savoir et l'ignorance s'étendait une vaste zone grise, caractérisée par les rumeurs et les demi-vérités, l'imaginaire, les limites qu'imposait le régime à la communication, ou que l'on s'infligeait », favorisant ainsi une attitude généralisée de refoulement. *Cf.* Peter Longerich, *« Nous ne savions pas ». Les Allemands et la Solution finale*, Éditions Héloïse d'Hormesson, Paris, 2008, p. 453.

42 Martin Broszat, « Hitler und die Genesis der "Endlösung" », *Vierteljahreshefte für Zeitgeschichte*, 1977, n° 4, p. 739-775, notamment p. 747, 756.

un rôle essentiellement « métaphorique », devenait *a posteriori* une indispensable source légitimatrice [43].

Plus récemment, les thèses de l'école fonctionnaliste allemande ont été reformulées par Götz Aly, pour qui l'Holocauste s'inscrivait dans un contexte de pillage généralisé de l'Europe, planifié et rationalisé par les différents segments du régime nazi. Il donne, à cet égard, l'exemple de la Grèce, où la déportation des juifs, de Salonique aux îles de Rhodes et de Kos en passant par la Crète, remplissait à ses yeux une fonction économique incontournable, permettant de financer l'occupation du pays par la Wehrmacht après la débâcle italienne de 1943 (la vente des biens expropriés servait à satisfaire la population locale et à nourrir les soldats allemands) [44]. Autrement dit, la Wehrmacht participait à l'Holocauste car ce dernier lui permettait de mener la guerre, en lui fournissant une partie de ses bases matérielles de subsistance. La population civile allemande, quant à elle, n'avait pas non plus besoin d'adhérer à l'idéologie nazie. Elle pouvait soutenir un régime qui s'était lancé à la conquête de l'Europe sans lui demander aucun sacrifice [45].

Pour Friedländer, en revanche, la Shoah demeure impénétrable si l'on refuse de reconnaître les spécificités de l'antisémitisme nazi, qualitativement différent de l'antisémitisme traditionnel largement répandu en Europe depuis la fin du XIXᵉ siècle. Ce dernier – par exemple celui propagé par Édouard Drumont dans *La France juive* (1886) – partageait avec le nazisme la vision du juif comme ennemi, « race » nuisible et corruptrice de la nation, mais sa finalité consistait à discriminer, marginaliser et, éventuellement, persécuter. L'antisémitisme nazi se chargeait d'une force apocalyptique nouvelle qui conférait à la lutte contre les juifs une dimension quasi religieuse, en la transformant en un combat libérateur, mené

---

43 Hans MOMMSEN, « Die Realisierung der Utopischen. die "Endlösung" der "Judenfrage" im Dritten Reich », *Geschichte und Gesellschaft*, 1983, n° 1, p. 396.

44 Götz ALY, *Hitlers Volkstaat. Raub, Rassenkrieg und nationaler Sozialismus*, Fischer, Francfort/Main, 2005, p. 308.

45 *Ibid.*, p. 313.

avec l'ardeur d'une croyance. L'élimination des juifs devenait ainsi un acte émancipateur, « rédempteur » : « La germanité et le monde aryen couraient à leur perte faute de s'unir pour combattre les juifs dans une lutte à mort. La rédemption ne surviendrait que si l'on se libérait des juifs – en les chassant, peut-être en les anéantissant [46]. »

Friedländer a retracé le parcours de cet antisémitisme nourri d'idéologie *völkisch*, de nationalisme conservateur, de néoromantisme réactionnaire, de mythologies germano-chrétiennes et de racisme biologique. Ce mélange explosif puise sa source dans le cercle wagnérien de Bayreuth ; il a ensuite trouvé une première formulation systématique dans *Les Fondements du XIXe siècle* (1899), de Houston Stewart Chamberlain, et connu une radicalisation considérable au lendemain de la Grande Guerre et de la révolution russe. Si les juifs et la Russie bolchevique formaient un seul et même ennemi pour Hitler, c'est que l'anticommunisme nazi se greffait sur une obsession antisémite bien plus ancienne que la révolution d'Octobre et dont le profil idéologique était déjà dessiné quand les bolcheviks sont arrivés au pouvoir. Les circonstances de la guerre avaient incontestablement radicalisé cet antisémitisme en lui donnant un caractère génocidaire, mais il n'avait jamais eu une dimension purement superfétatoire ou métaphorique.

Contre l'ensemble de l'école fonctionnaliste, de Broszat à Aly, pour qui l'Holocauste fut un produit de circonstances largement inattendues ou l'effet collatéral d'une politique qui poursuivait d'autres objectifs essentiels, Friedländer considère l'antisémitisme comme le ressort ultime de la politique nazie d'extermination. Les travaux de l'école fonctionnaliste allemande l'ont néanmoins conduit à étudier de près l'interaction entre l'antisémitisme et l'ensemble de la politique nazie pendant les différentes étapes de la guerre. Au départ, l'extermination était conçue comme une mesure limitée aux juifs résidant dans les territoires conquis par l'Allemagne en Europe orientale.

---

46 Saul Friedländer, *L'Allemagne nazie et les Juifs, I, op. cit.*, p. 96.

Lors de la dernière étape, en revanche, elle concernait l'ensemble des juifs d'Europe, c'est-à-dire, selon les estimations de Heydrich à la conférence de Wannsee, onze millions de personnes. Convaincu de pouvoir mettre à genou l'URSS en quelques mois, Hitler avait initialement envisagé une solution graduelle de la « question juive » : la déportation des juifs européens dans un territoire éloigné et isolé, où ils auraient pu disparaître progressivement. Il s'agissait vraisemblablement de la Russie profonde, où d'un autre lieu (l'île de Madagascar, utilisée comme une « vague métaphore » pour évoquer la déjudaïsation du continent européen [47]). En 1942, cette solution n'était plus possible : l'extermination des juifs est devenue l'un des objectifs prioritaires du Troisième Reich dans un conflit qui s'était radicalisé à l'extrême avec l'entrée en guerre des États-Unis et la résistance acharnée de l'Armée rouge. Dans ce contexte, l'antisémitisme restait le facteur décisif : il rythmait le processus en écartant, au fil des mois, toute autre considération d'ordre économique ou militaire. Contrairement à la thèse d'Aly, le pillage des biens juifs n'était pas la cause de leur extermination, mais l'un des moyens de sa mise en œuvre. Cette impulsion idéologique, cependant, s'est combinée pendant la guerre à des mesures visant à surmonter un ensemble de difficultés qui découlaient de l'approfondissement du conflit. D'où l'identification, de plus en plus totale, obsessionnelle, entre les juifs et le bolchevisme, entre l'extermination des juifs et la lutte contre les partisans. D'où la recherche des solutions techniques les plus efficaces pour accomplir un massacre de dimensions gigantesques : la rationalité moderne, administrative et industrielle n'explique pas le crime, elle n'a été qu'un moyen pour le mettre en œuvre. La création des camps de la mort avait besoin du concours d'ingénieurs, d'architectes, de chimistes, de démographes, de gestionnaires et de techniciens, mais les vrais concepteurs de la machine exterminatrice, explique Friedländer, étaient poussés par l'antisémitisme. Dans un essai

47 Saul FRIEDLÄNDER, *L'Allemagne nazie et les Juifs, II, op. cit.*, p. 126.

récent, il pose donc la question en termes tranchants : « Pourquoi les nazis déportèrent-ils les juifs des îles égéennes, en juillet 1944 ? » Les juifs de ces îles grecques ont d'abord été embarqués sur des radeaux qui longeaient la côte turque, puis, une fois arrivés sur le continent, ont été entassés dans des wagons à bestiaux et déportés à Auschwitz. Il s'agissait de populations très pauvres dont l'expropriation n'aurait enrichi personne. Le but exclusif d'une telle opération était l'anéantissement [48].

Histoire intégrée

Dans *L'Allemagne nazie et les Juifs*, Friedländer a adopté un mode narratif qui donne un caractère vivant au drame historique. La presse de l'époque, les correspondances privées et les documents d'archives sont utilisés comme les pièces d'une mosaïque qui brosse le portrait d'une époque, avec son atmosphère, ses tensions et ses contradictions. Son récit diffère sensiblement de celui de Raul Hilberg qui, avec une méthode sur le fond assez proche de celle de Broszat, fonde sa narration historique sur la « perspective de l'exécuteur [49] », en évacuant *a priori* le point de vue des victimes. Même son triptyque postérieur consacré aux acteurs de la Shoah – les victimes, les exécuteurs et les « témoins » (*bystanders*) – retrace trois histoires parallèles et séparées [50]. Bien que cette distinction demeure valable sur le plan analytique, pense en revanche Friedländer, ces trois acteurs participaient de la même histoire et leurs destins – si radicalement différents fussent-ils – s'inscrivaient dans un même tableau. D'où le choix de son style : « Le

---

48 *Ibid.*, p. 164.

49 Raul Hilberg, *Politique de la mémoire*, Gallimard, Paris, 1996, p. 57.

50 Raul Hilberg, *Exécuteurs, victimes, témoins. La catastrophe juive, 1933-1945*, Gallimard, Paris, 1994.

récit intégré des destins individuels [51]. » Si le choix des élites nazies était réfracté par la complexité de leur système de pouvoir polycratique et par les différents degrés d'adhésion, « résistance » ou indifférence de la société allemande, les victimes ne réagissaient pas comme un bloc monolithique mais de manière extrêmement différenciée, selon des contextes, des cultures et des mentalités qui pouvaient varier considérablement d'un pays à l'autre du continent. Une vaste littérature grise faite de témoignages, de journaux intimes et de lettres, indique que, pour comprendre l'attitude des juifs face aux persécutions, l'étude des institutions israélites est absolument insuffisante. Friedländer a essayé d'intégrer ces perspectives afin de parvenir à une compréhension globale du processus historique, en articulant fructueusement macro et micro-histoire. Sa démarche lui permet de franchir un pas en avant considérable dans la recherche, en surmontant les apories auxquelles s'est heurtée, jusqu'à présent, toute historisation du nazisme et du génocide juif. Il échappe ainsi aux conflits qui opposent, dans des querelles souvent stériles, différentes approches unilatérales et monocausales : les adeptes des sources orales contre les historiens « scientifiques », fétichistes des archives, ou encore, pour remonter plus loin, les « intentionnalistes » contre les « fonctionnalistes », s'enfonçant tous dans des impasses. Refusant toute construction téléologique du passé, il ne considère pas Auschwitz comme le résultat inéluctable de l'arrivée de Hitler au pouvoir, c'est-à-dire comme la mise en œuvre d'un plan élaboré depuis longtemps, ni comme le produit involontaire d'une « radicalisation cumulative » mise en œuvre par le nazisme pendant la guerre et devenue incontrôlable après l'échec de l'offensive sur le front oriental. Il y voit plutôt le résultat d'une

51 Saul Friedländer, *L'Allemagne nazie et les Juifs, I, op. cit.*, p. 17 (trad. modifiée d'après l'original américain : *Nazi Germany and the Jews*, vol. I, Harper & Collins, Londres, 1997, p. 5). Voir aussi Saul Friedländer, « Eine integrierte Geschichte des Holocaust », *Nachdenken über den Holocaust*, C. H. Beck, Munich, 2007, p. 154-167.

« convergence de facteurs, d'une interaction entre l'intention et la contingence, entre les causes perceptibles et le hasard [52] ».

À vingt ans de distance, nous pouvons déjà relire la correspondance entre Broszat et Friedländer dans une perspective historique, à la lumière des mutations intervenues après la réunification allemande, d'une expansion impressionnante des études sur le national-socialisme et de l'essor d'une nouvelle génération d'historiens, en Allemagne comme ailleurs. Tirant un premier bilan, le constat s'impose que les craintes exprimées par Friedländer n'ont pas été confirmées par l'évolution de la recherche. Puissantes au lendemain de l'*Historikerstreit*, notamment lors de la réunification, les tendances à une relecture apologétique du passé nazi sont depuis restées minoritaires au sein de l'historiographie allemande, où elles demeurent essentiellement confinées à Nolte et à ses disciples. L'école de l'*Alltagsgeschichte* a épuisé son élan, mais elle a pu produire quelques travaux remarquables. Au fond, cela était déjà évident en 1987. Après avoir étudié les liens entre « dissension » ouvrière et résistance politique, Detlev Peukert a sondé les rapports entre la « normalité » de la vie quotidienne sous le nazisme et la pathologie de ses pulsions criminelles, en montrant que cette coexistence n'était pas contradictoire et qu'elle révélait, dans une certaine mesure, la compatibilité de la normalité de nos sociétés modernes avec les crimes de masse [53]. À partir des années 1990, l'historiographie allemande a progressivement focalisé son regard sur la politique exterminatrice du nazisme. L'attention s'est déplacée des camps de la mort, déjà largement analysés, vers la « Shoah par balles » menée sur le front oriental avec le concours de la

52 *Ibid.*, p. 16-17.

53 *Cf.* Detlev Peukert, *Volksgenossen und Gemeinschaftsfremde*, Bund-Verlag, Cologne, 1982 ; Detlev Peukert, « Alltag und Barbarei. Zur Normalität des Dritten Reiches », *in* Dan Diner (éd.), *Ist der Nationalsozialismus Geschichte ?*, *op. cit.*, p. 51-61.

Wehrmacht et des bataillons de police allemands [54]. L'historien américain Christopher Browning a prouvé, dans *Des hommes ordinaires*, que l'on pouvait reconstituer le parcours d'une équipe de tueurs en série, dans les campagnes polonaises, par des procédés d'« empathie » – on pourrait dire plutôt, en reprenant les termes de Dominick LaCapra, d'« identification hétéropathique [55] » – qui permettent de pénétrer l'univers mental des exécuteurs – et donc de comprendre leurs agissements – sans adopter un regard complaisant ni tomber dans le voyeurisme [56]. L'ouvrage hautement controversé de Daniel J. Goldhagen, *Les Bourreaux volontaires de Hitler* (1996) [57], qui vise à présenter l'Holocauste comme l'aboutissement d'un « projet national », a eu un très fort impact en Allemagne, ce qui indique clairement que le climat n'était pas propice aux interprétations apologétiques du nazisme. Friedländer ne regrettera pas, sur ce point, de revoir son pronostic des années 1980.

Ses considérations méthodologiques, en revanche, demeurent largement valables. L'historiographie n'a pas soustrait la société allemande du cône d'ombre d'Auschwitz, mais les différences de focalisation qu'il avait soulignées n'ont pas disparu pour autant. On pourrait dire plutôt qu'elles se sont approfondies. Miroir d'une société civile hantée par la mémoire de l'Holocauste, l'historiographie allemande est loin d'avoir évacué les crimes nazis de son horizon, au contraire, mais son travail d'élucidation du passé semble s'enfermer dans un étonnant clivage bien résumé par les mots d'Ulrich Herbert : « Les crimes sans victimes, les victimes sans crime

---

54 Voir à titre d'exemple Christian GERLACH, *Kalkulierte Morde. Die deutsche Wirtschafts- und Vernichtungspolitik in Weissrussland 1941-1944*, Hamburger Edition, Hambourg, 2000.

55 Dominick LACAPRA, *Writing History, Writing Trauma*, Johns Hopkins University Press, Baltimore et Londres, 2001, p. 40.

56 Christopher BROWNING, *Des hommes ordinaires. Le 101e bataillon de réserve de la police allemande et la Solution finale en Pologne*, Les Belles Lettres, Paris, 1994.

57 Daniel J. GOLDHAGEN, *Les Bourreaux volontaires de Hitler*, Seuil, Paris, 1997.

(*die Taten ohne Opfer, die Opfer ohne Tat*) [58]. » D'un côté, il y a donc une machine exterminatrice impersonnelle, avec des victimes complètement anonymes ; de l'autre, des victimes déconnectées du processus de leur anéantissement. Anne Frank, le paradigme de la victime, est un être en chair et en os, avec un visage et des sentiments, mais toute son histoire se déroule pratiquement en dehors du processus de persécution et d'anéantissement qui l'a broyée, car il reste à l'arrière-plan, toujours invisible. De ce point de vue, rien n'a changé, selon Herbert, par rapport aux années 1950, l'époque pendant laquelle Broszat taxait de « non scientifiques » les travaux de Josef Wulf qui donnaient une place aux victimes [59]. Le clivage traditionnel dans les études du génocide juif semble donc se perpétuer. D'un côté, il y a les historiens qui, en menant leurs recherches essentiellement dans les archives, focalisent l'attention sur les structures, l'idéologie et la politique de l'État nazi. Ils sont, dans leur grande majorité, allemands. De l'autre, il y a les historiens qui procèdent à une reconstruction du passé fondée principalement sur la mémoire des victimes, conservée tantôt dans une vaste littérature de témoignage, tantôt dans leurs souvenirs. Ils sont, dans leur grande majorité, juifs. Une « fusion des horizons », écrivait Friedländer en 1987, « n'est pas encore en vue ».

Reste le problème d'une articulation nouvelle entre l'histoire de la Shoah et une histoire globale du nazisme. Pendant des décennies, le génocide des juifs a été considéré comme un événement presque marginal sur le plan historiographique. Puis, suite à l'anamnèse des sociétés occidentales – le procès Eichmann à Jérusalem, la guerre des Six-Jours, la médiatisation du négationnisme, le témoignage des survivants, le succès des ouvrages littéraires de Primo Levi, Jean Améry ou Imre

58 Voir à ce propos Ulrich Herbert, « Deutsche und jüdische Geschichtsschreibung über den Holocaust », *in* Michael Brenner, David Myers (dir.), *Jüdische Geschichtsschreibung heute*, C. H. Beck, Munich, 2002, p. 250.

59 *Ibid.*, p. 253. Sur cette polémique, voir Nicolas Berg, *Der Holocaust und die westdeutschen Historiker*, *op. cit.*, p. 343-370.

Kertesz –, l'Holocauste s'est installé dans nos représentations du passé, en prenant des traits singuliers. D'une histoire du nazisme *sans* la Shoah, nous sommes passés à l'histoire de la Shoah comme événement doté de sa propre autonomie. Son attention s'est imposée aux sciences sociales, jusqu'à la naissance des *Holocaust Studies* comme discipline particulière. Aujourd'hui, cependant, l'insistance sur l'unicité de l'Holocauste – une perception surgie comme une sorte de réaction compensatoire après une longue période de refoulement – risque de se transformer en obstacle épistémologique si cet événement n'est pas réinséré dans un contexte historique plus vaste. L'histoire intégrée, si brillamment décrite par Friedländer, demeure une histoire de la Shoah. Le grand défi de l'historiographie consiste aujourd'hui à réinscrire cette dernière dans une histoire globale du nazisme, et le nazisme dans une histoire de l'Europe, car les deux appartiennent à la crise européenne.

5

Comparer la Shoah

Questions ouvertes

En tant que phénomène de portée continentale, la Shoah oblige les sciences sociales à dépasser les obstacles que l'historiographie moderne – née au XIXe siècle comme un ensemble d'écoles historiques nationales – a souvent érigés contre le comparatisme [1]. L'étude des génocides demeure cependant une discipline récente. Elle n'a pas encore produit de travaux « classiques » susceptibles d'évoquer, même de loin, l'analyse comparée des formes de gouvernement amorcée par Montesquieu au XVIIIe siècle, ou la sociologie comparée des religions mondiales élaborée au début du XXe siècle par Max Weber. Comparer les génocides implique de mettre en parallèle non seulement les sociétés, mais surtout leurs crises. Autrement dit, cela signifie sonder des « pathologies » ; non pas les normes sociales et politiques, mais leurs ruptures dans des moments exceptionnels de crise et de guerre. Avant même d'être confronté à d'autres formes de violence, l'Holocauste a dû se constituer en tant que domaine spécifique de la recherche, ce qui a demandé du

1 Voir à ce propos Marcel DETIENNE, *Comparer l'incomparable*, Seuil, Paris 2000, qui rappelle les thèses classiques de Marc BLOCH, « Pour une histoire comparée des sociétés européennes » (1928), *L'Histoire, la Guerre, la Résistance*, Gallimard, « Quarto », Paris, 2006, p. 347-380.

temps. Ce n'est qu'à une époque récente que les chercheurs ont posé le problème de la relation qui unit l'extermination des juifs aux autres violences de l'histoire.

Comparatisme

Strictement enchevêtré aux parcours de la mémoire dans l'espace public du monde occidental, le débat sur la singularité et la comparabilité des crimes nazis s'est imposé au cours des trois dernières décennies, en faisant de la Shoah le paradigme des violences du XXe siècle. D'abord perçu comme un aspect marginal de la Seconde Guerre mondiale, l'Holocauste en est devenu le centre, acquérant le statut d'événement historique majeur, irréductiblement singulier. Pendant les années du silence et du refoulement – *grosso modo* de la guerre aux années 1970 –, la recherche sur la Shoah a dû conquérir sa place au sein d'une historiographie réticente, méfiante, encline à la considérer davantage comme un acte de piété pour les victimes que comme un objet d'investigation pleinement légitime. Puis certains historiens se sont éloignés de la tendance générale consistant à voir la violence nazie comme un bloc monolithique dans lequel il ne semblait pas opportun de distinguer entre différentes catégories de victimes. Depuis les années 1980, l'essor de la mémoire de l'Holocauste au sein de la culture occidentale a favorisé et accompagné un développement tout à fait impressionnant de la recherche. Comme nous l'avons déjà indiqué, l'extermination des juifs s'est progressivement transformée en une discipline à part entière, les *Holocaust Studies* [2]. Cette mutation a permis un progrès historiographique considérable et conduit à une connaissance factuelle bien plus approfondie d'un génocide dont les dimensions, les temps, les acteurs, les structures, les décisions et les tournants ont été mis en lumière dans le

---

2 *Cf.* Michael R. MARRUS, *The Holocaust in History*, Penguin Books, Londres, 1989.

détail. La naissance de cette nouvelle discipline a cependant poussé à étudier la Shoah comme un processus *endogène* qui possède ses causes (l'antisémitisme), sa dynamique (la définition, l'exclusion, l'expropriation, la déportation et finalement l'extermination) et même sa phénoménologie (un système de destruction bureaucratique et industriel). Face à ce fait *total*, le contexte historique apparaît comme un ensemble de circonstances extérieures, accessoires et contingentes, utiles pour encadrer les faits sur le plan chronologique, mais superflues pour en saisir les origines et en étudier le déroulement [3]. Il est évident que la tendance à interpréter l'Holocauste comme un événement isolé ne favorise pas, *a priori*, l'adoption d'une perspective de type comparatif.

Cet autisme méthodologique coexiste cependant avec un comparatisme intrinsèquement lié à l'historisation de la Shoah en tant que phénomène européen impliquant des acteurs (tant les persécuteurs que les victimes) extrêmement hétérogènes sur les plans social, culturel et géographique, et suscitant des réactions fort variées parmi les populations civiles des différents pays impliqués dans les politiques de déportation. Il est par ailleurs difficile d'étudier la Shoah *in vitro*, en faisant abstraction d'un contexte général marqué par la violence d'une guerre totale qui s'est soldée par plus de cinquante millions de morts, dont la moitié étaient des civils ; comme il est difficile de l'étudier si l'on ne tient par compte du fait que la violence nazie était dirigée contre une gamme très vaste d'« ennemis » tant militaires que politiques, tant nationaux que « raciaux » : des armées alliées au communisme soviétique, des Slaves aux Tziganes, des résistants aux homosexuels. En dépit de ses spécificités, l'Holocauste ne peut pas être arraché à ce contexte.

Bref, si l'on veut inscrire la Shoah dans son époque, son étude soulève des interrogations auxquelles il est impossible

3 Cette tendance est particulièrement visible chez un des principaux historiens de la Shoah, Raul Hilberg, *La Destruction des juifs d'Europe*, Fayard, Paris, 1988.

de répondre sans adopter une perspective comparative. Quelle est la place du nazisme au sein des fascismes européens ? Comment interagit-il avec le communisme soviétique ? Quelle relation entretient-il avec les génocides coloniaux de l'impérialisme allemand et européen, dont il est l'héritier ? Peut-on le rapprocher d'autres génocides – par exemple celui des Arméniens – qui se sont également déroulés lors d'une guerre totale ? Depuis une dizaine d'années, ces questions hantent la réflexion des chercheurs. Quand ces derniers ont reconnu que l'Holocauste était un objet historiographique, ils ont compris que, sans un effort de contextualisation, sa transformation en domaine d'investigation séparé et autonome risquait de devenir un obstacle épistémologique. En d'autres termes, la Shoah constitue aujourd'hui un test essentiel pour toute tentative d'historiciser le XXe siècle. Le résultat est que, après avoir été reconnue comme un événement « exceptionnel », elle apparaît maintenant comme une sorte de « modèle » permettant d'étudier d'autres violences [4].

Génocide

La genèse du concept de génocide renvoie à la fois à la singularité et à la comparabilité de la Shoah. D'une part, c'est elle qui l'a engendré pendant la Seconde Guerre mondiale ; d'autre part, il a pris immédiatement une dimension universelle, en entrant dans l'usage commun pour désigner les violences de masse qui ont jalonné l'histoire, bien avant le XXe siècle. L'usage de ce concept soulève cependant plusieurs problèmes d'ordre méthodologique, essentiellement liés à son origine juridique [5]. Forgé en 1943 par Raphaël

---

4 *Cf.* Wulf KANTSTEINER, « From exception to exemplum. The new approach to nazism and the Final Solution », *History and Theory*, 1994, vol. 33, n° 2, p. 145-171.

5 *Cf.* Eric WENZEL, « Le massacre dans les méandres de l'histoire du droit », *in* David EL KENZ (dir.), *Le Massacre, objet d'histoire*, Gallimard, Paris 2005, p. 25-45.

Lemkin, un juriste d'origine judéo-polonaise exilé aux États-Unis, il sera adopté par l'ONU en décembre 1948 dans une résolution extrêmement synthétique visant à définir et poursuivre une série d'actes que la Cour pénale de Nuremberg avait déjà inclus dans son statut, trois ans auparavant, au titre de « crimes contre l'humanité [6] ». La résolution de 1948 est à la fois extensive et réductrice. Extensive, car elle a tendance à classer à l'intérieur de la catégorie de génocide un ensemble d'actes très différents, bien que convergeant tous vers « l'intention de détruire, complètement ou en partie, un groupe national, ethnique, racial ou religieux en tant que tel ». Lemkin appliquait ce nouveau concept aussi bien à l'extermination des juifs qu'à la persécution des Slaves ou au transfert forcé de populations mis en œuvre par les nazis en Belgique et en Alsace à partir de 1940. De manière tout à fait similaire, la résolution de l'ONU assimile le génocide, l'ethnocide et l'épuration ethnique, en mettant sur le même plan l'extermination physique d'un groupe, la destruction de son identité culturelle et sa déportation. En même temps, la résolution de 1948 définit le génocide de manière réductrice, en excluant de son domaine toute violence de nature purement politique [7]. Partant de ce constat, les sociologues Ted Gurr et Barbara Harff ont forgé le concept de « politicide [8] », qui possède une plus grande rigueur analytique, mais comporte le risque d'engendrer une prolifération sémantique parfois incompréhensible. Élaborée en termes juridiques pour prévenir et punir les coupables de ces actes criminels, la notion de génocide possède,

6 *Cf.* Raphaël Lemkin, *Qu'est-ce qu'un génocide ?*, Éditions du Rocher, Paris, 2008 (voir en annexe le texte de la Convention de 1948, p. 259-266).

7 *Cf.* Omer Bartov, « Seeking the roots of modern genocide. On the macro- and microhistory of mass murder », *in* Robert Gelatelly et Ben Kiernan (dir.), *The Specter of Genocide. Mass Murder in Historical Perspective*, Cambridge University Press, New York, 2003, p. 77.

8 Barbara Harff et Ted Gurr, « Toward empirical theory of genocides and politicides. Identification and measurement of cases since 1945 », *International Studies Quarterly*, 1988, vol. 32, n° 3, p. 359-371. Sur le concept de politicide, voir aussi Ben Kiernan, « Sur la notion de génocide », *Le Débat*, mars-avril 1999, p. 179-192.

en dernière analyse, une pertinence limitée pour l'historien qui ne doit pas formuler des sentences de culpabilité ou d'innocence, mais essayer d'interpréter une époque et des événements, en les problématisant, en retraçant leur profil, en saisissant leurs causes et leur dynamique, en pénétrant l'univers mental de leurs acteurs.

Se fondant sur la définition extensive de 1948, certains chercheurs ont appliqué le concept de génocide aux bombardements anglo-américains sur les villes allemandes pendant la Seconde Guerre mondiale [9], à la bombe atomique larguée sur Hiroshima et Nagasaki [10], ainsi qu'à la catastrophe écologique de Tchernobyl [11]. Plus récemment, il a été adopté par les associations de défense des droits de l'homme d'Argentine et du Chili qui demandent justice pour les crimes des dictatures militaires des années 1970, en imposant leur lexique tant aux médias qu'aux sciences sociales [12]. Le langage juridique s'est ainsi généralisé en favorisant une comparaison fondée bien davantage sur des critères politiques et judiciaires (la reconnaissance de crimes restés impunis) que sur des préoccupations d'ordre épistémologique (l'affinité historique entre des événements de nature différente). Selon Henry Huttenbach, « trop souvent, le grief de génocide a été formulé simplement pour produire un effet émotionnel ou pour atteindre un but politique, avec la conséquence qu'un nombre croissant d'événements ont été qualifiés de génocides, en vidant ce terme de sa signification originaire [13] ».

---

9 Eric MARKUSEN, *The Holocaust and Strategic Bombing. Genocide and Total War in the Twentieth Century*, Westview Press, Boulder, 1995.

10 Leo KUPER, *Genocide. Its Political Use in Twentieth Century*, Yale University Press, New Haven, 1981.

11 Israel W. CHARNY, « Toward a generic definition of genocide », *in* George J. ANDREOPULOS (dir.), *Genocide. Conceptual and Historical Dimensions*, University of Pennsilvania Press, Philadelphie, 1994, p. 64-94.

12 Par exemple Daniel FEIERSTEIN, *Seis estudios sobre genocidio. Análisis de las relaciones sociales : otredad, exclusión y exterminio*, Eudeba, Buenos Aires, 2000.

13 Henry HUTTENBACH, « Locating the Holocaust under the genocide spectrum. Toward a methodology and a categorization », *Holocaust and Genocide Studies*, 1988, vol. 3, n° 3, p. 289-303.

Dans la plupart des cas, les travaux qui essaient, en partant d'une perspective comparative, d'esquisser les grandes lignes d'une théorie générale du génocide, se limitent à indiquer certains traits communs aux violences de masse. Tout d'abord, le classement des populations ; puis la fragilisation et la stigmatisation d'un groupe désigné comme ennemi ou nuisible sur les plans politique, religieux ou ethnique ; enfin, la déportation et l'extermination des victimes par un régime qui centralise les moyens coercitifs de l'État. Le « type idéal » qui en découle est certes cohérent et utile, mais il a le défaut d'être purement descriptif [14]. Afin d'éviter les écueils des interprétations monocausales qui mettent sur le même plan des idéologies extrêmement différentes et contradictoires, certains chercheurs ramènent les génocides à des politiques « révolutionnaires [15] ». Mais ce déplacement sémantique n'est pas très efficace, car après y avoir inclus le nationalisme des Jeunes Turcs, le communisme totalitaire de Staline et le racisme biologique nazi, c'est le concept de « révolution » lui-même qui devient incompréhensible et incohérent.

Face à un usage extensif et à leurs yeux inapproprié de la notion de génocide, d'autres ont proposé de la restreindre de façon radicale ou de fixer une sorte de hiérarchie des génocides, dans laquelle la Shoah occuperait une position à part. S'appuyant sur le critère décisif de l'*intentionnalité*, l'historien Bernard Bruneteau exclut les massacres coloniaux de la catégorie des génocides modernes, dont la Shoah constituerait l'apogée [16]. Steven Katz, quant à lui, considère que le concept de génocide ne devrait désigner que l'Holocauste, tandis que Yehuda Bauer préfère distinguer entre les génocides

---

14 Voir par exemple Helen Fein, *Genocide. A Sociological Perspective*, Sage Publications, Londres, 1990, ou Yves Ternon, *L'État criminel. Les génocides au XXe siècle*, Seuil, Paris, 1995.

15 Robert Melson, *Revolution and Genocide. On the Origins of the Armenian Genocide and the Holocaust*, University of Chicago Press, Chicago, 1992, et Eric D. Weitz, *A Century of Genocide. Utopias of Race and Nation*, Princeton University Press, 2003.

16 Bernard Bruneteau, *Le Siècle des génocides*, Armand Colin, Paris, 2004.

« ordinaires » et l'Holocauste, ce dernier se distinguant à son avis des autres par son caractère *total*[17]. Quoique exprimées dans le langage des sciences sociales, toutes ces interprétations sont en réalité motivées par la volonté d'attribuer un statut particulier à la Shoah au sein de la mémoire collective. Faisant le constat de cette interférence permanente entre combats mémoriels et querelles interprétatives, le politologue Jacques Sémelin a suggéré de « laisser au terme "génocide" ses usages identitaires, militants et juridiques », en privilégiant dans les sciences sociales les notions de « violences de masse » ou de « violences extrêmes »[18]. Même sans suivre à la lettre ses indications, il sera utile de les garder à l'esprit en réfléchissant sur la pertinence et les limites de la comparaison entre la Shoah et les autres violences du XXe siècle. En effet, étudier la Shoah signifie se confronter à une série de problèmes qui transcendent de loin le concept de génocide et sollicitent le recours à d'autres catégories analytiques. Comme nous le verrons, l'Holocauste condense, en les rendant inextricables, plusieurs nœuds fondamentaux des violences modernes : la relation entre guerre totale et épuration ethnique, entre colonisation et extermination, entre totalitarisme et système concentrationnaire, entre violence politique et violence raciale.

Antisémitisme et racisme

Étudier la Shoah dans une perspective comparative signifie saisir les spécificités de l'antisémitisme nazi par rapport aux autres formes d'antisémitisme existant en Europe et aux autres formes de racisme qui ont accompagné, à différentes

---

17 Steven KATZ, « The uniqueness of the Holocaust. The historical dimension », *in* Alan S. ROSENBAUM (dir.), *Is the Holocaust Unique ? Perspectives on Comparative Genocide*, Westview Press, Boulder et Oxford, 1996, p. 19-38 ; Yehuda BAUER, *Repenser l'Holocauste*, Éditions Autrement, Paris, 2002, p. 23.

18 Jacques SÉMELIN, *Purifier et Détruire. Usages politiques des massacres et génocides*, Seuil, Paris, 2005, p. 380-381.

époques, d'autres massacres ou génocides. L'antisémitisme n'est pas qu'un discours ou une idéologie ; il s'agit d'un ensemble de représentations, d'un imaginaire, d'une culture et de pratiques sociales qui forgent une identité collective.

L'antisémitisme nazi s'est enraciné dans un préjugé ancien, qui appartient à l'histoire européenne, et s'est transformé dans la modernité. Dès la seconde moitié du XIXe siècle, ce préjugé exprimait une réaction répandue à l'égard de l'émancipation des juifs et permettait de coaguler, comme un élément de démarcation négative – en fonctionnant comme un *code culturel* – une identité collective incertaine, incapable de trouver les mythes fondateurs d'un récit national positif [19]. « Inventée » par en haut, bouleversée par un processus de modernisation extrêmement rapide, intensif et déchirant, la nation a dû se replier sur elle-même, en se concevant comme une communauté d'exclusion : être allemand signifiait, avant tout, ne pas être juif. Après la Grande Guerre, Hitler a réussi à donner à cet antisémitisme un caractère nouveau, syncrétique et radical. *Mein Kampf* parvient en effet à articuler, bien que sous des formes grossières et approximatives, le racisme biologique de type scientiste, le darwinisme social, qui préconise une sélection naturelle des races, les stéréotypes sociaux de l'antisémitisme traditionnel et les nouveaux mythes politiques axés autour du juif comme archétype du révolutionnaire et du subversif. Hitler a conféré à ce mélange une dimension politique inédite : il a d'abord identifié les juifs au libéralisme et au bolchevisme, puis il a indiqué la voie d'une renaissance de l'Allemagne par la lutte contre ses ennemis : les démocraties occidentales et surtout l'URSS. Pendant la Seconde Guerre mondiale, cette lutte s'est transformée en une *croisade*, un combat chargé d'une force religieuse, vécu comme une croyance, une lutte titanesque et apocalyptique. Il s'agit cependant, comme l'a observé Philippe Burrin, d'une

---

19 *Cf.* Shulamit VOLKOV, « Antisemitismus als kultureller Code », *Jüdisches Leben und Antisemitismus im 19. und 20. Jahrhundert*, C. H. Beck, Munich, 1990, p. 13-36.

Apocalypse sans intervention divine, privée de toute dimension eschatologique, entièrement déployée sous des formes séculières [20]. C'est dans ce sens que, comme nous l'avons vu dans le chapitre précédent, Saul Friedländer qualifie l'antisémitisme nazi de « rédempteur [21] ». À la différence de l'antisémitisme traditionnel, qui fait du juif un bouc émissaire, l'antisémitisme rédempteur n'agit plus comme un simple code culturel pour se transformer en politique d'extermination.

Si l'antisémitisme nazi n'avait pas d'équivalent en dehors de l'Allemagne, les matériaux qui composaient sa synthèse étaient disponibles, à une vaste échelle, dans l'ensemble du monde occidental. Le darwinisme social était né en Angleterre, tandis que l'eugénisme avait trouvé une formulation théorique et des applications pratiques dans plusieurs pays. L'anthropologue social français Georges Vacher de Lapouge, auteur de *L'Aryen, son rôle social* (1899), préconisait l'amélioration de la race par une sélection planifiée. Le futur président américain Theodore Roosevelt, quant à lui, avait élaboré un programme de stérilisation et de détention des catégories sociales dangereuses dans un manuel raciste intitulé *The Winning of the West* (1911) [22].

Si la comparaison se déplace vers les idéologies racistes qui ont inspiré d'autres violences de masse, les affinités et les différences avec la Shoah apparaissent assez clairement. Les massacres coloniaux présentent un caractère instrumental qui est absent dans l'Holocauste. L'extermination des populations indigènes n'a presque jamais été une finalité, mais essentiellement un moyen pour atteindre d'autres buts, tels que l'appropriation de leurs terres et de leurs ressources ou la répression de leur résistance face à la conquête. Les idéologies et la littérature

---

20 Philippe Burrin, *Ressentiment et Apocalypse. Essai sur l'antisémitisme nazi*, Seuil, Paris, 2004, ch. 3.

21 Saul Friedländer, *L'Allemagne nazie et les Juifs. I. Les années de persécution 1933-1939*, Seuil, Paris, 1997, ch. 3.

22 Sur l'histoire de l'eugénisme, *cf.* André Pichot, *La Société pure. De Darwin à Hitler*, Flammarion, Paris, 2000.

qui les justifient, cependant, sont souvent aussi radicales et « scientifiquement » argumentées que l'antisémitisme nazi (dont elles constituent une des prémisses). En 1864, la Société anthropologique de Londres organisait un congrès dans lequel l'un des principaux collaborateurs de Darwin, Alfred Russel Wallace, présentait l'« extinction des races inférieures » dans le monde colonial comme une illustration de la « loi de la sélection naturelle »[23]. Dans *Social Evolution*, un manuel de darwinisme social parmi les plus lus à la fin du XIXe siècle, Benjamin Kidd réaffirmait cette idée, en soulignant que les « méthodes rudes de la conquête » se limitaient à accélérer les effets d'une loi naturelle[24]. La propagande qui accompagnait ces massacres rappelle, à certains égards, les directives données à la Wehrmacht sur le front oriental, à partir de l'été 1941, expliquant la nécessité de procéder à l'extermination des juifs, à l'élimination des commissaires politiques de l'Armée rouge et à la soumission des *Untermenschen* slaves[25]. Nombreux sont les exemples qui pourraient illustrer ces affinités sémantiques, de la guerre d'Algérie de 1830 à celle d'Éthiopie de 1935 (des « enfumades » du maréchal Bugeaud aux bombardements chimiques de son homologue Badoglio[26]). En 1851, Peter Burnett, gouverneur du très jeune État de Californie, revendiquait une « guerre d'extermination [...] jusqu'à l'extinction des Peaux-Rouges[27] ».

---

23 Alfred Russel Wallace, « The origins of human races and the antiquity of man deduced from the theory of natural selection », *Journal of Anthropological Society*, 1864, p. CLXIV-CLXV. Voir à ce sujet Enzo Traverso, *La Violence nazie. Une généalogie européenne*, La Fabrique, Paris, 2002, ch. 2.

24 Benjamin Kidd, *Social Evolution*, MacMillan, New York, 1894, p. 48-49.

25 Voir un florilège de ces directives *in* Hannes Heer, « Der Logik des Vernichtungskrieges. Wehrmacht und Partisanenkampf », *in* Hannes Heer et Klaus Naumann (dir.), *Vernichtungskrieg. Verbrechen der Wehrmacht 1941 bis 1944*, Hamburger Edition, Hambourg, 1995, p. 104-156 ; Omer Bartov, *L'Armée d'Hitler. La Wehrmacht, les nazis et la guerre*, Hachette, Paris, 1999, p. 176-200.

26 *Cf.* Marc Ferro, « La conquête de l'Algérie », *in* M. Ferro (dir.), *Le Livre noir du colonialisme*, Robert Laffont, Paris, 2003, p. 490-502 ; Angelo Del Boca, *I gas di Mussolini. Il fascismo e la guerra d'Etiopia*, Editori Riuniti, Rome, 1996.

27 Cité *in* David E. Stannard, *American Holocaust. The Conquest of the New World*, Oxford University Press, New York, 1992, p. 144.

Quelques décennies plus tard, le président Theodore Roosevelt expliquait que l'anéantissement des Indiens avait été un fait « en dernière analyse bénéfique et inévitable [28] ». Tout aussi connu est l'« ordre d'anéantissement » (*Vernichtung Befehl*) donné par le général allemand von Trotha contre les Hereros en 1904, dont le langage – une « guerre raciale (*Rassenkampf*) » contre des « peuples déclinants (*sterbenden Völker*) » – préfigure la guerre nazie contre l'URSS et les juifs [29]. Dans ce cas, le comparatisme met en lumière aussi bien la singularité du nazisme par rapport à l'impérialisme classique – donc le caractère hétérogène de leurs crimes – que le rapport de filiation qui les unit. L'attention prêtée par l'historiographie à la comparaison du nazisme avec les violences coloniales est étonnamment faible, si l'on pense que la Shoah a été mise en œuvre au milieu d'une guerre contre l'URSS conçue comme une guerre coloniale classique. Dans cette guerre de conquête de l'« espace vital », la soumission des Slaves et l'élimination des juifs rapprochaient de façon emblématique deux figures négatives de l'altérité, construites depuis au moins deux siècles au sein de la culture européenne : le *juif* et l'*indigène* [30]. Cette lacune historiographique est un héritage de l'eurocentrisme longtemps dominant dans la culture occidentale.

De leur côté, les chercheurs de la mouvance postcoloniale ont tendance à renverser la perspective, en adoptant souvent une approche tout aussi unilatérale. Il en découle un clivage frappant entre les historiens. Pour les uns, la Shoah a été un événement unique ; pour les autres, l'énième massacre occidental. Citant Hannah Arendt, Saul Friedländer a écrit que les nazis s'étaient arrogé le droit de « décider qui doit et ne doit

---

28 *Ibid.*, p. 245.

29 *Cf.* Gesine KRÜGER, *Kriegsbewältigung und Geschichtbewusstsein. Realität, Deutung und Verarbeitung des deutschen Kolonialkriegs in Namibia 1904 bis 1907*, Vandenhoeck & Ruprecht, Göttingen, 1999, et Isabel HULL, *Absolute Destruction. Military Culture and the Practices of War in Imperial Germany*, Cornell University Press, Ithaca, 2005, ch. 2.

30 Voir Enzo TRAVERSO, *La Violence nazie*, *op. cit.*, p. 27.

pas habiter cette planète », en saisissant dans cette prétention « une sorte de limite théorique extérieure » qui, à ses yeux, « n'a été atteinte qu'une seule fois dans l'histoire moderne »[31]. Avec une attitude analogue, nous l'avons vu dans le chapitre précédent, d'autres ont perçu dans la Shoah un « *no man's land* de la compréhension[32] », voire un « massacre ontologique » irréductiblement singulier[33]. Par une sorte d'antinomie culturelle tout à fait symétrique, les historiens postcoloniaux ne sont guère enclins à reconnaître à la Shoah une quelconque unicité. « Du point de vue des chercheurs d'Asie et du tiers monde – a écrit à ce propos Vinay Lal –, l'Holocauste a transféré sur les peuples européens la violence que les puissances coloniales ont infligée aux "natifs" du monde entier pendant presque cinq siècles[34]. » Ce clivage, qui tient au fond à deux perspectives distinctes sur le passé, avait déjà trouvé son expression achevée dans la littérature. Dans *Les Naufragés et les Rescapés*, son dernier essai publié quelques mois avant sa mort, Primo Levi définit l'Holocauste comme un *unicum* de l'histoire. « Malgré l'horreur d'Hiroshima et Nagasaki, la honte des goulags, l'inutile et sanglante campagne du Vietnam, l'autogénocide cambodgien, les disparus d'Argentine, et toutes les guerres atroces et stupides auxquelles nous avons assisté ensuite – écrit-il dans les dernières lignes de sa préface –, le

31 Saul Friedländer, *Memory, History and the Extermination of the Jews of Europe*, Indiana University Press, Bloomington, 1993, p. 82-83. La citation est tirée d'Hannah Arendt, *Eichmann à Jérusalem. Rapport sur la banalité du mal*, Gallimard, Paris, 1991, p. 448.

32 Dan Diner, « Zwischen Aporie und Apologie », *in* Dan Diner (dir.), *Ist der Nationalsozialismus Geschichte ? Zu Historisierung und Historikerstreit*, Fischer, Francfort/Main, 1987, p. 73.

33 George Steiner, « La longue vie de la métaphore », *Écrits du temps*, 1987, n° 14-15, p. 16.

34 Vinay Lal, « Genocide, barbaric others, and the violence of categories », *American Historical Review*, 1998, vol. 103, p. 1188. Mais le postcolonialisme est présent aussi dans l'historiographie européenne. Selon Jürgen Zimmerer, la violence nazie présentait tous les traits d'un génocide colonial, seulement sous une forme plus « organisée, centralisée et bureaucratisée » (Jürgen Zimmerer, « Colonialism and the Holocaust. Towards an archeology of genocide », *in* Dirk Moses (dir.), *Genocide and Settler Society*, Barghahn Books, New York, 2004, p. 68).

système concentrationnaire nazi demeure une chose unique, tant par ses dimensions que par sa qualité [35]. » Pour Aimé Césaire, en revanche, le nazisme n'a été que la reproduction, à une petite échelle, de la violence coloniale. Dans un article écrit en 1948 pour le centenaire de l'abolition de l'esclavage en France, il suggère que « l'Allemagne nazie n'a fait qu'appliquer en petit à l'Europe ce que l'Europe occidentale a appliqué pendant des siècles aux races qui eurent l'audace ou la maladresse de se trouver sur son chemin [36] ». Quelques années plus tard, dans son *Discours sur le colonialisme*, il réaffirme cette idée en expliquant que la spécificité du nazisme consiste en l'adoption, vis-à-vis des peuples européens, « des procédés colonialistes dont ne relevaient jusqu'ici que les Arabes d'Algérie, les coolies de l'Inde et les nègres d'Afrique [37] ».

Plusieurs caractéristiques que l'on trouve concentrées dans l'Holocauste étaient présentes dans d'autres expériences historiques de violence de masse. La déportation, l'univers concentrationnaire, le travail forcé, le marquage des victimes, la rationalité administrative et la technologie meurtrière ne sont pas des spécificités nazies, car ils avaient déjà été expérimentés pendant des siècles, depuis les traites négrières jusqu'à la déportation des koulaks, en passant par le génocide des Arméniens [38]. Dans *Les Origines du totalitarisme*, Hannah Arendt avait

---

35 Primo LEVI, *Les Naufragés et les Rescapés. Quarante ans après Auschwitz*, Gallimard, Paris, 1989, p. 21.

36 Aimé CÉSAIRE, « Victor Schoelcher et l'abolition de l'esclavage », *in* Victor SCHOELCHER, *Esclavage et colonisation*, PUF, Paris, 1948, p. 18. Cité *in* Dino COSTANTINI, *Mission civilisatrice. Le rôle de l'histoire coloniale dans la construction de l'identité politique française*, La Découverte, Paris, 2008, p. 178. Les intellectuels afro-américains défendaient des positions analogues. *Cf.* Oliver COX et W.E.B. DU BOIS, *The World and Africa* (1947), cité *in* Dirk MOSES, « Empire, colony, genocide. Keywords and the philosophy of the history », *in* Dirk MOSES (dir.), *Empire, Colony, Genocide. Conquest, Occupation and Subaltern Resistance in World History*, Berghahn Books, New York, 2008, p. 35.

37 Aimé CÉSAIRE, *Discours sur le colonialisme*, Présence africaine, Paris, 2004, p. 14.

38 Voir par exemple, à propos de la déportation et du marquage des victimes, Seymour DRESCHER, « The Atlantic slave trade and the Holocaust. A comparative analysis », *in* Alan S. ROSENBAUM (dir.), *Is the Holocaust Unique ?*, *op. cit.*, p. 65-86.

saisi dans la synthèse entre administration et massacre réalisée par les Britanniques en Afrique une anticipation de la violence nazie [39]. La technologie particulière de la Shoah – les chambres à gaz – avait été mise au point entre 1939 et 1941, avec l'euthanasie des malades mentaux, un « holocauste » que Raul Hilberg considère à juste titre comme « la préfiguration conceptuelle en même temps que technique et administrative de la "Solution finale" [40] ». Nous pouvons bien qualifier la Shoah de crime « unique » dans l'histoire, mais il ne fait pas de doute qu'elle a eu des ancêtres et que sa singularité tenait surtout à la fusion de plusieurs éléments déjà présents, de façon séparée, dans l'histoire de l'Europe et du colonialisme. La sérialisation des pratiques de mise à mort avait été amorcée par la guillotine, à l'époque de la révolution industrielle, et puissamment accélérée par les massacres systématiques de la Grande Guerre, le trauma qui a fait découvrir à un continent la violence moderne et la mort anonyme de masse. Les ghettos, les liquidations à ciel ouvert, les déportations et les camps de la mort étaient strictement liés au projet nazi de colonisation de l'Europe centrale et orientale impliquant le transfert forcé et l'esclavage des populations slaves. La « Shoah par balles » était indissociable de la lutte contre les partisans (*Partisanenbekämpfung*) et de l'anéantissement du bolchevisme. En d'autres termes, l'Holocauste se présente comme une synthèse de massacre colonial, d'épuration ethnique, de *nation-building* totalitaire et de politicide. Ces traits expliquent son caractère paradigmatique aux yeux de plusieurs historiens des violences du XXe siècle. C'est ainsi que l'africaniste Jean-Pierre Chrétien a écrit à propos du génocide des Tutsis au Rwanda qu'il relevait d'une forme de « nazisme tropical », et que l'historien

---

39 Hannah ARENDT, *Les Origines du totalitarisme*, Gallimard, « Quarto », Paris, 2000, p. 187.

40 Raul HILBERG, *La Destruction des juifs d'Europe*, *op. cit.*, p. 757.

américain Ben Kiernan a saisi des affinités fondamentales entre la Shoah et le génocide des Khmers rouges au Cambodge [41].

Les acteurs mêmes de la Shoah, les exécuteurs comme les victimes, avaient tendance à la mettre en rapport à d'autres génocides, notamment celui des Arméniens pendant la Première Guerre mondiale. Hitler l'évoque lors d'un discours aux principaux responsables de la Wehrmacht réunis à Obersalzberg le 22 août 1939, à la veille de l'invasion de la Pologne. Après avoir décrit le caractère destructeur et meurtrier que prendrait inévitablement la guerre pour la conquête de l'« espace vital », il concluait son intervention par une question rhétorique qui se voulait rassurante : « Et enfin, qui se souvient encore aujourd'hui de l'anéantissement des Arméniens [42] ? » À cette date, un plan pour l'extermination des juifs n'existait pas encore, mais cette allusion fugace révèle une disposition mentale au massacre et indique un lien entre l'extermination des juifs et celle des Arméniens dont les nazis étaient conscients. Les juifs, de leur côté, avaient médité la tragédie arménienne et y avaient saisi tous les éléments d'une catastrophe qui menaçait de les anéantir. Comme l'a montré l'historienne Raya Cohen, *Les Quarante Jours du Musa Dagh* (1933), le roman de Franz Werfel décrivant la résistance arménienne à la persécution turque, était devenu une lecture très prisée dans le ghetto de Varsovie [43].

---

41 Jean-Pierre Chrétien, « Un nazisme tropical au Rwanda ? Image et logique d'un génocide », *Vingtième Siècle*, 1995, n° 48, p. 131-142 ; Ben Kiernan, *Le Génocide au Cambodge 1975-1979*, Gallimard, Paris, 1998.

42 Cité *in* Michael R. Marrus, *The Holocaust in History*, *op. cit.*, p. 20.

43 *Cf.* Raya Cohen, « Le génocide arménien dans la mémoire collective juive », *Les Cahiers du Judaïsme*, 1988, n° 3, p. 113-122 ; Franz Werfel, *Les Quarante Jours de Musa Dagh*, Le Livre de Poche, Paris, 1997.

Allemagne nazie et Espagne inquisitoriale

La comparaison entre l'antisémitisme racial de l'Allemagne nazie et le « protoracisme » de l'Espagne inquisitoriale alimente, depuis des décennies, un vaste débat. Des spécialistes du monde séfarade comme Yosef H. Yerushalmi et Benzion Netanyahu ont mis en lumière des affinités étonnantes entre les lois de Nuremberg de 1935 et les statuts de « pureté du sang » (*limpieza de sangre*) qui constituaient le socle juridique des persécutions des juifs et des musulmans, puis des convertis, dans l'Espagne du roi Fernando le Catholique et de la reine Isabelle de Castille [44]. Leurs travaux, cependant, se sont heurtés à des critiques qui – s'inspirant des interprétations classiques de l'Inquisition (Yitzhak Baer, Claudio Sánchez Albornoz) [45] – n'acceptent pas la comparaison entre des persécutions de matrice religieuse et des pratiques exterminatrices fondées sur un racisme moderne de type biologique. Un ouvrage récent de Christiane Stallaert rouvre la question en des termes nouveaux, en brisant les frontières d'une querelle purement historiographique et en adoptant une approche interdisciplinaire, nourrie des apports de la linguistique et de l'anthropologie [46]. À ses yeux, en dépit de leurs idéologies différentes liées à des contextes historiques et culturels évidemment inassimilables, le nazisme et le *casticisme* ne seraient que deux variantes d'un même ethnocentrisme « érigé en religion politique [47] ». Les deux ont développé leur propre lexique fait

44 Benzion Netanyahu, *The Origins of Inquisition in Fifteenth Century Spain*, Random House, New York, 1995, p. 1141-1146 ; Yosef H. Yerushalmi, « Assimilation et antisémitisme racial : le modèle ibérique et le modèle allemand », *Sefardica. Essais sur l'histoire des Juifs, des marranes et des nouveaux-chrétiens d'origine hispano-portugaise*, Chandaigne, Paris, 1998, p. 255-292.

45 Yitzhak Baer, *Historia de los judíos en la España cristiana*, Riopiedras, Barcelone, 1998 ; Claudio Sánchez-Albornoz, *España, un enigma historico* (1956), Edhasa, Barcelone, 1985, 2 vol.

46 Christiane Stallaert, *Ni una gota de sangre impura. La España inquisitorial y la Alemania nazi cara a cara*, Galaxia Gutenberg, Barcelona, 2006.

47 *Ibid.*, p. 22.

de mots souvent intraduisibles, sinon au prix d'imprécisions et de contresens, tels que les adjectifs *völkisch* ou *castizo*. À la différence du nationalisme *völkisch*, axé sur le mythe aryen et théorisé à l'aide du langage scientiste de la biologie raciale, le *casticisme* postulait la primauté d'une lignée chrétienne (*crisitanovieja*). Mais le hiatus de plusieurs siècles qui sépare la formulation de ces deux idéologies ne doit pas cacher leur racine commune : la définition d'une identité de groupe fondée sur un ethnocentrisme exclusif, négateur de toute forme d'altérité. Les affinités entre ces deux idéologies tiennent à d'étonnantes correspondances langagières : Hitler et les rois catholiques promettaient tous d'« anéantir » (*vernichten, aniquilar*) et d'« extirper » (*ausrotten, estirpar*) leurs ennemis : les juifs, les infidèles et les musulmans [48].

Le *casticisme* affichait son caractère religieux, mais révélait dans ses pratiques (ainsi que dans les dispositifs législatifs qui les justifiaient) sa nature de projet ethnocentrique. Brisant une tradition catholique qui, depuis le Moyen Âge, prônait la conversion des juifs – puis des musulmans – afin de les assimiler au sein de la communauté chrétienne, les rois espagnols ont développé, à partir du milieu du XVe siècle, une forme tout à fait nouvelle d'ethnocentrisme. La défense du catholicisme signifiait maintenant la préservation d'une lignée *cristianovieja* dont le corollaire inévitable était la traque, la discrimination et enfin la persécution des convertis (marranes et *moriscos*). Comme l'a montré Benzion Netanyahu dans *The Origins of Inquisition*, la grande majorité des victimes de l'Inquisition n'étaient pas des crypto-juifs ou des *moriscos* qui pratiquaient en cachette leur ancienne foi, mais des nouveaux-chrétiens qui se considéraient catholiques et qui étaient perçus comme tels par leur environnement. Par conséquent, leur persécution ne tenait pas à leur religion mais à leur origine « impure ». Les lois sur la *limpieza de sangre* ont donc constitué un dispositif raciste *ante litteram* qui dévoilait la

---

48 *Ibid.*, p. 105-106.

vraie nature ethnocentrique du combat pour la défense de la religion catholique. Il s'agissait, en d'autres termes, d'une politique raciste qui utilisait des arguments « conformes au système moral dominant [49] ».

Inversement, les lois raciales élaborées par le nazisme affichaient leur caractère séculier et revendiquaient un statut scientifique – elles prétendaient calculer la quantité de sang aryen et juif présent en chaque individu, et définissaient ainsi différentes catégories de métis (*Mischlinge*) –, mais leur application restait forcément liée aux listes recensant les membres des communautés israélites. Autrement dit, un *Mischling* de deuxième degré (possédant un quart de sang juif) était un individu dont un grand-parent appartenait à une *jüdische Gemeinde*, c'est-à-dire à une communauté religieuse [50]. Ce chassé-croisé montre à la fois la dimension moderne de l'obscurantisme catholique et les traits archaïques de l'antisémitisme racial, incapable de s'affranchir de sa matrice religieuse. Aussi bien dans l'Espagne inquisitoriale que dans l'Allemagne nazie, les dispositifs de persécution avaient plusieurs ressorts – éliminer les juifs et les convertis de la fonction publique, les exclure des privilèges ecclésiastiques, frapper des couches sociales dynamiques qui risquaient de déstabiliser les structures traditionnelles de la société, consolider le pouvoir politique en exploitant les préjugés populaires, etc. –, mais leur base demeurait raciale.

Deux années marquent des tournants historiques majeurs : 1492 et 1941. Acte de naissance conventionnel du monde moderne, l'année 1492 a été un carrefour où ont convergé trois événements décisifs : non seulement la découverte du Nouveau Monde, mais aussi l'achèvement de la *Reconquista*, lors de la chute de Grenade, et le début de l'expulsion des juifs et des musulmans de l'Espagne christianisée. L'année 1941, de son côté, a constitué une étape cruciale dans

49 Benzion Netanyahu, *The Origins of Inquisition*, *op. cit.*, p. 925.

50 *Cf.* Saul Friedländer, *L'Allemagne nazie et les Juifs, I*, *op. cit.*, ch. 5.

le déroulement de la Seconde Guerre mondiale avec l'offensive allemande contre l'Union soviétique, dans laquelle les différents objectifs de la guerre nazie se sont « synchronisés » dans un *Blitzkrieg* d'une férocité et d'une violence extraordinaires. Au-delà des asymétries évidentes de cette comparaison – l'année 1492 couronnait une reconquête amorcée quelques siècles plus tôt, alors que l'année 1941 marquait le début d'une offensive qui échouera en deux ans et demi –, quelques analogies s'imposent. La *Reconquista* ne se limitait pas à la christianisation des anciens territoires musulmans : elle impliquait leur recolonisation par des groupes de vieille souche chrétienne, de même que la conquête du *Lebensraum* était conçue par les nazis comme un processus de colonisation intensive de l'Europe orientale par des populations de souche germanique (*Volksdeutsche*). L'Espagne s'est vidée de ses juifs et de ses musulmans, expulsés ou convertis, tandis que les juifs d'Europe centrale et orientale ont été exterminés. Le génocide des populations indigènes dans le Nouveau Monde répondait à des critères similaires : elles ont été la cible d'une campagne d'anéantissement qui les assimilait tantôt à une sous-humanité bestiale, tantôt aux infidèles et aux « impures ». Autrement dit, la conquête du Nouveau Monde impliquait à la fois sa christianisation et sa colonisation par des groupes vieux-chrétiens. Il s'agit là d'un élément essentiel du génocide qui, certes, n'annule pas les autres – la dimension « microbienne », la fragmentation des sociétés indiennes, la supériorité technique des Espagnols, la fragilité des civilisations mésoaméricaines confrontées au clash avec le monde occidental [51] –, mais sans lequel l'ensemble du processus resterait incompréhensible. Les idéologues qui théorisaient et justifiaient ces formes de persécution n'étaient pas les mêmes : des théologiens dans l'Espagne inquisitoriale, des technocrates et des scientifiques

51 La référence en la matière demeure Carmen Bernard et Serge Gruzinski, *Histoire du Nouveau Monde, I. De la découverte à la conquête, une expérience européenne, 1492-1550*, Fayard, Paris, 1991.

(médecins, eugénistes, anthropologues, démographes, économistes) dans l'Allemagne nazie, mais dans les deux cas leurs choix étaient mis en exécution par les moyens dont disposaient deux États parmi les plus puissants de leurs époques respectives. Le Saint Office, suggère Stallaert, a joué en Espagne un rôle comparable à celui de la Gestapo dans le Troisième Reich [52]. L'expulsion des juifs et des musulmans fut mise en œuvre en mobilisant les ressources des entreprises commerciales et maritimes de plusieurs pays européens, ce qui supposait un dispositif bureaucratique et technique qui pourrait bien être considéré comme l'équivalent, dans l'Europe de la fin du XVe et du début du XVIe siècle, de la machine de persécution et d'extermination nazie pendant la Seconde Guerre mondiale [53]. Dans cette perspective, Goebbels ne serait que la version séculière de Torquemada.

Si le concept de génocide est certes valable pour la conquête du Nouveau Monde, son application dans le cas du *casticisme* monarchique espagnol apparaît plus discutable. Prenant en considération les précédents historiques de l'Holocauste, Raul Hilberg distingue plusieurs étapes – conversion, expulsion, annihilation –, en précisant que le nazisme reste le seul à avoir atteint la dernière. Expliquant que le processus de destruction nazi « ne se développa nullement par génération spontanée », mais fut le résultat d'une « évolution cyclique », il esquisse le schéma suivant : « Les missionnaires du christianisme avaient fini par dire en substance : "Vous n'avez pas le droit de vivre parmi nous si vous restez juifs." Après eux, les dirigeants séculiers avaient proclamé : "Vous n'avez pas le droit de vivre parmi nous." Enfin, les nazis allemands décrétèrent : "Vous n'avez pas le droit de vivre" [54]. » Les juifs et les musulmans résidant dans l'Espagne inquisitoriale étaient

52 Christiane Stallaert, *Ni una gota de sangre impura*, *op. cit.*, p. 200.

53 *Ibid.*, p. 294-295.

54 Raul Hilberg, *La Destruction des juifs d'Europe*, *op. cit.*, p. 16.

confrontés à une alternative, la conversion ou l'expulsion, mais ils n'ont pas été les victimes d'un génocide [55].

Les historiens qui ont établi un parallèle entre l'antisémitisme nazi et le racisme de l'Inquisition espagnole ont constaté des affinités phénoménologiques, pas des homologies. Yerushalmi insiste particulièrement sur cet aspect : « Quoique obsessionnel et fondé sur des arguments théoriques, le racisme qui sous-tendait les statuts de pureté de sang n'avait pas les prétentions totalisantes des idéologies modernes. L'Inquisition, en dépit de tous ses excès, n'était pas la Gestapo ; les antisémites espagnols et portugais n'étaient pas des nazis. Point de génocide ici. Les théoriciens les plus virulents de la *limpieza* ne prêchèrent jamais l'extermination physique des nouveaux-chrétiens, au pire leur expulsion [56]... » Selon Yerushalmi, les nazis ne devaient rien à leurs ancêtres ibériques, dont les pratiques racistes et antisémites n'ont jamais été pour eux une source d'inspiration. Stallaert est bien obligée de le reconnaître, en suggérant à ce propos l'idée d'une rencontre ratée [57]. Hitler était partagé, vis-à-vis de l'Espagne, entre l'admiration et le mépris : l'admiration pour un empire qui avait rayonné dans le passé et qui avait été capable d'expulser ses ennemis au moment de son essor ; le mépris pour les colonisateurs du Nouveau Monde, qui avaient créé un gigantesque *melting-pot* à l'échelle d'un continent. Dans *Mein Kampf*, il faisait l'éloge de la colonisation anglo-saxonne qui – en Amérique – avait débouché sur l'extermination quasi totale des indigènes et sur l'installation d'un système solide de ségrégation raciale. De son côté, Francisco Franco réaffirmait la nature religieuse de son

---

55 Henry KAMEN, « The secrets of the Inquisition », *The New York Review of Books*, 1996, vol. 43, n. 2. L'idée de génocide est sous-jacente à toute l'argumentation de Stallaert, qui utilise systématiquement des expressions telles que « dynamique génocidaire », « deux totalitarismes », « sociétés exécutrices », « "Solution finale" de la question *morisca* » (*Ni una gota de sangre impura, op. cit.*, p. 75, 193, 307, 289).

56 Yosef Haym YERUSHALMI, « L'antisémitisme racial est-il apparu au XXe siècle ? De la *limpieza de sangre* espagnole au nazisme : continuités et ruptures », *Esprit*, mars-avril 1993, p. 49-50.

57 Christiane STALLAERT, *Ni una gota de sangre impura, op. cit.*, p. 373.

antisémitisme, héritier d'une tradition *castiza* étrangère au racisme biologique de son allié allemand.

Sur le plan idéologique, le nazisme était un mélange singulier d'anti-Lumières, de contre-révolution et de culte de la technique moderne, de l'eugénisme et du racisme biologique. Il partageait avec le franquisme les deux premières composantes de ce mélange, pas les autres. Dans sa croisade contre l'*anti-España*, le franquisme pouvait « racialiser » l'ennemi (le « rouge », le juif, l'infidèle), mais sa violence éradicatrice avait l'ambition de restaurer l'« Espagne éternelle », en s'appuyant sur ses forces traditionnelles, pas de bâtir un État racial fondé sur des pratiques eugénistes d'euthanasie et de génocide. Il n'est pas inutile de rappeler que le seul projet authentiquement fasciste surgi en Espagne, celui de la première Phalange, se définissait idéologiquement comme une alternative au *casticisme*. Comme l'a brillamment montré Ismael Saz Campos, l'édification du régime franquiste impliquait une catholicisation de la Phalange et l'abandon de ses ambitions totalitaires, grâce à une métamorphose qui s'est amorcée dès la fin de la guerre civile. Née comme un mouvement nationaliste et raciste résolument moderne, la Phalange se transforma en « gardienne de la Foi » [58].

Tous ces clivages indiquent un obstacle supplémentaire à la comparaison entre le nazisme et le *casticisme* qui tient à l'écart de leurs durées et rend pratiquement impossible un rapprochement diachronique. Nous sommes confrontés d'un côté à une expérience historique étalée sur toute une époque, à cheval sur plusieurs siècles ; de l'autre, à un régime qui a profondément marqué l'histoire du XXe siècle mais dont l'existence a été bien éphémère. Si le génocide des juifs a eu un caractère foudroyant, entre 1941 et 1945, celui des indigènes du Nouveau Monde s'est poursuivi pendant un siècle, en débouchant sur la christianisation et l'assimilation culturelle

58 Ismael Saz Campos, *España contra España. Los nacionalismos franquistas*, Marcial Pons, Madrid, 2003, p. 319.

– ou plutôt sur une forme inédite de syncrétisme culturel – des survivants. À plusieurs siècles de distance, l'héritage de la Conquête est un continent métissé. L'utopie hitlérienne de la conquête de l'« espace vital » allemand, quant à elle, a été une parabole de courte durée, née dans l'euphorie de l'attaque de juin 1941 contre l'URSS et naufragée dans les souffrances de Stalingrad, en janvier 1943.

Les persécutions inquisitoriales (et le génocide des indigènes dans le Nouveau Monde) inscrivent à part entière l'Espagne dans l'histoire du racisme occidental ; elles lui attribuent même un rôle pionnier. Cela ne nous autorise pas pour autant à situer en Espagne les origines du nazisme.

Totalitarisme

Depuis plus d'un demi-siècle, les violences politiques sont comparées à l'aide du concept de totalitarisme, un des grands *topos* de l'histoire intellectuelle du XXe siècle [59]. Dans le cadre de la théorie et de la science politiques, qui s'occupent de la définition de la nature et des formes du pouvoir, en élaborant une typologie des régimes politiques, ce concept est aujourd'hui quasi unanimement accepté. Peu d'analystes oseraient contester l'émergence, au cours du XXe siècle, de systèmes de domination qui n'entrent pas dans les catégories traditionnelles – dictature, tyrannie, despotisme – élaborées par la pensée politique classique, depuis Aristote jusqu'à Weber. La définition que Montesquieu fait du « despotisme » – un pouvoir absolu et arbitraire, sans loi, fondé sur la peur – s'adapte mal à ces régimes. Le XXe siècle a donné naissance à des pouvoirs caractérisés, selon la

59 Pour une synthèse, *cf.* Enzo TRAVERSO (dir.), *Le Totalitarisme. Le XXe siècle en débat*, Seuil, Paris, 2001 ; Abbott GLEASON, *Totalitarianism. The Inner History of the Cold War*, Oxford University Press, New York, 1995 ; et Wolfgang WIPPERMANN, *Totalitarismustheorien*, Primus Verlag, Darmstadt, 1997.

définition de Hannah Arendt, par une fusion inédite d'*idéologie* et de *terreur*, qui ont cherché à remodeler globalement la société par la *violence*. Dans le cadre de l'historiographie et de la sociologie politique, au contraire, l'idée de totalitarisme est loin de faire l'unanimité. Elle apparaît limitée, étroite, ambiguë, pour ne pas dire inutile si l'on veut saisir, au-delà des affinités superficielles des systèmes politiques « totalitaires », leur nature sociale, leur origine, leur genèse, leur dynamique globale, leurs aboutissements. Selon sa définition classique – systématisée durant les années 1950 par Carl Friedrich et Zbigniew Brzezinski –, le totalitarisme suppose différents éléments corrélés et indissociables, également présents dans le nazisme et dans le communisme. Tout d'abord, la suppression de l'État de droit fondé sur la séparation des pouvoirs – donc la domination de l'exécutif – et l'élimination de la démocratie représentative, qui reconnaissent les libertés individuelles et collectives par une charte constitutionnelle. Deuxièmement, l'introduction de la censure et l'instauration du monopole étatique sur les moyens de communication afin d'imposer une idéologie officielle. Troisièmement, un parti unique dirigé par un chef charismatique, objet d'un culte presque religieux exercé par la masse de ses adeptes. Quatrièmement, la violence comme forme de gouvernement, grâce à la mise en place d'un système concentrationnaire tendant à l'exclusion sinon à l'élimination des adversaires politiques et des groupes ou individus considérés comme étrangers à une communauté homogène sur les plans politique, national ou racial. Enfin, un fort interventionnisme étatique marqué par une planification autoritaire et centralisée de l'économie [60]. Bien que l'on puisse facilement repérer l'ensemble de ces caractéristiques dans le nazisme et dans le communisme soviétique, force est de constater que cette définition est pour le moins statique et superficielle. Dans ses formes idéal-typiques,

---

60 Carl Friedrich et Zbigniew Brzezinski, *Totalitarian Dictatorship and Autocracy*, Harvard University Press, Cambridge, 1956.

le totalitarisme est un modèle abstrait qui, souvent, correspond davantage aux fantaisies littéraires de George Orwell qu'au fonctionnement réel des régimes fascistes ou communistes. Un simple regard sur l'origine, l'évolution et le contenu social de ces régimes, révèle des différences très profondes quant à leur durée, leur idéologie et leur contenu social. Leur *durée* : le nazisme a connu une radicalisation progressive pendant douze ans, jusqu'à sa chute finale ; l'URSS une succession d'étapes (révolutionnaire, autoritaire, totalitaire et post-totalitaire) étalées sur soixante-dix ans. Leur *idéologie* : le stalinisme revendiquait, radicalisait et caricaturait l'héritage des Lumières ; le nazisme créait une synthèse étonnante de scientisme et de *Gegen-Aufklärung* radicale. Leur *contenu social* : grâce à une révolution, le communisme a exproprié les anciennes élites dominantes et étatisé l'économie, alors que le régime hitlérien a préservé le système capitaliste.

Bien qu'extrêmes l'une et l'autre, les violences totalitaires étaient aussi de natures différentes. Celle du communisme soviétique a été essentiellement *interne* à la société qu'elle cherchait à soumettre, normaliser, discipliner, mais aussi à transformer et moderniser par des méthodes autoritaires, coercitives et criminelles. Les victimes du stalinisme ont presque toujours été des citoyens soviétiques. La violence du nazisme, au contraire, a été essentiellement projetée vers l'*extérieur*[61]. Après une première phase de « normalisation » répressive de la société allemande (*Gleichschaltung*), intense mais rapide, la violence nazie s'est déchaînée au cours de la guerre comme une vague de terreur rigoureusement codifiée. Dirigée d'abord contre des groupes humains et sociaux exclus de la communauté du *Volk* (juifs, Tziganes, handicapés, homosexuels), elle s'est ensuite étendue aux populations slaves, aux prisonniers de guerre et aux déportés antifascistes

61 *Cf.* Ulrich Herbert, « Nazismo e stalinismo. possibilità e limiti di un confronto », *in* Marcello Flores (dir.), *Nazismo, fascismo, comunismo. Totalitarismi a confronto*, Bruno Mondadori, Milan, 1998, p. 37-66.

(dont le traitement répondait à une hiérarchie raciale précise). Un analyste lucide comme Raymond Aron a clairement indiqué la différence entre le stalinisme et le nazisme : le premier a abouti au *camp de travail*, soit une forme de violence liée à un projet de transformation autoritaire de la société ; le second à la *chambre à gaz*, c'est-à-dire l'extermination comme finalité en soi, inscrite dans un dessein de purification raciale [62]. Ils déployaient aussi deux modèles antinomiques de rationalité. D'une part, une rationalité des fins (moderniser la société) accompagnée par une irrationalité foncière des moyens employés (travail forcé, exploitation « militaro-féodale » de la paysannerie, etc.) ; d'autre part, une rationalité instrumentale poussée à l'extrême (l'extermination conçue selon les méthodes de la production industrielle) mise au service d'un but social complètement irrationnel (la domination du *Volk* germanique). Cette différence n'est pas marginale, mais elle échappe au concept de totalitarisme qui se limite à prendre en considération les analogies. Dans les camps d'extermination nazis, les méthodes de production industrielle, les règles d'administration bureaucratique, la division du travail, les résultats de la science (le zyklon B) étaient utilisés dans le but d'éliminer un peuple considéré comme incompatible avec l'ordre « aryen ». Durant la guerre, la politique nazie d'extermination s'est révélée irrationnelle, même sur les plans économique et militaire, puisqu'elle a été réalisée grâce à la mobilisation de ressources humaines et de moyens matériels soustraits de fait à l'effort de guerre et en détruisant une partie de la force de travail présente dans les camps. En URSS, en revanche, les déportés (*zek*) étaient « utilisés » et « consumés » par millions pour déboiser des régions, extraire des minerais, construire des voies ferrées et des lignes électriques, certaines fois pour créer de véritables centres urbains. Des procédés « barbares » et coercitifs, qui

62 Raymond Aron, *Démocratie et Totalitarisme*, Gallimard, « Folio », Paris, 1965, p. 298-299.

s'apparentaient souvent à des formes d'« extermination par le travail », étaient adoptés pour moderniser le pays et construire le socialisme. Selon Anne Applebaum, le paradoxe du stalinisme réside dans le fait que ce fut le Goulag qui « apporta la civilisation » en Sibérie. Pendant les années 1930, les camps soviétiques étaient devenus d'« authentiques colosses industriels » dans lesquels travaillaient deux millions de déportés [63]. Dans l'Allemagne nazie, à l'opposé, les méthodes les plus avancées de la science, de la technique et de l'industrie étaient utilisées pour détruire des vies humaines. Dans les KZ, à proprement parler, il ne s'agissait pas d'esclavage ayant une finalité économique, mais de « transformation du travail humain en travail de terreur », car « l'intensification du travail des détenus était uniquement un changement de degré dans la terreur » [64]. Dans le cas des camps d'extermination, la seule structure « productive » était celle du meurtre sérialisé. Comme l'a montré Sonia Combe en comparant Serguiej Evstignev, le chef d'Ozerlag, un Goulag sibérien sur les rives du lac Baïkal, et Rudolf Hoess, le plus connu des commandants d'Auschwitz, leur travail n'était pas le même. Le premier devait « rééduquer » les détenus et, avant tout, construire une voie ferrée : la « trace ». À Ozerlag, la mort était la conséquence du climat et du travail forcé. Hoess, quant à lui, calculait le « rendement » d'Auschwitz-Birkenau en tenant la comptabilité des juifs tués dans les chambres à gaz [65]. Cela explique aussi la différence considérable entre les taux de mortalité de ces deux systèmes : dans le Goulag, il n'a jamais dépassé 20 %, en dépit du caractère massif de la déportation (18 millions de citoyens soviétiques entre 1929 et 1953), tandis que, dans les camps de concentration nazis, il était de 60 % et, dans les camps d'extermination, il était supérieur à

---

63 Anne Applebaum, *Gulag. A History*, Doubleday, New York, 2003, ch. 5 [*Goulag*, Seuil, 2004].

64 Wolfgang Sofsky, *L'Organisation de la terreur*, Calmann-Lévy, Paris, 1995, p. 214.

65 Voir Sonia Combe, « Evstignev, roi d'Ozerlag », *Ozerlag 1937-1964*, Autrement, Paris, 1991, p. 214-227.

90 % (la plupart des rescapés sont revenus d'Auschwitz, qui était à la fois un camp de concentration et d'extermination) [66]. Les slogans inscrits sur les portails d'entrée des Goulags, visant à exalter le travail forcé, source « d'honneur et de gloire, de valeur et d'héroïsme », sinon de « félicité » ou de « liberté », évoquent irrésistiblement l'aphorisme célèbre qui accueillait les déportés à Auschwitz : « Le travail rend libre » (*Arbeit macht frei*), mais il s'agissait d'une analogie trompeuse. Dans leur grande majorité, les juifs déportés n'ont pas connu l'univers concentrationnaire, car ils ont été tués le jour même de leur arrivée aux camps grâce à un système d'extermination industrialisée fonctionnant comme une chaîne de production : évacuation des convois, sélection, confiscation des biens, spoliation, gazage, incinération.

Tout cela explique la grande méfiance que le concept de totalitarisme suscite au sein de l'histoire sociale. Les chercheurs qui ont essayé de comprendre le comportement d'une société au-delà de sa façade totalitaire ont été obligés d'aller outre les ressemblances extérieures entre communisme et nazisme. Bien qu'il n'ait pas toujours rejeté la notion de totalitarisme, ce travail d'analyse comparative l'a tout au moins problématisée, en indiquant ses limites [67].

---

66 *Cf.* Anne Applebaum, *Gulag, op. cit.*, p. 578-586. Voir aussi Nicolas Werth, « Un État contre son peuple », *in* Stéphane Courtois (éd.), *Le Livre noir du communisme. Crimes, terreur, répression*, Robert Laffont, Paris, 1997, où il souligne la fonction productive essentielle des camps soviétiques, en ajoutant que « l'entrée au camp ne signifiait pas, en règle générale, un billet sans retour » (p. 228-229) Sur le taux de mortalité des KZ nazis, *cf.* Wolfgang Sofsky, *L'Organisation de la terreur, op. cit.*, p. 61. Voir aussi, pour une conparaison entre les taux de mortalité des deux systèmes, Philippe Burrin, « Hitler et Stalin », *Fascisme, nazisme, autoritarisme*, Seuil, Paris 2000, p. 83, et Joël Kotek, Pierre Rigoulot, *Il secolo dei campi. Concentramento, detenzione, sterminio : la tragedia del Novecento*, Mondadori, Milan, 2001, p. 333-335.

67 *Cf.* Ian Kershaw, « Retour sur le totalitarisme. Le nazisme et le stalinisme dans une perspective comparative », *in* Enzo Traverso (dir.), *Le Totalitarisme, op. cit.*, p. 845-871.

La Shoah comme synthèse

Soulignant sa rationalité instrumentale, sa dimension bureaucratique et industrielle, Zygmunt Bauman a proposé de considérer « l'Holocauste comme un test exceptionnel mais significatif et fiable des possibilités cachées de la société moderne [68] ». La modernité, cependant, ne constitue qu'un aspect de la Shoah. Sur le plan phénoménologique, les chambres à gaz en sont certes un trait spécifique, mais d'un point de vue historique plus général, la Shoah se présente plutôt comme une combinaison entre une violence « froide », technique et moderne, et une violence « chaude », faite de massacres « traditionnels ». Dans des centaines de villages, les soldats rassemblaient la population juive, obligeaient les hommes à creuser des fosses, les alignaient au bord et les tuaient par vagues successives. Si les camps de la mort intégraient la rationalité instrumentale de la civilisation moderne – la rationalité wébérienne –, cette violence « chaude » supposait au contraire la rupture des barrières anthropologiques et psychologiques qui, en temps normal, assurent la coexistence civile. Les massacres des unités spéciales des SS et de la Wehrmacht s'inscrivaient dans le contexte de la guerre à l'Est, une guerre d'anéantissement impitoyable et sans règles. Cette violence « chaude » pouvait se transformer en routine et exploiter le conformisme de groupe, comme l'a lucidement montré Christopher Browning en retraçant l'histoire du Bataillon 101 des policiers réservistes en Pologne [69], mais elle pouvait aussi se nourrir de la passion et de la haine antisémites inculquées par l'idéologie et radicalisées par la propagande. Les soldats qui photographiaient les pendaisons et les massacres des civils pour leurs albums personnels révèlent une accoutumance à la violence qui constitue un élément essentiel de la Solution

---

68 Zygmunt Bauman, *Modernité et Holocauste*, Complexe, Bruxelles, 2008, p. 40.

69 Christopher Browning, *Des hommes ordinaires. Le 101e bataillon de réserve de la police allemande et la Solution finale en Pologne*, Les Belles Lettres, Paris, 1993.

finale. Reprenant une formule proposée, dans un autre contexte, par Alain Corbin, nous pourrions définir l'Holocauste comme un mélange singulier entre les « pulsions dionysiaques » des tueurs fanatisés et les « massacres pasteurisés » de la modernité occidentale, dépassionnée et bureaucratique (au moins dans sa logique) [70]. En ce sens, la Shoah a été une synthèse des violences du XXe siècle. Sa violence « froide » justifie la comparaison établie par le philosophe Günther Anders entre les camps d'extermination et les bombes atomiques, deux dispositifs techniques de meurtre indirect, qui supposent une distance physique entre l'exécuteur et une masse de victimes anonymes [71]. Sa violence « chaude » en rappelle bien d'autres, des massacres qui ont jalonné la conquête japonaise de Nankin, en 1937, à ceux de l'armée américaine au Vietnam, des charniers de Srebreniza aux machettes du Rwanda. Chacune de ces violences possède sa singularité, mais leur comparaison peut en favoriser la compréhension.

70 Alain Corbin, *Le Village des cannibales*, Aubier, Paris 1980. Pour une interprétation de l'Holocauste comme combinaison de la modernité et la décivilisation, *cf.* Michael Freeman, « Genocide, civilization and modernity », *The British Journal of Sociology*, 1995, vol. 46, n° 2, p. 207-223.

71 Günther Anders, « Der Mann auf der Brücke. Tagebuch aus Hiroshima und Nagasaki » (1958), *Hiroshima ist überall*, C. H. Beck, Munich, 1982, p. 113.

6

Biopouvoir
Les usages historiographiques de Michel Foucault et Giorgio Agamben

Appréhender les violences du XXe siècle signifie interroger leur relation au pouvoir. Or, depuis une trentaine d'années, les sciences sociales tendent à ne plus regarder le pouvoir comme un simple appareil de domination, au sens marxiste de *Gewalt* ou au sens de la *Machtpolitik* de Weber, mais plutôt comme un ensemble de pratiques de contrôle et de gestion ; ce que Foucault, en lui conférant un sens spécifique, a appelé le « biopouvoir », et qui relève d'une « microphysique du pouvoir ». Étudier les usages historiographiques de ce concept implique donc de réfléchir sur la relation complexe et difficile que les historiens entretiennent avec l'œuvre de Foucault. Fondateur, selon Paul Veyne, d'une « anthropologie empirique » dont l'originalité réside dans l'exploitation des archives et des sources traditionnelles de la recherche historique [1], Foucault a exercé une influence considérable – et féconde – sur le travail des historiens. Son œuvre a été décisive, notamment dans le monde anglo-saxon, pour la naissance des études culturelles et de genre, ainsi que pour l'ensemble des tendances historiographiques liées au *linguistic turn*, dont l'auteur de *Les Mots et les*

1 Paul VEYNE, *Foucault. Sa pensée, sa personne*, Albin Michel, Paris, 2008, p. 10.

Choses n'a pas été l'initiateur direct, mais dont il a jeté les prémisses en concevant les savoirs (dont la science historique) comme des « pratiques discursives ». Cette influence a surtout contribué à une remise en cause de l'histoire en tant que discipline, si l'on pense à la façon dont le philosophe, notamment dans ses cours au Collège de France, définissait le discours historique comme un exercice qui, depuis sa naissance, a toujours visé en dernière analyse à légitimer le pouvoir [2]. Au fond, Foucault était bien davantage un chercheur « antidisciplinaire » qu'interdisciplinaire [3]. Cela explique sans doute la méfiance qu'il a suscitée et qui a toujours été indissociable de son influence. Les historiens ont souvent manifesté leur inconfort vis-à-vis d'un penseur au lexique novateur, source d'interrogations méthodologiques insidieuses et dérangeantes. Dans les pages qui suivent, il sera question des usages possibles – et aussi des limites – du concept de biopouvoir pour étudier les violences du XXe siècle.

Biopolitique et historiographie

Au milieu des années 1970, peu après la parution de *Surveiller et Punir*, un ouvrage qui a profondément modifié la vision de l'histoire du système carcéral et porté un regard nouveau sur les pratiques disciplinaires de la société industrielle, Foucault a repris et reformulé les concepts de biopolitique et de biopouvoir, qui existaient depuis au moins un demi-siècle mais étaient restés quasiment inutilisés dans le domaine des sciences sociales [4]. Au sein de l'historiographie, la recherche foucaldienne a ouvert des perspectives fructueuses

2 Michel FOUCAULT, *Il faut défendre la société. Cours au Collège de France 1975-1976*, Hautes Études/Gallimard/Seuil, Paris, 1997, p. 61-62.

3 Allan MEGILL, « The reception of Foucault by historians », *Journal of the History of Ideas*, 1987, n° 1, p. 133.

4 Sur l'histoire du concept de biopouvoir, *cf.* Antonella CUTRO, (dir.), *Biopolitica. Storia e attualità di un concetto*, Ombre corte, Vérone, 2005.

et exercé une influence diffuse mais largement indirecte ou souterraine. Peu d'historiens ont fait un usage explicite de ces concepts, notamment les spécialistes du monde contemporain, sans doute indifférents à un philosophe et théoricien social qui a très peu écrit sur le XXᵉ siècle. En mobilisant le lexique foucaldien, on pourrait dire qu'ils ont agi comme des « épistèmes », des « grilles » ou des « sous-sols » de la pensée, des modes de pensée qui sont entrés silencieusement, presque imperceptiblement dans notre bagage mental [5]. Le nom de Foucault, ainsi que les notions de biopolitique ou de biopouvoir, apparaissent rarement dans l'historiographie désormais imposante sur l'eugénisme, les politiques démographiques fascistes et soviétiques, ou les pratiques d'euthanasie mises en œuvre par le nazisme pendant la Seconde Guerre mondiale, mais il est incontestable que ses écrits ont irrigué le terrain où ces études sont nées. Certains n'hésitent pas à affirmer que l'historiographie la plus récente du nazisme et du stalinisme serait « méconnaissable » sans Foucault [6], et il ne serait pas difficile d'étendre ces considérations à d'autres périodes historiques. Grâce à Foucault, la création des structures techniques et administratives des États modernes n'est plus interprétée exclusivement à la lumière de l'idée wébérienne de rationalité, ni l'avènement des papiers d'identité simplement au prisme libéral-démocratique de l'extension des droits. Les deux sont analysés plutôt comme des dispositifs de contrôle social et de gestion des mouvements des populations [7]. La création des cartes d'identité au début du XIXᵉ siècle tenait à la volonté de surveiller les déplacements des mendiants et des vagabonds,

---

5 Michel FOUCAULT, *Les Mots et les Choses*, Gallimard, Paris, 1966.

6 Mark MAZOWER, « Foucault, Agamben. Theory and the nazis », *Boundary 2*, 2008, n° 1, p. 25.

7 Parmi les nombreux travaux de cette nouvelle historiographie qui reconnaissent leur dette à l'égard de Foucault, voir Elsa DORLIN, *La Matrice de la race. Généalogie sexuelle et coloniale de la nation française*, La Découverte, Paris, 2006 ; Gérard NOIRIEL (dir.), *L'Identification. Genèse d'un travail d'État*, Belin, Paris, 2007 ; et Vincent DENIS, *Une histoire de l'identité. France 1715-1815*, Champ Vallon, Seyssel, 2008.

dont le nombre s'est multiplié à l'époque de la révolution industrielle. Privés de citoyenneté, les migrants ont fait l'objet de lois visant à les repérer et les tenir sous contrôle. Grâce à l'invention de la photographie, Alphonse Bertillon a élaboré un système de classement des archives policières fondé sur des fichiers anthropométriques qui, d'abord réservé aux criminels récidivistes, a ensuite été étendu aux étrangers [8]. La « révolution identitaire » a d'abord été « une technique inventée pour les coupables et pour les criminels », c'est-à-dire les individus considérés comme « dangereux » et donc « identifiés » [9]. Autrement dit, la maîtrise et la répression des « classes dangereuses » ont été consubstantielles à la formation des États nationaux. En France, cette tendance est déjà amorcée sous l'Ancien Régime et s'est achevée sous la IIIe République, qui a universalisé et singularisé en même temps le corps social. La nation s'est construite d'un côté en incorporant ses citoyens au sein d'une entité qui transcendait les réalités locales et, de l'autre, en se distinguant des autres États, situés à l'extérieur de frontières rigoureusement définies. Exclus de la citoyenneté, les migrants étaient inévitablement perçus comme un corps étranger qu'il fallait « assimiler » ou repousser, selon les circonstances. La IIIe République a promulgué la loi fixant les critères de naturalisation sur la base du *jus soli*, qui prévaut encore aujourd'hui, et codifié le statut d'*indigène* visant à séparer les citoyens des sujets colonisés. D'où la distinction soulignée par Foucault entre le « sauvage » et le « barbare » : le premier doit être « civilisé » (c'est-à-dire incorporé dans la communauté nationale), tandis que le second doit être tenu à distance comme un ennemi, car son éventuelle intrusion menacerait la santé et l'intégrité du corps national [10].

---

8 *Cf.* Gérard NOIRIEL, *Immigration, antisémitisme et racisme en France (XIXe-XXe siècle)*, Fayard, Paris, 2007, p. 199.

9 *Cf.* Marcel DETIENNE, *Où est le mystère de l'identité nationale ?*, Panama, Paris, 2008, p. 43-44.

10 Michel FOUCAULT, *Il faut défendre la société*, *op. cit.*, p. 174-175. Voir aussi Gérard NOIRIEL, *Immigration, antisémitisme et racisme en France*, p. 57.

L'histoire de l'immigration, du racisme et du colonialisme est souvent interprétée sous l'angle du biopouvoir, même si les chercheurs qui l'écrivent ne se réfèrent pas toujours explicitement à Foucault, parfois en privilégiant un style narratif. Emblématique, à ce propos, est l'historiographie allemande, dont les tendances néopositivistes sont assez évidentes aujourd'hui. Bien que peu encline à fréquenter les travaux du philosophe français, elle a connu, au cours des trente dernières années, un véritable changement de paradigme : le passé allemand n'est plus interprété comme un *Sonderweg* hostile à la modernité, mais plutôt comme une sorte de laboratoire *biopolitique* qui condense les contradictions explosives de la modernité. Si les historiens du nazisme qui ont recours à ce concept foucaldien demeurent assez rares, cette transition est désormais évidente [11]. Plus nombreux sont celles et ceux qui ont utilisé Foucault pour étudier les politiques fasciste et nazie à l'égard des femmes, au carrefour du renforcement des clivages de genre dans l'espace social, des campagnes natalistes et des mesures eugénistes de prophylaxie sociale (par exemple la stérilisation forcée) [12].

Une fois débarrassés du carcan idéologique qui a lourdement pesé sur leurs recherches, les historiens de l'Union

---

11 *Cf.* Edward Ross Dickinson, « Biopolitics, fascism, democracy. Some reflections on our discourse about "Modernity" », *Central European History*, 2004, n° 1, p. 1-48. Selon Detlev Peukert, auteur d'un essai largement inspiré par Weber, Elias et Foucault, le nazisme ne fut pas une réaction antimoderne, mais bien plutôt une « pathologie de la modernité » visant à remodeler la « communauté du peuple (*Volksgemeinschaft*) » (Detlev Peukert, *Volksgenossen und Gemeinschaftsfremde*, Bund Verlag, Cologne, 1982). Pour l'historien du fascisme Roger Griffin la « révolution nazie » fut de « nature biopolitique » car elle se voulait « fondée » sur et visait à « façonner les forces vitales elles-mêmes » (Roger Griffin, *Modernism and Fascism. The Sense of a Beginning under Mussolini and Hitler*, Palgrave, New York, 2007, p. 317).

12 Voir par exemple Claudia Koonz, *Les Mères-Patrie du Troisième Reich*, Lieu Commun, Paris, 1989 ; Klaus-Dietmar Henke (dir.), *Tödliche Medizin im Nationalsozialismus. Von der Rassenhygiene zum Massenmord*, Böhlau, Cologne, 2008, qui résume les résultats d'une trentaine d'années de recherche à l'échelle internationale ; Victoria De Grazia, *How Fascism Ruled Italy (1922-1945)*, University of California Press, Berkeley, 1992.

soviétique ne pouvaient que rencontrer l'œuvre de Foucault. Les notions de société disciplinaire et de biopouvoir offraient un cadre méthodologique pour interpréter aussi bien les formes d'autoritarisme et de contrôle social introduites dès les années 1920 que, d'une manière plus générale, la politique de modernisation mise en œuvre par le stalinisme pendant la décennie suivante. La collectivisation des campagnes, les transferts forcés de populations, la colonisation et l'industrialisation de la Sibérie s'inscrivaient, au-delà des contradictions et des éléments irrationnels de la politique stalinienne, dans un vaste projet de gestion des populations qui faisait du socialisme un véritable laboratoire biopolitique. Le peuplement, l'urbanisation et l'industrialisation de régions désertiques étaient les résultats d'une gouvernementalité totalitaire visant à forger l'« homme nouveau » socialiste. Le Goulag radicalisait à l'extrême le principe de la prison moderne, avec ses techniques de discipline des corps, pour accoucher aux forceps un nouveau monde social. De ce point de vue, le concept de biopouvoir serait susceptible d'un champ d'application bien plus large que celui suggéré par Foucault dans ses cours au Collège de France, lorsqu'il indiquait la transformation de l'ennemi de classe en une sorte de « danger biologique » sous la forme du « malade, du déviant et du fou » [13].

Les historiens du colonialisme, quant à eux, ont tendance à souligner la dimension destructrice, parfois génocidaire, prise par la « mission civilisatrice » des puissances occidentales en Asie, en Afrique et en Océanie au cours du XIXe siècle. L'effondrement démographique du Congo ou de l'Inde sous le poids de maladies introduites par les colonisateurs, ainsi que par la destruction des formes sociales traditionnelles, les rendant vulnérables tant aux inondations qu'à la sécheresse, a fait de ces territoires des espaces de domination biopolitique où les famines étaient utilisées comme des moyens de soumission des populations et de régulation

13 Michel FOUCAULT, *Il faut défendre la société*, *op. cit.*, p. 76-77.

« écologique » par le pouvoir colonial. Pendant le dernier quart du XIXe siècle, deux vagues de famine se sont soldées, en Chine et en Inde, par au moins trente millions de victimes, selon les estimations les plus modérées. Pour nombre d'historiens, il ne fait pas de doute qu'une telle catastrophe « naturelle » a été en réalité le produit d'une politique de réorganisation des territoires et de gestion des populations. Selon Jürgen Osterhammel, l'histoire du colonialisme se résume à un vaste processus de « déstabilisation politique, sociale et biologique [14] ».

Bien qu'élaborées à partir d'autres expériences et perspectives historiques, les notions de biopouvoir et de gouvernementalité peuvent donc trouver des applications fructueuses dans l'étude des violences staliniennes, coloniales ou fascistes (comme nous le verrons plus loin). En effet, elles ont fécondé ces domaines de recherche, même si leur influence n'est pas toujours immédiatement visible [15].

Le modèle foucaldien

Le terme « biopouvoir » n'a pas été inventé par Foucault, mais ce dernier l'a transformé en véritable concept, avec celui de biopolitique, souvent utilisés comme des synonymes. Il apparaît dans *La Volonté de savoir*, premier tome de

14 Jürgen Osterhammel, *Die Verwandlung der Welt. Eine Geschichte des 19. Jahrhundert*, C. H. Beck, Munich, 2009, p. 196. Pour une analyse du colonialisme au prisme de Foucault, *cf.* David Simo, « Colonization and modernization. A case study of german colonization of Cameroon », *in* Eric Ames, Marcia Klotz et Lora Wildenthal (dir.), *Germany's Colonial Pasts*, Nebraska University Press, Lincoln, 2005, p. 97-112.

15 Sans Foucault, les recherches de Robert Proctor sur la médecine nazie et celles de Paul Weindling sur l'hygiène raciale auraient été difficilement concevables, même si le nom du philosophe français ne figure jamais dans leur index. *Cf.* Robert Proctor, *Racial Hygiene. Medecine under the Nazis*, Harvard University Press, New York, 1988 ; Robert Proctor, *La Guerre des nazis contre le cancer*, Les Belles Lettres, Paris, 2001 ; Paul Weindling, *L'Hygiène de la race. Hygiène raciale et eugénisme médical en Allemagne 1870-1932*, La Découverte, Paris, 1998.

son *Histoire de la sexualité*, où il définit une transformation profonde des formes de domination occidentale entre la fin du XVIIIe et le début du XIXe siècle [16]. À la différence du modèle classique du pouvoir, incarné par l'État et codifié par la loi, le biopouvoir envahit la société et pénètre le tissu de la vie même. En tant que pouvoir souverain, l'État dispose de la force légitime autorisée par le peuple qu'il représente et auquel il confère des droits et des devoirs, en délimitant ses espaces de liberté individuelle et collective. Le biopouvoir, en revanche, n'est pas un appareil coercitif mais un mécanisme diffus de gestion de la vie par des moyens impersonnels, des pratiques administratives et des règles souvent non écrites. L'avènement du biopouvoir coïncide avec l'essor du capitalisme industriel, mais – là réside son paradoxe – il semble contredire le principe libéral de la séparation entre l'État et la société civile. De Hobbes à Weber, l'État souverain avait été pensé comme un pouvoir capable de décider de la vie et de la mort de ses sujets et citoyens ; le biopouvoir, quant à lui, « se donnait pour tâche de gérer la vie [17] ». L'axe du biopouvoir n'est plus la violence de l'État, mais la politique économique du gouvernement qui ne vise plus à réprimer mais à contrôler et à réguler la vie et les mouvements des populations. La population n'est pas le « peuple » – c'est-à-dire la nation conçue en termes abstraits comme une communauté juridico-politique –, mais un ensemble d'êtres vivants, de corps intégrés dans une trame sociale et économique, objet de politiques démographiques, alimentaires, sanitaires, éducatives, hygiéniques, écologiques. À la différence de la philosophie politique classique, qui conçoit l'homme exclusivement comme un « animal politique », distinct de l'homme en tant qu'être vivant, la biopolitique considère l'homme moderne comme « un animal dans

16 *Cf.* Thomas LEMKE, « The birth of bio-politics. Michel Foucault's lecture at the Collège de France on neo-liberal governmentality », *Economy and Society*, 2001, n° 2, p. 190-207.

17 Michel FOUCAULT, *Histoire de la sexualité. I. La volonté de savoir*, Gallimard, Paris, 1976, p. 182.

la politique duquel sa vie d'être vivant est en question [18] ». Le domaine d'action du biopouvoir est le territoire défini non pas en tant que *limes* de la souveraineté étatique mais en tant qu'espace habité par des êtres vivants. L'ordre qui y domine n'est pas celui de la loi et de la force militaire mais, tout au moins idéalement, celui qui a été fixé par une « main invisible » – Foucault reprend et redéfinit la métaphore d'Adam Smith [19] – qui oriente de l'intérieur, de manière automatique et « naturelle », des pratiques et des modes de vie. Le biopouvoir moderne se déploie selon deux modalités distinctes : d'un côté, les techniques disciplinaires et coercitives qui assujettissent les corps (le modèle panoptique de la prison, de l'usine et de la caserne) [20] ; de l'autre côté, la « gouvernementalité », c'est-à-dire le pouvoir qui s'exerce sur la population conçue comme un ensemble de processus vitaux, le pouvoir qui agit comme une technique de régulation des échanges métaboliques entre l'État et la société [21]. Bien davantage qu'un souverain détenteur du pouvoir de mise à mort, le biopouvoir est une fabrique des corps vivants dont il régule et protège la vie.

Le concept de biopouvoir donne une clef de lecture – pas exclusive, mais essentielle – pour analyser une vaste gamme de phénomènes contemporains. Il a orienté l'étude de l'État social d'après guerre, avec ses statistiques et ses plans, sa panoplie d'interventions dans le domaine de la santé et de l'éducation, son soin des enfants et des personnes âgées. Il a exercé une influence non négligeable sur l'étude de phénomènes

18 *Ibid.*, p. 188.

19 *Cf.* Michel Foucault, *Naissance de la biopolitique. Cours au Collège de France, 1978-1979*, Gallimard-Seuil-EHESS, Paris, 2004, p. 286-290.

20 Michel Foucault, *Surveiller et punir. Naissance de la prison*, Gallimard, Paris, 1975.

21 *Cf.* M. Foucault, « La gouvernementalité » (1978), *Dits et écrits, III*, Gallimard, Paris, 1994, p. 635-657. Sur le concept de gouvernementalité, voir aussi Sandro Chignola, « L'impossibile del sovrano. Governamentalità e liberalismo in Michel Foucault », *in* Sandro Chignola (dir.), *Governare la vita. Un seminario sui Corsi di Michel Foucault al Collège de France (1977-1979)*, Ombre corte, Vérone, 2006, p. 37-70, et Pierre Lascoumes, « La gouvernementalité : de la critique de l'État aux technologies du pouvoir », *Le Portique*, 2004, n° 13-14, p. 2-14.

comme la massification des modèles de vie, au sens le plus large, par le marché et l'avènement de nouvelles formes de domination. Dans *Empire*, Michael Hardt et Toni Negri utilisent le concept de biopouvoir pour définir la « société de contrôle » du monde d'aujourd'hui, où « les mécanismes de maîtrise se font toujours plus "démocratiques", toujours plus immanents au champ social, diffusés dans le cerveau et le corps des citoyens [22] ». Dans ce système, les formes de discrimination et d'exclusion sont intériorisées par les individus de manière croissante. « Le pouvoir – écrivent-ils – s'exerce maintenant par des machines qui organisent directement les cerveaux (par des systèmes de communication, des réseaux d'information, etc.) et les corps (par des systèmes d'avantages sociaux, des activités encadrées) vers un état d'aliénation autonome, en partant du sens de la vie et du désir de créativité [23]. » Selon Foucault, le biopouvoir réduit progressivement les prérogatives de la souveraineté : son accomplissement rendrait superflus les organes et les instruments coercitifs qui accompagnent l'État depuis toujours. Diffus, polymorphe, capillaire, omniprésent mais souvent invisible et insaisissable, le biopouvoir ne partage pas grand-chose avec la conception classique du pouvoir – celle qui va de Hobbes à Weber, contre laquelle Foucault met en garde ses lecteurs – qui consiste à en situer les sources dans l'appareil d'État, en en faisant un outil presque exclusif de la domination.

Or, au-delà de sa pertinence et de ses multiples applications, ce modèle épistémologique est inadapté pour interpréter les violences du XXe siècle, des violences décidées par des États souverains et mises en œuvre par des armées organisées comme des machines gigantesques de destruction. On pourrait constater, en utilisant le lexique foucaldien, que les guerres totales et les génocides du XXe siècle tiennent beaucoup moins à l'« anatomo-politique » du biopouvoir qu'aux

22 Michael HARDT et Antonio NEGRI, *Empire*, Exils, Paris, 2000, p. 48.
23 *Ibid.*, p. 49.

possibilités terrifiantes de la « thanatopolitique » de l'État souverain. Les tentatives de Foucault d'intégrer les totalitarismes modernes dans son paradigme biopolitique oscillent entre deux pôles : d'un côté, la tentation d'en réduire la violence aux mécanismes traditionnels de la société disciplinaire ; de l'autre, une approche unilatérale qui, en voulant à tout prix privilégier la biopolitique, se trouve dans l'obligation d'ignorer la politique. La première approche est bien synthétisée dans un texte de 1976 qui postule une évolution linéaire entre le *Panopticon* de Bentham et le système concentrationnaire nazi ou soviétique. « De fait – écrit Foucault –, les miradors, les chiens, les longs baraquements gris ne sont "politiques" que parce qu'ils figurent pour l'éternité aux armoires de Hitler et Staline et parce qu'ils servaient à se débarrasser de leurs ennemis. Pourtant, comme techniques de punition (enfermement, privations, travail forcé, violences, humiliations), ils sont proches du vieil appareil pénitentiaire inventé au XVIIIe siècle [24]. » Autrement dit, les *workhouses* de la révolution industrielle non seulement préfigurent, mais incluent l'expérience des totalitarismes du XXe siècle, qui ne présenteraient *in fine* aucune caractéristique vraiment nouvelle. La seconde approche est déjà indiquée dans la conclusion de *La Volonté de savoir*, où Foucault affirme que les génocides modernes ne relèvent pas d'un « retour aujourd'hui du vieux droit de tuer », mais révèlent une nouvelle configuration du pouvoir qui, désormais, « se situe et s'exerce au niveau de la vie, de l'espèce, de la race et des phénomènes massifs de population [25] ». Dans ses cours au Collège de France, il définissait le nazisme comme un racisme chargé de protéger biologiquement la communauté nationale ; un racisme dans lequel la domination légale rationnelle incarnée par l'appareil étatique était pratiquement anéantie, d'une part

24 Michel FOUCAULT, « Crimes et châtiments en URSS et ailleurs » (1976), *Dits et écrits, III*, *op. cit.*, p. 64.

25 Michel FOUCAULT, *Histoire de la sexualité. I. La volonté de savoir*, *op. cit.*, p. 180.

par le principe charismatique du *Fürhertum*, de l'autre, par l'affirmation du *Volk* comme source ultime de l'ordre politique [26]. Reste que le Troisième Reich n'a pas seulement été un gigantesque laboratoire d'ingénierie biologique et sociale, mais aussi une machine de guerre extrêmement puissante dressée contre des *ennemis* d'abord intérieurs (le mouvement ouvrier, les forces démocratiques), puis extérieurs (le communisme, les démocraties occidentales) toujours définis politiquement. Par moments, Foucault semble admettre le caractère problématique de cette dichotomie entre pouvoir souverain et biopouvoir. Dans son cours de 1976, il souligne que le racisme nazi n'est réductible ni à une idéologie ni à la recherche d'un bouc émissaire. Sa violence se déploie comme une synthèse singulière entre une souveraineté disciplinaire et meurtrière et un projet très ambitieux de gestion du corps social. D'un côté, écrit-il, le nazisme se présente comme une « société universellement assurancielle, universellement sécurisante, universellement régulatrice » ; de l'autre, cependant, il réalise le « déchaînement le plus complet du pouvoir meurtrier, c'est-à-dire de ce vieux pouvoir souverain de tuer ». Ces deux mécanismes du pouvoir, « celui classique, archaïque, qui donnait à l'État droit de vie et de mort sur ses citoyens », et le nouveau, le biopouvoir, « se trouvent exactement coïncider » [27]. Mais cette intuition fut vite abandonnée. Dès le cours de 1978, nous l'avons vu, Foucault réaffirmait sa vision d'un hiatus historique entre pouvoir souverain et biopouvoir.

Conçue comme une vaste campagne de conquête et d'anéantissement, la guerre nazie contre l'URSS et contre le « judéo-bolchevisme » désignait des ennemis et mobilisait des moyens de destruction qui poussaient au paroxysme les prérogatives de l'État comme appareil matériel et coercitif. La guerre, cependant, était devenue la condition même d'une gouvernementalité biopolitique au sein du Troisième Reich.

---

26 Michel FOUCAULT, *Naissance de la biopolitique*, *op. cit.*, p. 115.

27 Michel FOUCAULT, *Il faut défendre la société*, *op. cit.*, p. 232.

Le déchaînement du Béhémoth totalitaire sur le front oriental s'articulait en effet avec les bienfaits du « pouvoir pastoral » nazi au sein de la « communauté du peuple » (*völkische Gemeinschaft*) allemande. Il convient donc de s'arrêter un instant sur ce concept.

Selon Foucault, la modernité a engendré une nouvelle forme de « pouvoir pastoral », différente de celle qu'avait institutionnalisée l'Europe chrétienne au Moyen Âge [28]. Contrairement au pouvoir politique traditionnel, qui s'exerce sur un territoire aux frontières bien définies et sur une population assujettie, tout en s'opposant à des ennemis extérieurs, le pouvoir pastoral ne connaît ni ennemis ni violence. Il n'est pas orienté vers la guerre mais vers la paix ; c'est le pouvoir du berger envers son troupeau. « Le pouvoir pastoral – écrit Foucault – n'a pas pour fonction principale de faire du mal aux ennemis, il a pour fonction principale de faire du bien à ceux sur qui il veille. Faire du bien au sens le plus matériel du terme, c'est-à-dire : nourrir, donner une subsistance, donner la pâture, conduire jusqu'aux sources, permettre de boire, trouver les bonnes prairies [29]. »

Les travaux les plus récents de l'historiographie allemande semblent confirmer l'hypothèse d'un « pouvoir pastoral » nazi inscrit dans sa politique totalitaire. Selon Götz Aly, la guerre hitlérienne en Europe et l'Holocauste ont été mis en œuvre pour réaliser le but d'un « État social » nazi : « La préoccupation pour le bien-être des Allemands – écrit-il – fut la force motrice de la politique de terreur, d'esclavage et d'anéantissement [30]. » Aly rappelle d'abord le souvenir de la Grande Guerre, qui avait profondément traumatisé la société allemande et hantait Hitler

28 Michel Foucault, « Le sujet et le pouvoir » (1982), *Dits et écrits, IV*, *op. cit.*, p. 230.

29 Michel Foucault, « Sexualité et pouvoir » (1978), *Dits et écrits, III*, *op. cit.*, p. 561. Il y a sans doute, dans cette définition du « pouvoir pastoral », une sous-estimation de sa violence cynégétique dont les humains pouvaient devenir la cible (*cf.* Grégoire Chamayou, *Les Chasses à l'homme*, La Fabrique, Paris, 2010, p. 30-31).

30 Götz Aly, *Hitlers Volksstaat. Raub, Rassenkrieg und nationaler Sozialismus*, Fischer, Francfort/Main, 2005, p. 345.

à la fin des années 1930. Lors de ce conflit qui avait été mené par l'empire wilhelmien au prix d'un endettement colossal de l'État, la population allemande s'était affreusement appauvrie. L'armée se renforçait, tandis que le blocus britannique réduisait à la famine des centaines de milliers d'Allemands. L'effondrement du front intérieur avait rendu impossible la poursuite du conflit, qui laissa la place, au début de la république de Weimar, à l'hyperinflation et à un climat de guerre civile. Pour Hitler, il fallait absolument éviter la répétition des erreurs de 1914-1918. Selon Aly, Hitler a été un politicien averti qui n'a jamais cessé de jouer le rôle de « grand intégrateur » (*grosse Integrator*) : un chef charismatique capable de trouver un soutien de masse au sein de la société allemande grâce à sa politique sociale. Le nazisme prônait une vision du monde fondée sur l'idée d'une hiérarchie raciale inébranlable, mais cela n'était guère incompatible avec une vision « égalitaire » de la communauté raciale allemande. Le racisme était projeté vers l'extérieur et inspirait la politique du régime au-delà de ses frontières. Au sein du *Volk* allemand, cependant, dominait le souci d'une amélioration des conditions de vie et d'une prospérité généralisée assurée par l'État. Cela explique, selon Aly, l'adhésion massive de la société civile au régime et son soutien à sa politique jusqu'à la fin de la guerre. Autrement dit, l'Allemagne ne fut pas nazifiée sur le plan idéologique, mais conquise par la politique sociale du nazisme. Hitler avait décidé de ne pas faire retomber sur la population allemande le poids de la guerre, qui devait s'autofinancer. Selon Aly, les deux tiers des dépenses militaires ont été assurées par la spoliation économique et les politiques d'« aryanisation » mises en œuvre dans les pays conquis (95 % de la population allemande, écrit-il, n'a eu aucun impôt à payer pour financer la guerre). Il prétend même que, entre 1939 et 1945, la grande majorité des Allemands disposaient de moyens financiers accrus par rapport aux années précédentes [31]. Si ces

31 *Ibid.*, p. 326-327.

estimations sont discutables [32], il ne fait guère de doute que le pillage des pays conquis par le Reich allemand a été systématique. Aly le décrit dans toute son ampleur, avec une obsession parfois ennuyeuse pour les détails, lorsqu'il rappelle l'approvisionnement de jambon cru russe, de vins français et de harengs norvégiens, ou lorsqu'il indique combien de tonnes de beurre, œufs, légumes, viande de porc et marmelade a reçues l'Armeeoberkommando posté en Norvège en 1942. Des milliers de convois ont transféré en Allemagne les meubles expropriés aux juifs français, belges et hollandais, qui ont été distribués aux civils allemands frappés par les bombardements britanniques. Dans les territoires occupés de l'URSS, cette politique s'est traduite par une planification de la famine afin de nourrir les soldats de la Wehrmacht. Dans ses discours publics, Göring ne faisait pas mystère de cette *Hungerpolitik* qui devait frapper systématiquement les prisonniers de guerre soviétiques, les juifs et de larges secteurs des populations slaves [33].

Si le nazisme n'avait été qu'un « pouvoir pastoral », nous pourrions, dans le sillage de Götz Aly, caractériser ses chefs comme des politiciens traditionnels soucieux du consensus de leurs électeurs. Mais si Hitler, Himmler et Goebbels avaient été des politiciens nationalistes ordinaires (*klassische Stimmungspolitiker*), comme il les présente, ils ne se seraient certes pas lancés dans une guerre aux issues plus qu'incertaines pour conquérir l'Europe, ni dans une entreprise utopique de remodelage ethnique et « racial » du continent. À la rigueur, ils se seraient arrêtés en 1938, après l'annexion de l'Autriche et des Sudètes, lorsque Hitler était à l'apogée de sa popularité, après avoir réalisé le projet d'une « Grande Allemagne », en dépit d'une politique de réarmement accéléré qui poussait objectivement vers un nouveau conflit. Mais Hitler, Himmler et

32 Selon l'historien britannique Adam Tooze, les biens pillés dans les pays occupés furent certes considérables, mais les trois quarts des ressources dépensées pour la guerre venaient de l'économie allemande (Adam Tooze, *The Wages of Destruction. The Making and Breaking of the Nazi Economy*, Viking Press, New York, 2007).

33 Götz Aly, *Hitlers Volksstaat, op. cit.*, p. 205.

Goebbels n'étaient pas des politiciens traditionnels. Comme l'a montré Ian Kershaw, l'utopie nazie ne pouvait se réaliser qu'au prix d'une radicalisation progressive et permanente [34]. Elle a d'abord débouché sur la guerre, s'est poursuivie ensuite avec le pillage systématique du continent, la réduction en esclavage des Slaves et l'extermination des juifs, pour s'achever enfin avec l'effondrement du régime dans une apothéose de violence. Le concept de « pouvoir pastoral » ne donne certes pas la clef pour comprendre l'Holocauste. Il aide cependant à comprendre ce que Hitler entendait par *Volksgemeinschaft* et pourquoi son régime a réussi à bénéficier jusqu'à la fin d'un soutien de masse si étendu et prolongé au sein de la société allemande.

Biopouvoir et souveraineté

Giorgio Agamben a essayé de surmonter les limites de la théorie foucaldienne du biopouvoir, évidentes lorsqu'elle est confrontée aux violences du monde contemporain. À ses yeux, les régimes totalitaires du siècle passé sont en effet « le lieu par excellence de la biopolitique moderne [35] ». Pour les interpréter, cependant, il faut trouver un lien entre le biopouvoir et le pouvoir souverain, et dépasser ainsi le hiatus présent chez Foucault. À la différence de ce dernier, qui dissociait ces deux catégories, tant sur le plan analytique que sur le plan historique, en situant la naissance du biopouvoir à la fin du XVIIIe siècle, « au seuil de notre temps », lorsque s'épuisait la longue histoire de la souveraineté, Agamben les réunit, en procédant à une sorte d'*ontologisation* du biopouvoir [36]. Si la modernité a marqué son triomphe, le biopouvoir accompagne

34 Ian Kershaw, *Hitler. Essai sur le charisme en politique*, Gallimard, Paris, 1995.

35 Giorgio Agamben, *Homo sacer. Il potere sovrano e la nuda vita*, Einaudi, Turin, 1995, p. 131 [*Homo sacer*, Seuil, Paris, 1997].

36 *Ibid.*, p. 7-11.

depuis toujours l'histoire de l'Occident. À ses yeux, « la politique occidentale est dès le début une biopolitique [37] ». Tout au long de son histoire, « la machine gouvernementale de l'Occident » se fonde sur deux piliers indissociables mais distincts : l'*eikonomia* et la *gloire*, le gouvernement et la liturgie du pouvoir, d'où les deux paradigmes de la théologie économique et de la théologie politique à l'origine des conceptions séculières du pouvoir comme gouvernementalité et comme souveraineté [38]. Les totalitarismes modernes ont réalisé une fusion parfaite entre l'« anatomo-politique » du biopouvoir (faire vivre) et la « thanatopolitique » de la souveraineté (mettre à mort). Cette fusion a été rendue possible par l'« état d'exception » qui caractérisait en particulier le nazisme et qui, bien que sous des formes différentes, s'est perpétué dans les démocraties occidentales d'après guerre. Au fond, Agamben résout les apories de Foucault à l'aide de Schmitt, c'est-à-dire en greffant la conception foucaldienne du biopouvoir sur le tronc de la théorie schmittienne de la souveraineté comme « décision » : le pouvoir de décider de l'« état d'exception » (*Ausnahmezustand*) [39]. Le fondement du totalitarisme, écrit Agamben dans *Homo sacer*, réside en une « identité dynamique entre vie et politique [40] ». Autrement dit, le nazisme réunissait la *souveraineté* comme pouvoir absolu de destruction de la vie (Schmitt considérait l'État total issu de la Grande Guerre comme une forme sécularisée de l'absolutisme) et le *gouvernement* comme ensemble de dispositifs de gestion de la vie. Pour Agamben, le nazisme constitue la version paroxystique d'une conception du sang et du sol (*Blut und Boden*) comme objets du biopouvoir

37 *Ibid.*, p. 202.

38 Giorgio Agamben, *Le Règne et la Gloire*, Seuil, Paris, 2008.

39 Carl Schmitt, *Théologie politique*, Gallimard, Paris, 1988, où *Ausnahmezustand* est traduit par « situation exceptionnelle », p. 15. Sur la reformulation du concept de biopouvoir par Agamben, *cf.* Thomas Lemke, « A zone of indistinction. A critique of Giorgio Agamben's concept of biopolitics », *Outlines*, 2005, 1, p. 3-13.

40 Giorgio Agamben, *Homo sacer*, *op. cit.*, p. 165.

dont les origines remontent au droit romain, le premier à distinguer entre *jus sanguinis* et *jus soli* [41].

La notion de biopouvoir élaborée par Agamben dépasse l'horizon foucaldien et formule quelques hypothèses intéressantes pour interpréter le nazisme. La guerre hitlérienne sur le front oriental a été conçue comme une conquête, une colonisation et une réorganisation d'un territoire dans lequel les Slaves devaient être soumis, expulsés ou exterminés (par le biais d'une famine planifiée) afin de laisser la place à des populations de souche germanique. L'URSS était vue comme un immense espace biopolitique dans lequel s'enchevêtraient extermination et gestion des populations, *Todesraum* et *Lebensraum* [42]. Liée à la conquête de l'« espace vital », la destruction du communisme soviétique était en revanche le miroir d'une autre conception, classique, de la politique comme élimination de l'ennemi. L'extermination des juifs coïncidait avec ces deux objectifs : d'une part, l'interprétation raciste de la biopolitique les rendait incompatibles avec une réorganisation de l'espace réservé au *Herrenvolk* ; d'autre part, leur double rôle d'élite soviétique et de vecteur intellectuel de diffusion du communisme les désignait comme un ennemi politique par excellence. Le modelage biopolitique de l'espace et la destruction de l'ennemi convergeaient vers un état d'exception, à la fois apogée du pouvoir souverain comme décision sans médiations, incarné par un régime sans lois, dans lequel la souveraineté s'était débarrassée de toute forme extérieure pour ne subsister que sous sa forme pure [43].

Ce modèle d'interprétation possède une cohérence incontestable. Le problème réside dans la théorie générale qu'Agamben en déduit (ou lui superpose). Inscrivant le

---

41 *Ibid.*, p. 142-143.

42 Giorgio Agamben, *Quel che resta di Auschwitz. L'archivio e il testimone*, Bollati Boringhieri, Turin, 1998, p. 80 [*Ce qui reste d'Auschwitz*, Payot-Rivages, Paris, 1999].

43 Giorgio Agamben, *Stato di eccezione*, Bollati Boringhieri, Torino, 2003 [*État d'exception*, Seuil, Paris, 2003].

concept de biopouvoir dans la tradition de l'existentialisme politique, il lui enlève son caractère historique et le transforme en une sorte de passe-partout universel. À ses yeux, le camp d'extermination n'est que la forme contemporaine de l'*homo sacer*, être vivant en dehors de la communauté politique, *zoé* mais pas *bios*, celui qui ne peut pas être sacrifié comme offrande aux dieux, mais dont le meurtre ne constitue pas un crime au sens de la loi. Il s'agit en effet d'une figure située à l'extérieur aussi bien du droit des hommes que du droit divin [44], une figure qui, dans la modernité, incarne la vie au sein de l'« état d'exception ». Mettant en lumière un espace anomique d'altérité, le camp de concentration rendait visible une prémisse de la formation de la souveraineté moderne comme triade État-nation-territoire [45]. En ce sens, le camp constitue une sorte de *nomos* biopolitique de l'Occident dont il accompagne l'histoire. Au cours du XXᵉ siècle, l'*homo sacer* a été accueilli d'abord dans les systèmes concentrationnaires des régimes totalitaires, aujourd'hui dans les camps d'internement réservés aux immigrés sans-papiers [46]. Ce qui caractérise le camp, selon Agamben, n'est pas la violence qui s'y déploie, mais sa nature de lieu anomique : « Le camp est l'espace qui s'ouvre lorsque l'état d'exception commence à devenir la règle [47]. » Le camp devient ainsi le *nomos* sous-jacent tant aux démocraties qu'aux totalitarismes modernes (une solidarité intime qui semble primer à ses yeux sur leurs différences [48]).

Bref, le camp est la forme moderne d'une figure, la « vie nue » (*nuda vita*) privée d'existence politique, qui accompagne

---

44 Giorgio Agamben, *Homo sacer*, *op. cit.*, p. 79-82.

45 *Ibid.*, p. 197.

46 *Ibid.*, p. 195.

47 *Ibid.*, p. 188.

48 *Cf.* Jean-Claude Monod, *Penser l'ennemi, affronter l'exception. Réflexions critiques sur l'actualité de Carl Schmitt*, La Découverte, Paris, 2007, p. 103-107, et Georges Didi-Huberman, *Survivance des lucioles*, Éditions de Minuit, Paris, 2009, p. 87. Cette vision de l'état d'exception comme « un fond indifférent qui neutralise et décolore tous les horizons » a été critiquée aussi par Toni Negri, « Il frutto maturo della redenzione », *Il Manifesto*, 26 juillet 2003.

toute l'histoire de l'Occident comme son indispensable corollaire biopolitique. Cette figure se transforme dans le temps, mais sa nature ne change pas. La biopolitique d'Agamben n'est plus, à l'instar de celle de Foucault, une forme moderne du pouvoir, mais sa prémisse. Or, si nous essayons de traduire cette conception en termes historiographiques, le résultat est que les camps d'extermination nazis et les Goulags staliniens apparaissent comme le débouché inéluctable d'un long chemin du pouvoir en Occident, un pouvoir à la fois souverain et biopolitique. Autrement dit, une relecture très sophistiquée de toute la tradition classique de la philosophie politique donne lieu à une vision téléologique de l'histoire des totalitarismes et des génocides du XXe siècle. Cela explique pourquoi Agamben, dont l'œuvre a renouvelé la philosophie politique et continue d'être discutée au niveau international, demeure largement ignoré par les historiens.

Penser le XXe siècle

Avec le concept de biopolitique, Foucault a saisi un des traits constitutifs de la modernité. Il lui a fourni un outil essentiel pour comprendre les transformations du monde occidental entre le XIXe et le XXe siècle. Une dimension biopolitique est présente dans tous les pouvoirs modernes, sous des formes différentes selon les idéologies qui les inspirent et la nature de leurs régimes politiques. Les épurations ethniques et les génocides d'État sont biopolitiques, mais aussi les politiques démographiques, la régulation des flux migratoires, la prévention des tumeurs, les lois encadrant l'avortement, la promotion des activités sportives, la réglementation de la circulation routière et l'interdiction de fumer dans les lieux publics. Cela relève d'une gouvernementalité qui caractérise tous les pouvoirs modernes. Utilisé en revanche comme une clef de lecture globale de l'histoire du XXe siècle, le concept de biopouvoir risque de créer des malentendus désastreux, en se révélant encore plus ambigu que celui de totalitarisme. Ce dernier saisit la synthèse entre idéologie et terreur qui est au cœur des tyrannies modernes, mais il efface les différences profondes qui séparent les régimes réunis sous une définition informe et élastique. Le concept de biopouvoir, à son tour, risque de mettre entre parenthèses les clivages qui opposent les fascismes et la démocratie, ou les fascismes et le communisme, en survalorisant leur souci commun de *welfare* et de planification sociale. Les historiens ont reconstitué la genèse des camps de concentration ; ils les ont comparés en mettant en lumière les idéologies qui les sous-tendent, leurs structures, leurs phénoménologies, leurs fonctions, leurs histoires, la typologie de leurs victimes et la mentalité de leurs gestionnaires, des surveillants aux exécuteurs. La distinction entre camps de concentration et camps d'extermination a été le résultat de vingt ans de recherches et la comparaison entre Auschwitz et la Kolyma a suscité des débats animés dont l'écho ne s'est pas éteint. Cet ensemble de connaissances risque cependant d'être annulé par une approche qui considère fascisme et stalinisme comme de simples variantes d'un même biopouvoir. Certains « épistèmes », « discours », ou même certains lieux communs flottant en l'air sont parfois acceptés par les philosophes comme des *a priori* qui leur permettent de faire l'économie d'une investigation plus approfondie. Lorsque Agamben définit le « camp » comme la « matrice cachée » et comme « le *nomos* de l'espace politique dans lequel nous vivons toujours [49] », il confère à cette notion un caractère métahistorique qui la rend pratiquement inutilisable. S'il s'agit d'un lieu anomique où la loi est suspendue et dans lequel le meurtre ne constitue plus un crime, le « musulman » (*Muselmann*) d'Auschwitz devient l'incarnation moderne de l'*homo sacer*, en dépit et au-delà de toute considération d'ordre historique sur les conditions de son apparition et sur sa place dans

49 *Ibid.*, p. 185.

le système des camps nazis [50]. S'il remplit une fonction symbolique nécessaire pour ontologiser le camp dans l'histoire de l'Occident, peu importe de savoir que la grande majorité des juifs exterminés par le nazisme n'ont pas connu, comme nous l'avons vu, l'univers concentrationnaire parce qu'ils ont été envoyés dans les chambres à gaz le jour même de leur arrivée à Birkenau, Treblinka, Majdanek, Belzec, Chelmno ou Sobibor. Ils n'avaient donc pas eu le temps de subir un processus d'anéantissement physique et moral les transformant en des « cadavres ambulants », en « un assemblage de fonctions physiques dans ses derniers soubresauts » selon la description du « musulman » que donnait Jean Améry [51]. Pour l'historien, le « musulman » est le produit effrayant d'une tension de la politique nazie entre *exploitation* et *extermination*, entre la volonté d'une partie des SS d'utiliser les déportés juifs comme main-d'œuvre dans les camps, et un autre courant de l'appareil nazi qui considérait que l'extermination était un impératif idéologique [52]. Cette tension a donné lieu à Auschwitz, où coexistaient un camp de concentration (Auschwitz I), un camp d'extermination (Birkenau) et un camp de travail (Buna-Monowitz) sous la direction du Bureau central de gestion économique (WVHA) des SS. Pour le philosophe italien, le « musulman » devient une figure de l'« indétermination absolue », suspendue entre la vie et la mort, illustration du principe même du camp. Ce dernier est « non seulement le lieu de la mort et de l'extermination », mais aussi « et surtout, le lieu de production du musulman, la dernière substance

---

50 *Ibid.*, p. 177. Le ch. 2 de Giorgio AGAMBEN, *Quel che resta di Auschwitz*, *op. cit.*, p. 37-80, est consacré à l'analyse du « musulman ». Pour une critique de sa thèse, *cf.* surtout Philippe MESNARD et Claudine KAHAN, *Giorgio Agamben à l'épreuve d'Auschwitz*, Kimé, Paris, 2001.

51 Jean AMÉRY, *Par-delà le crime et le châtiment*, Actes Sud, Arles, 1995, p. 32.

52 *Cf.* Arno J. MAYER, *La « Solution finale » dans l'histoire*, La Découverte, Paris, 1990, p. 395-396 ; Raul HILBERG, *La Destruction des juifs d'Europe*, Fayard, Paris, 1988, p. 795 ; Saul FRIEDLÄNDER, *Nazi Germany and the Jews. II. The Years of Extermination 1939-1945*, Harper Collins, New York, 2007, p. 496-497.

biopolitique isolable dans le continuum biologique »[53]. Aux yeux d'un historien comme Mark Mazower, une telle conception est une « simplification grossière[54] ». Ce que les déportés percevaient comme un processus d'« extermination par le travail » n'était en réalité que la conséquence d'un conflit entre leurs maîtres, donc, paradoxalement, davantage l'expression des limites et des contradictions du système nazi que de son pouvoir absolu. Au fond, conclut-il, l'erreur d'Agamben consiste sans doute à penser le biopouvoir non pas, dans le sillage de Foucault, comme un trait constitutif de la modernité, mais comme l'essence même de la politique[55].

Les violences de masse du XXe siècle présentent toujours, au-delà de leurs contextes, de leurs acteurs sociaux et de leurs formes parfois très différents, le même trait commun : elles sont des violences d'État. C'est cet élément partagé qui relie entre eux des événements aussi divers que le carnage de Verdun, la bombe atomique sur Hiroshima et Nagasaki, les chambres à gaz d'Auschwitz, les Goulags de Sibérie, les rizières cambodgiennes et les épurations ethniques perpétrées en Bosnie ou au Kosovo. Étudier ces violences signifie inévitablement prendre en compte les apories d'un processus de civilisation que les sciences sociales, de Weber à Elias, ont toujours identifié à la construction du monopole étatique des moyens de coercition. En temps normal, ce monopole libère les sociétés de la violence, mais en temps de crise, il crée les prémisses de l'éruption d'une violence d'État bien plus mortifère que les conflits des sociétés archaïques. Les machines étatiques qui permettent le bon fonctionnement d'une société fondée sur la régulation rationnelle et légale des conflits se révèlent souvent parfaitement compatibles avec la violence extrême qui efface les acquis du processus de civilisation. Pour étudier les violences étatiques, il faut en déconstruire les mécanismes

53 Giorgio Agamben, *Quel che resta di Auschwitz*, *op. cit.*, p. 79.

54 Mark Mazower, « Foucault, Agamben. Theory and the nazis », *op. cit.*, p. 31.

55 *Ibid.*, p. 34.

et donc s'interroger sur leur rationalité instrumentale intrinsèque (technique, administrative, productive et politique). C'est dans ce sens que Zygmunt Bauman propose de considérer l'organisation de l'Holocauste comme « un manuel de gestion scientifique (*a textbook of scientific management*) [56] ». À ses yeux, les chambres à gaz constituent « un test exceptionnel mais significatif et fiable des possibilités cachées de la société moderne [57] ». Au lieu de voir dans le pouvoir souverain un archaïsme et de lui opposer le biopouvoir de la gouvernementalité moderne, il faudrait plutôt prendre acte de leur coexistence, tout en analysant les transformations de la souveraineté. Cela implique de voir dans l'État souverain non seulement un appareil juridique et politique ou un dispositif disciplinaire, mais aussi une machine de destruction de masse soumise à des impératifs éminemment politiques.

Il est fort improbable qu'Agamben soit intéressé par un débat avec les historiens des camps nazis (dans une interview, il souligne ne pas en être un en précisant qu'il travaille avec des paradigmes, sans s'intéresser aux faits et aux événements, afin de « comprendre une structure historique » [58]). Il y a trente ans, Foucault, dont l'œuvre était bien plus lue par les historiens, a fait une tentative qui s'est soldée par un affrontement et le constat d'un dialogue de sourds [59]. Bien évidemment, cela ne justifie pas l'indifférence réciproque. Les uns auraient intérêt à s'interroger sur les présupposés épistémologiques et sur l'historicité même des outils conceptuels – souvent assumés de manière inconsciente – avec lesquels ils travaillent ; les autres auraient intérêt à ne pas considérer

56 Zygmunt Bauman, *Modernité et Holocauste*, Complexe, Paris, 2008, p. 237.

57 *Ibid.*, p. 40.

58 Cité *in* Eva Geulen, *Giorgio Agamben. Zur Einführung*, Junius, Hambourg, 2005, p. 27-28.

59 Michel Foucault, « Table ronde du 20 mai 1978 », *Dits et écrits, IV, op. cit.*, p. 20-35. Voir la reconstitution de ce débat *in* François Dosse, *Histoire du structuralisme, II. Le chant du cygne, 1967 à nos jours*, La Découverte, Paris, 1992, p. 296-301.

l'histoire comme un simple réservoir de faits dans lequel puiser librement des arguments utiles pour construire leurs théories. Les uns se soustrairaient ainsi au reproche, souvent fondé, de s'enfermer dans les archives sans « penser » ; les autres éviteraient les pièges métaphysiques dans lesquels ils tombent fréquemment. Pour être fructueux, leur débat devrait cependant partir du constat que leurs catégories ne sont pas mécaniquement transposables d'une discipline à l'autre et que leurs « pratiques discursives » demeurent distinctes.

7

Exil et violence

Une herméneutique de la distance

Les migrations, les diasporas et les exils ont laissé des traces profondes sur la culture du XXe siècle. Souvent inextricablement enchevêtrées, ces expériences du déplacement ont été des sources extraordinaires de production intellectuelle. Elles ont tissé des liens entre les langues et les littératures, en les décloisonnant, en les hybridant, en leur donnant des traits cosmopolites et supranationaux. Une histoire de la pensée critique ne peut ignorer l'apport des intellectuels exilés – au sens le plus vaste du terme, non exclusivement réduit aux bannissements politiques – qui en ont été l'un des principaux foyers. Sismographes sensibles, en vertu de leur instabilité et précarité d'*outsiders*, des contradictions et des conflits qui traversent la planète, ils ont été les premiers analystes, probablement aussi les plus aigus, des violences de l'« âge des extrêmes ». Si leur statut de membres d'une minorité stigmatisée, faite d'exclus et de persécutés, les exposait davantage que les « autochtones » aux changements du climat politique, en les transformant en cibles privilégiées de la xénophobie et de la répression politique, leur condition d'étrangers, d'apatrides ou de déracinés constituait un observatoire privilégié des cataclysmes qui affectaient le monde (et leur propre existence).

Distance et critique

Dans un ouvrage érudit et subtil, Carlo Ginzburg a analysé les implications multiples de la *distance*. D'ordre éthique et épistémologique à la fois, elles peuvent bâtir une véritable herméneutique, car la distance fait apparaître la réalité sous un autre jour, modifie les perspectives, accentue ou neutralise tant l'empathie que le regard critique des observateurs. Si ces derniers sont des exilés contraints de mettre à distance et de contempler de loin le monde dont ils sont issus, l'effet d'*estrangement* (*straniamento*) qui en découle peut se révéler fructueux [1]. La réalité qu'ils croyaient connaître dans les moindres détails prend des traits inédits ; leur réaction émotionnelle aux événements se révèle moins écrasante, ou tout au moins ne devient pas un obstacle à l'éloignement critique ; l'objet de leur analyse, enfin, n'est pas isolé, mais comparé et inscrit dans un horizon plus vaste.

Cette mutation du regard engendrée par la distance affecte aussi l'écriture de l'histoire. Entre l'obstination de Lucien Febvre – frôlant l'aveuglement – à poursuivre la publication des *Annales* dans les conditions posées par l'occupant allemand, au prix de l'effacement du nom juif de Marc Bloch parmi les directeurs de la revue, et l'engagement antifasciste d'un Arthur Rosenberg exilé aux États-Unis, le clivage est frappant. Non seulement sur le plan politique, car il touche désormais la conception même de l'histoire. Pour le premier, la priorité consiste à poursuivre la vie de sa revue, dont la disparition serait à ses yeux « une nouvelle mort pour [son] pays », en se pliant aux contraintes de l'antisémitisme d'État. Continuer le travail, écrit-il, est un acte patriotique, la seule

---

1 Carlo Ginzburg, « L'estrangement. Préhistoire d'un procédé littéraire », *À distance. Neuf essais sur le point de vue en histoire*, Gallimard, Paris, 2001, p. 15-36. Cette notion est au centre de Siegfried Kracauer, *Histoire. Des avant-dernières choses*, Stock, Paris, 2005.

manière de servir sa patrie [2]. Pour son collègue allemand, l'exil transforme radicalement le statut du chercheur. Dans un essai intitulé « La tâche de l'historien dans l'émigration » (1938), il ne se limite pas à défendre l'engagement antinazi des exilés (parmi lesquels les historiens ne sont pas nombreux), car il constate que l'exil a modifié sa conception même de l'histoire. D'une part, il prend conscience du « manque d'esprit critique » qui a caractérisé l'historiographie allemande, complètement dominée par un fétichisme factuel navrant et orientée dans un sens conservateur et nationaliste depuis la naissance du Reich wilhelmien [3] ; de l'autre, il reconnaît l'impossibilité de dissocier l'interprétation du passé d'un combat qui s'inscrit dans le présent. Du coup, cette nouvelle posture brise les barrières de la tour d'ivoire dans laquelle s'était enfermée depuis toujours l'historiographie allemande, en l'obligeant à nouer, sur un pied d'égalité, des relations avec d'autres disciplines, voire d'autres professions. Partant du constat qu'« il n'y a pas d'historien sans principe et sans vision du monde », il remet en cause le « mythe » de la neutralité de la science pour conclure que son interprétation du passé doit être mise en rapport avec sa condition sociale et ses valeurs, car elles ont des implications profondes sur sa manière de traiter les sources et d'organiser la matière de son investigation. Il en découle un acte d'humilité qui fait descendre l'historien de son piédestal : « Le professeur universitaire destitué n'occupe pas, aujourd'hui, une meilleure position que celle du

2 Marc Bloch et Lucien Febvre, *Correspondance, III, 1938-1943*, Bertrand Müller (dir.), Fayard, Paris, 2004 (notamment les lettres de l'année 1941, p. 109-131). Voir Bertrand Müller, *Lucien Febvre, lecteur et critique*, Albin Michel, Paris, 2004, p. 164-168 ; André Burguière, *L'École des Annales. Une histoire intellectuelle*, Odile Jacob, Paris, 2006, p. 59-63, et Philippe Burrin, *La France à l'heure allemande 1940-1944*, Seuil, Paris, 1995, p. 322-328.

3 Arthur Rosenberg, « Die Aufgabe des Historikers in der Emigration » (1938), *in* Emil Gumbel (dir.), *Freie Wissenschaft. Ein Sammelbuch aus der deutschen Emigration*, Sebastian Brandt, Strasbourg, 1938, p. 207-213. Voir à ce propos Mario Kessler, *Arthur Rosenberg. Ein Historiker im Zeitalter der Katastrophen (1889-1943)*, Böhlau, Cologne, 2003, p. 218-220.

journaliste licencié. Le droit d'écrire l'histoire appartient à tous ceux qui disposent des connaissances requises et de l'esprit critique nécessaire pour le faire [4]. » On jugera leur travail selon sa valeur, non pas en fonction du statut social ou de l'appartenance institutionnelle de son auteur. Le « savant » (*Gelehrte*) se voit ravalé au rang d'intellectuel, l'homme de lettres (*Literat*) que la corporation académique allemande avait toujours profondément méprisé.

Si l'exil est souvent indissociable d'une option politique, la perspective épistémologique qu'il rend possible ne s'y réduit pas. L'historien Ernst Kantorowicz avait été un fervent patriote pendant la Grande Guerre ; en 1919, il s'était engagé dans les *Freikorps* pour réprimer la république des conseils en Bavière, puis était devenu membre du cercle de Stefan George. Il prônait un nationalisme mystique qui avait inspiré sa biographie de Frédéric II de Hohenstaufen, en 1927, et qui l'avait poussé à saluer l'arrivée au pouvoir de Hitler, en 1933, en qui il voyait le redresseur de l'Allemagne, tout en déplorant son antisémitisme, à ses yeux incompréhensible et injustifié. Contraint à l'exil à cause de sa judéité, en 1938, il a amorcé une remise en cause critique de ses engagements antérieurs, ainsi que de sa manière de penser l'histoire médiévale. Le premier signe de cette mutation méthodologique, intellectuelle et politique à la fois, sera un essai, élaboré au lendemain de la guerre et publié en 1950, visant à retracer l'histoire (et à déconstruire) le mythe de la mort pour la patrie [5]. Peu après, il refusera de signer une déclaration de foi anticommuniste que, dans le climat de chasse aux sorcières instauré par le maccarthysme, l'université de Californie lui avait imposée. Il achèvera sa carrière à l'Institut for Advanced Studies de Princeton, en publiant son chef-d'œuvre *Les Deux Corps du roi* (1961), une

---

4 *Ibid.*, p. 212.

5 Ernst Kantorowicz, *Mourir pour la patrie et autres textes*, Presses universitaires de France, Paris, 1984. Sur l'itinéraire de cet intellectuel singulier, *cf.* Alain Boureau, *Histoires d'un historien : Kantorowicz*, Gallimard, Paris, 1990.

étude sur les représentations du monarque dans la société médiévale désormais dépourvue des accents nationalistes et apologétiques qui caractérisaient sa biographie de Frédéric II. Dans un brillant essai où il met en parallèle le parcours de Kantorowicz avec celui de son collègue français Marc Bloch, Saul Friedländer a montré que, resté en France et mort en héros de la Résistance, l'auteur des *Rois thaumaturges* et de *L'Étrange Défaite* n'a jamais réussi à remettre en cause son patriotisme. En 1941, il allait même jusqu'à recommander la mise en place de la discrimination, prônée par l'UGIF, entre les juifs français et les juifs étrangers, dont la cause, écrivait-il, « n'est pas exactement la nôtre [6] ».

L'itinéraire intellectuel d'Arnaldo Momigliano présente plusieurs affinités avec celui de Kantorowicz. Issu d'une famille piémontaise favorable depuis toujours au régime de Mussolini, le jeune Momigliano a pris la carte du Parti fasciste en 1932. Quatre ans plus tard, nommé professeur d'histoire ancienne à l'université de Turin, il écrivait pour l'*Enciclopedia italiana* un long essai sur l'Empire romain qu'il interprétait comme une préfiguration de l'empire fasciste [7]. Expulsé de l'université à cause des lois antisémites de 1938, il s'est exilé en Angleterre. Deux ans plus tard, il tenait à Cambridge des cours sur l'Antiquité romaine dans lesquels l'accent s'était déplacé de l'empire à la liberté. Au centre de sa réflexion se trouvait maintenant, dans le sillage de Benjamin Constant, le conflit entre la liberté des Anciens et celle des Modernes, revisité à la lumière de l'histoire romaine. Dans ce cadre, l'empire n'était plus l'ancêtre glorieux des conquêtes fascistes, mais le

---

6 *Cf.* Saul FRIEDLÄNDER, « Historiker in extremer Lage. Ernst Kantorowicz und Marc Bloch im Angesicht des Holocaust », *Den Holocaust beschreiben. Auf dem Weg zu einer integrierten Geschichte*, Wallstein, Göttingen, 2007, p. 77-95. Sur Bloch, *cf.* aussi Saul FRIEDLÄNDER, *L'Allemagne nazie et les Juifs, II. Les années d'extermination 1939-1945*, Seuil, Paris, 2007, p. 239.

7 *Cf.* Arnaldo MOMIGLIANO, « Roma in età imperiale (1936), *Sesto contributo alla storia degli studi classici e del mondo antico*, Edizioni di Storia e letteratura, Rome, 1980, notamment p. 671. Voir à ce propos Giorgio FABRE, « Arnaldo Momigliano. Materiali biografici », *Quaderni di storia*, 2001, n° 53, p. 309-320.

point de départ d'une « paix romaine autoritaire et tyrannique [8] ». À Oxford, où il s'était alors installé, Momigliano lisait à la fin de 1939 *The Roman Revolution* de Ronald Syme. Il ne pouvait pas s'empêcher, comme il l'écrira plus tard dans sa préface à la traduction italienne, de mettre en rapport la chute de la république et la transformation de Rome en empire, sous Auguste, avec l'avènement, au XXᵉ siècle, des dictatures totalitaires de Mussolini et Hitler. Dès 1940, dans une critique pour le *Journal of Roman Studies*, il soulignait la dimension politique que, dans le contexte de la guerre, prenait inévitablement cet ouvrage. Ce livre saisissait le lecteur car « il établissait une relation immédiate entre l'ancienne marche sur Rome et la nouvelle, entre la conquête du pouvoir par Auguste et le coup d'État de Mussolini, et peut-être aussi celui de Hitler [9] ». En 1943, Momigliano animait sur les ondes de Radio Londres des émissions en langue italienne dans lesquelles il dénonçait l'idéologie *völkisch* et la politique impériale du nazisme et de ses alliés fascistes [10].

Dans l'exil, les frontières entre le savant et le militant deviennent poreuses, instables. L'historiographie italienne, allemande ou espagnole en exil se construit comme une contribution consciente au combat antifasciste. Ses résultats sont souvent considérables. *The Fascist Dictatorship in Italy* (1927) de Gaetano Salvemini ou *La Naissance du fascisme* (1938) d'Angelo Tasca, parus respectivement à Londres et Paris, se chargent de contrer la propagande du régime de Mussolini en rétablissant la vérité des faits face à ses mensonges, et

---

8 Arnaldo Momigliano, « Liberty and peace in the Ancient World » (1940), *Nono contributo alla storia degli studi classici e del mondo antico*, Edizioni di storia e letteratura, Rome, 1992, p. 483-501. Les notes pour ces cours sont cités aussi *in* Riccardo De Donato, « Materiali per una biografia intellettuale di Arnaldo Momigliano », *Athenaeum*, 1995, nº 1, p. 226.

9 Arnaldo Momigliano, « Introduzione a Ronald Syme, *The Roman Revolution* » (1960), *Terzo contributo alla storia degli studi classici e del mondo antico*, Edizioni di storia e letteratura, Rome, 1966, p. 729.

10 Arnaldo Momigliano, « Radio Londra 1943. Conversazioni sul nazismo », *Belfagor*, 1987, VI, p. 669-673.

fournissent une première interprétation d'ensemble d'un phénomène encore mal connu [11]. Ces ouvrages analysent l'avènement du fascisme à la lumière de la crise de l'État libéral au lendemain de la Grande Guerre, mais ils en recherchent les origines dans une perspective plus large, en les inscrivant dans les contradictions du processus de formation de l'État national. Reste que, pour Tasca, écrire une histoire du fascisme était une manière de le combattre et constituait à ses yeux « un devoir politique ».

Qualifiant le nazisme de Béhémoth, « un non-État, un chaos, un règne du non-droit et de l'anarchie [12] », Franz Neumann renversait les clichés de la propagande hitlérienne qui présentaient son régime comme un système monolithique, où la communauté nationale (*völkisch*) était soudée derrière son chef charismatique. Il voulait sans doute s'attaquer aussi à Carl Schmitt, dont il avait été l'élève, qui avait défini l'État national-socialiste comme un Léviathan, au sens hobbesien du terme : un pouvoir absolu opposé au chaos de la démocratie de Weimar. Le régime hitlérien unissait deux éléments hérités du passé allemand depuis la réalisation de l'unité nationale : un nationalisme de type raciste (de Houston Stewart Chamberlain jusqu'au racisme biologique de Hitler et Himmler) et un expansionnisme impérialiste aux fortes tonalités darwinistes sociales, qui plongeait ses racines dans le pangermanisme d'avant 1914.

L'exil antifranquiste, en revanche, a été profondément affecté par une coupure de presque quarante ans avec son pays natal, avec comme conséquence de ne plus appréhender les transformations de la société espagnole sous la dictature. Son historiographie s'est souvent repliée sur une célébration de la

11 Gaetano SALVEMINI, *The Fascist Dictatorship in Italy* (1927), Howard Fertig, New York, 1967 ; Angelo TASCA, *La Naissance du fascisme* (1938), Gallimard, Paris, 2004. Sur l'impact de ces deux ouvrages, *cf.* Renzo DE FELICE, *Le interpretazioni del fascismo*, Laterza, Bari-Rome, 1995, p. 218-219.

12 Franz NEUMANN, *Béhémoth. Structure et pratique du national-socialisme*, Payot, Paris, 1987, p. 9.

guerre civile comme combat épique et dans une idéalisation de la République, qui, défendue comme une posture morale, faisait parfois obstacle à une reconstitution plus approfondie et à une interprétation critique du passé [13].

Si la distance modifie les regards, elle ne produit pas forcément des idées nouvelles. L'herméneutique de la distance a ses limites ; ce n'est qu'une *possibilité* créée par les conditions du déplacement. L'année 1939 a vu la parution d'un des grands classiques de la sociologie du XXe siècle : c'est à Bâle, en Suisse, que le jeune Norbert Elias, alors exilé en Grande-Bretagne, a publié *Le Processus de civilisation* (*Über den Prozess der Zivilisation*). Le concept de civilisation qu'il y élabore est très marqué par l'influence de Max Weber et de Sigmund Freud. Le monopole étatique de la violence et l'autocontrôle des pulsions unis à la rationalité moderne, explique-t-il au fil des pages, conduisent à une société pacifiée, « civilisée » [14]. La civilisation dont parle Elias n'est pas la *Zivilisation* opposée à la *Kultur*, une civilisation mécanique, froide, calculatrice et inhumaine dont Thomas Mann s'était fait le pourfendeur à la fin de la Grande Guerre dans ses *Considérations d'un apolitique*. Il s'agit plutôt d'une fusion de culture et de modernité. Son livre – passé à l'époque inaperçu – constitue en effet l'apogée, au sein des sciences sociales, d'une conception du Progrès que les Lumières avaient forgée au XVIIIe siècle dans leur élan d'optimisme anthropologique et que la culture occidentale avait

13 *Cf.* Alicia ALTED VIGIL, « La memoria de la República y la guerra en el exilio », *in* Santos JULIÁ (dir.), *Memoria de la guerra y del franquismo*, Taurus, Madrid, 2006, p. 247-277.

14 Norbert ELIAS, *Über den Prozess der Zivilisation* (1939), Suhrkamp, Francfort/Main, 1997, (*La Civilisation des mœurs* et *La Dynamique de l'Occident*, Presses-Pocket, Paris, 1990). Roger Chartier reconnaît que la Shoah « peut apparaître comme le démenti le plus cruel de la théorie proposée [par Elias] en 1939 », tout en indiquant dans ses travaux ultérieurs rassemblés dans Norbert ELIAS, *Über die Deutschen* (Suhrkamp, Francfort/Main, 1989) une tentative de surmonter ces limites (« Elias, proceso de la civilización y barbarie », *in* Federico FINCHELSTEIN (dir.), *Los Alemanes, el Holocausto y la culpa colectiva*, Eudeba, Buenos Aires, 1999, p. 198). Voir aussi, sur toute cette question, Jonathan FLETCHER, *Violence and Civilization. An Introduction to the Work of Norbert Elias*, Polity Press, Cambridge, 1997.

ensuite adoptée, au siècle suivant, comme une sorte de « loi » régissant le mouvement de l'histoire. Dans un passage étonnant de ce livre, Elias compare les mœurs pacifiques des peuples européens civilisés à l'« agressivité » (*Kampflust*) et à la « fureur » guerrière du « combattant abyssinien ». Mesurée à cette sauvagerie, « impuissante devant l'appareil technique d'une armée civilisée », s'empresse-t-il de préciser, « l'agressivité des nations les plus belliqueuses du monde civilisé semble modérée ». Dans ce monde, conclut-il, « la force brutale et déchaînée » ne survit que sous une forme « pathologique » [15]. Ce passage surprenant – publié à trois ans de distance d'une guerre menée en Éthiopie par l'armée italienne à l'aide d'armes chimiques, avec des soldats « civilisés » exhibant comme des trophées de guerre les têtes coupées des chefs des tribus « sauvages » – ne témoigne pas seulement de l'aveuglement (et de la naïveté) d'Elias. Il révèle les limites et les contradictions d'une culture héritée du XIXe siècle que beaucoup d'intellectuels portent avec eux en exil comme leur bagage le plus précieux. De Gaetano Salvemini à Benedetto Croce, de Friedrich Meinecke à Thomas Mann, de Georg Lukács à Karl Löwith, en dépit d'approches très variées, la plupart des grandes figures de la culture européenne de l'époque conçoivent la lutte contre le fascisme comme une défense de la civilisation et sa chute comme une renaissance des Lumières [16]. Rares furent ceux qui, au lieu de voir dans le nazisme une rechute de la civilisation dans la barbarie, réussirent à l'interpréter comme un produit de la civilisation moderne.

---

15 Norbert ELIAS, *La Civilisation des mœurs*, p. 280. Ce passage semble contredire l'observation de Romain Bertrand selon laquelle il serait « impossible de trouver dans l'œuvre publiée de Norbert Elias la moindre référence aux violences coloniales de l'ère moderne » (Romain BERTRAND, « Norbert Elias et la question des violences impériales », *Vingtième Siècle*, 2010, n° 106, p. 127).

16 *Cf.* James D. WILKINSON, *The Intellectual Resistance in Europe*, Harvard University Press, Cambridge, 1981.

Exil et violence

Une histoire intellectuelle du monde moderne ne pourrait pas échapper au constat d'un paradoxe frappant : certains événements que nous considérons aujourd'hui comme emblématiques de la violence du XXe siècle ont souvent été accueillis avec indifférence, ou été ignorés, voire banalisés par leurs contemporains. C'est la *qualité* de cette violence qui a été saisie avec retard, parfois à plusieurs décennies de distance des événements qui l'ont condensée, non seulement par ceux qui l'ont subie mais aussi par ceux qui l'ont combattue avec courage et détermination. Et c'est avec beaucoup de retard que la pensée critique a enregistré ces césures historiques. On pourrait illustrer ce constat à l'aide de nombreux exemples. Il suffit de penser à trois événements désormais érigés en icônes du XXe siècle : le Goulag, Auschwitz et Hiroshima.

C'est un lieu commun, objet depuis longtemps de spéculations et de débats, que de reconnaître la prise de conscience tardive, au sein du monde occidental, de la réalité des camps soviétiques, dont les premiers témoignages d'Ante Ciliga, de Victor Serge ou de Gustav Herling ont été reçus dans l'indifférence. Si l'anticommunisme est né avec la révolution russe de 1917, la perception du stalinisme comme système de domination criminel et fondé sur la violence à une échelle de masse a été bien plus tardive. Pour l'opinion occidentale, on pourrait la dater, peu ou prou, du début des années 1970, lors de la publication de *L'Archipel du Goulag* de Soljenitsyne [17]. Certes, l'univers concentrationnaire soviétique était connu et avait déjà été maintes fois dénoncé depuis les années 1930, mais ce livre a créé un petit tremblement de terre. Aucune des nombreuses dénonciations antérieures de l'univers concentrationnaire soviétique

---

17 Alexandre SOLJÉNITSYNE, *L'Archipel du Goulag*, Seuil, Paris, 1974.

n'avait eu un impact comparable [18]. Pendant des décennies, aux yeux du monde, les millions de *zeks* déportés en Sibérie sont demeurés inconnus, inexistants. Au cours des années 1930, la presse occidentale, que l'on ne peut certes pas soupçonner de sympathie à l'égard du régime soviétique, commentait la collectivisation des campagnes soviétiques sans mentionner les millions de morts qui l'avaient accompagnée. Jusqu'à l'éclatement de la guerre froide, les camps soviétiques furent presque complètement ignorés ou refoulés. En France, lors d'un procès intenté par *Les Lettres nouvelles* à David Rousset en 1950, les camps soviétiques sont apparus à une large partie de l'opinion comme un mythe de la propagande anticommuniste. Un phénomène analogue se produira, lors de la Révolution culturelle, pour les camps chinois. Certains rédacteurs des actuels « livres noirs du communisme » défilaient à l'époque dans les rues de Paris en arborant les portraits de Mao et Staline.

En 1945, Auschwitz n'était pas une icône du mal du XXe siècle. Les camps de concentration étaient symbolisés par Buchenwald, une des capitales de la déportation politique, et la différence qui les séparait des camps d'extermination réservés aux juifs et aux Tziganes était incompréhensible pour la quasi-totalité des observateurs. À Nuremberg, l'Holocauste a été classé parmi les crimes de guerre. En France, patrie de l'égalité républicaine, les victimes du génocide des juifs étaient considérées comme les martyrs d'une cause nationale, « morts pour la patrie ». Jean-Paul Sartre, un des rares auteurs à consacrer un essai à la « question juive » en 1946, analysait l'antisémitisme comme si le génocide n'avait pas eu lieu, comme si les chambres à gaz ne modifiaient pas radicalement sa perception du préjugé antijuif [19]. Et c'est aussi un lieu commun de

18 *Cf.* Michael Christofferson, *Les Intellectuels contre la gauche. L'idéologie antitotalitaire en France (1968-1981)*, Agone, Marseille, 2009, ch. 2, qui analyse aussi les raisons politiques favorisant un tel impact en France.

19 Jean-Paul Sartre, *Réflexions sur la question juive*, Gallimard, « Folio », Paris, 1946 ; *cf.* les essais réunis *in* Ingrid Galster (dir.), *Sartre et les Juifs*, La Découverte, Paris, 2005.

rappeler que, pendant au moins trente ans, les manuels d'histoire se limitaient à traiter le génocide des juifs en quelques lignes en marge des chapitres sur la Seconde Guerre mondiale. Le nazisme apparaissait comme une parenthèse, comme une maladie qui avait failli emporter l'Europe et dont cette dernière devait maintenant soigner les blessures. C'est précisément cette image – le fascisme comme *maladie morale* de l'Europe – qui émerge des écrits de figures aussi différentes que l'écrivain Thomas Mann et les philosophes Karl Jaspers ou Benedetto Croce [20]. D'autres penseurs inscrivaient le nazisme dans un parcours plus vaste et profond de destruction des Lumières. Le diagnostic du vieil Ernst Cassirer dans *Le Mythe de l'État* (1945) coïncide sur ce point avec celui du marxiste Georg Lukács, qui publiait quelques années plus tard *La Destruction de la raison* (1953) : pour les deux, le nazisme fut l'aboutissement paroxystique d'une longue vague d'irrationalisme née au début du XIXe siècle en réaction à la Révolution française [21]. Pour tous, il était le produit d'un processus global de régression historique : une rechute de la civilisation dans une barbarie ancestrale.

Hiroshima est sans doute le cas le plus emblématique de cet écart entre l'événement et la perception de sa qualité, de sa gravité, puisque le refoulement dont il a fait l'objet se perpétue encore aujourd'hui. En Europe, *Le Monde* avait salué le champignon atomique comme une « révolution scientifique ». Aux États-Unis, la bombe atomique sera pendant longtemps célébrée comme l'événement heureux qui avait mis fin à la guerre et comme une source de fierté nationale. Un film fort instructif réalisé il y a une trentaine d'années, *Atomic Café*, nous montre les images des défilés de mode, pendant les années 1950, à l'apogée de la guerre froide, avec la silhouette du

---

20 Sur le climat intellectuel de l'après-guerre, *cf.* Enzo TRAVERSO, *L'Histoire déchirée. Essai sur Auschwitz et les intellectuels*, Éditions du Cerf, Paris, 1997, ch. I.

21 Ernst CASSIRER, *Le Mythe de l'État*, Gallimard, Paris, 1993 ; Georg LUKÁCS, *La Destruction de la raison*, L'Arche, Paris, 1958.

champignon atomique à l'arrière-plan. En 1995, le ministère des Télécommunications des États-Unis a publié un timbre-poste qui, au lieu de commémorer les victimes, présentait la destruction d'Hiroshima et de Nagasaki comme la promesse d'une ère de paix (ce timbre-poste a finalement été retiré à la suite des protestations du gouvernement japonais).

L'atmosphère de l'après-guerre a été rappelée par l'antifasciste italien Vittorio Foa qui, dans ses mémoires, souligne ce besoin de refoulement collectif si profondément ressenti à l'époque. Voici son récit : « Vint l'année 1945. C'est un partage des eaux. La guerre s'est terminée et nous pouvons contempler la dimension des ruines. Il s'agit de ruines matérielles, mais aussi morales. [...] La science de la gestion s'est imposée dans les camps d'extermination et la science physique a marqué son triomphe à Hiroshima. La plupart d'entre nous n'ont pas été capables, à l'époque, de voir le visage négatif du développement prodigieux des connaissances qui a soutenu l'effort de guerre et permis la victoire. L'opinion publique pensa seulement que la bombe servait à mettre fin à la guerre ou, tout au plus, à un avertissement américain vis-à-vis de l'URSS (c'était aussi mon opinion). Revenaient les survivants, un sur cent, des camps d'extermination. Ils racontaient et commençaient à écrire des choses inimaginables sur l'inhumanité du pouvoir et sur l'organisation scientifique de la mort, mais ces récits ne ternissaient pas la joie de vivre qui s'était finalement installée dans la paix [22]. »

Rares ont été les personnalités qui, dans un monde myope et « distrait », ont saisi la nature du Goulag, d'Auschwitz ou d'Hiroshima, en en faisant des objets d'analyse, de réflexion et de critique. Les esprits dotés de la sensibilité et de la lucidité nécessaires pour voir la nouveauté représentée par de tels événements et sonder la profondeur de la césure qu'ils ont marquée dans l'histoire n'ont pas été nombreux. Les témoins ont

22 Vittorio Foa, *Il Cavallo e la Torre. Riflessioni su una vita*, Einaudi, Torino, 1991, p. 69-70.

rarement été écoutés – que l'on pense à l'indifférence avec laquelle ont été accueillies les premières éditions de *Si c'est un homme* de Primo Levi et d'*Un monde à part* de Gustav Herling – et les survivants entourés d'un silence pudique. Les *Hibakusha*, les irradiés d'Hiroshima et Nagasaki, sont restés pendant longtemps isolés comme les porteurs d'une maladie honteuse. Ils ont tous été perçus comme le témoignage vivant d'un passé dérangeant et funeste qu'on avait envie d'oublier. Ceux qui ont reconnu ces césures de l'histoire et en ont fait un objet de pensée ont été des exceptions, isolées et marginales, à contre-courant du *Zeitgeist* dominant – ils ont parfois même été traités publiquement (David Rousset et Margarete Buber-Neumann) de menteurs.

Qui étaient ces exceptions ? Pour l'essentiel, ce furent des exilés. En 1933, Victor Serge écrivait une lettre à Marcel Martinet et Maurice et Magdeleine Paz, ses amis français, pour annoncer son arrestation en URSS. Elle n'a pas été publiée par *Le Temps* ou *Le Figaro*, mais par une petite revue libertaire, à diffusion presque confidentielle, *La Révolution prolétarienne*. Dans ce texte, Serge dénonçait le stalinisme comme « un État totalitaire, castocratique, absolu, grisé de puissance, pour lequel l'homme ne compte pas [23] ». Grâce à la mobilisation des intellectuels français – notamment des surréalistes –, il sera libéré en 1936. Arrivé en France, il a poursuivi presque seul son combat pour la vérité, ignoré par une gauche qui le voyait dans le meilleur des cas comme un hérétique, dans le pire comme un traître, et par une culture conservatrice plus que méfiante face au témoignage d'un révolutionnaire pour lequel le stalinisme ne constituait pas la réalisation mais la perversion du communisme. Dans cette lettre – qu'il présentera dans ses mémoires (1947) comme le premier texte dans lequel l'État soviétique avait été qualifié de « totalitaire » –, il esquissait une définition du socialisme comme antithèse radicale de la

23 Lettre à Marcel Martinet et Maurice et Magdeleine Paz (1933), *in* Victor SERGE, *Mémoires d'un révolutionnaire*, Seuil, Paris, 1951, p. 294.

domination totalitaire : « Défense de l'homme. Respect de l'homme. Il faut lui rendre des droits, une sécurité, une valeur. Sans cela, pas de socialisme. Sans cela, tout est faux, raté, vicié. L'homme, quel qu'il soit, fût-ce le dernier des hommes. "Ennemi de classe". Fils ou petit-fils de bourgeois, je m'en moque, il ne faut jamais oublier qu'un être humain est un être humain. Ça s'oublie tous les jours sous mes yeux, partout, c'est la chose la plus révoltante, la plus antisocialiste qui soit [24]. »

À l'automne 1944, Hannah Arendt écrivait un article publié quelques mois plus tard non pas dans le *New York Times*, mais dans la petite revue judéo-américaine *Jewish Frontier*, dans lequel elle décrivait les camps d'extermination nazis – des « massacres administratifs » créés au nom d'un projet de biologie raciale – comme quelque chose qui dépassait largement « non seulement l'imagination humaine, mais aussi les catégories de la pensée et de l'action politique [25] ». Deux années plus tard, dans un texte intitulé « L'image de l'enfer », elle désignait les « usines de mort » (*death factories*) comme « l'expérience fondamentale de notre époque » [26].

À côté d'Arendt, il faudrait aussi mentionner les philosophes de l'école de Francfort, Theodor W. Adorno et Max Horkheimer, les auteurs de *Dialectique de la raison*, un ouvrage écrit en 1944 et aujourd'hui reconnu comme un classique de la philosophie du XXe siècle, mais resté semi-clandestin pendant presque vingt ans. Il a été publié pour la première fois à Amsterdam en 1947 par une petite maison d'édition d'émigrés allemands. Dans ce livre, qui comporte un chapitre sur l'antisémitisme écrit en collaboration avec Leo Löwenthal, ils faisaient d'Auschwitz la métaphore de la violence engendrée par

24 *Ibid.*, 295.

25 Hannah Arendt, « La culpabilité organisée », *Penser l'événement*, Belin, Paris, 1989, p. 27.

26 Hannah Arendt, « L'image de l'enfer », *Auschwitz et Jérusalem*, DeuxTemps Tierce, Paris, 1991, p. 154.

la civilisation moderne [27]. Bien entendu, cette clairvoyance n'était pas normative. Certains exilés ont élaboré pendant la guerre une interprétation du nazisme incapable d'en saisir la dimension exterminatrice. Franz Neumann, le principal politologue de l'école de Francfort, publiait *Béhémoth* (1942), un ouvrage devenu aujourd'hui un classique de la théorie politique où la plus grande lucidité le disputait à une étonnante myopie. D'un côté, il définissait le régime hitlérien comme une forme de totalitarisme ; de l'autre, il excluait la possibilité d'une extermination des juifs, en réaffirmant une vision traditionnelle de l'antisémitisme nazi comme recherche d'un bouc émissaire dont le nazisme ne pouvait pas se passer [28].

Exilé en Californie, Günther Anders a certes été l'un des premiers philosophes à placer Hiroshima au centre de sa pensée. Dès 1945, dans les pages qu'il rassemblera ensuite dans *L'Obsolescence de l'homme* (1956), il avait saisi la nouveauté absolue de la bombe atomique en tant que symptôme d'une mutation anthropologique terrifiante : l'avènement d'une suprématie de la technique sur les hommes, désormais détrônés de leur statut de sujets historiques. Le rêve prométhéen d'une conquête du cosmos et d'une domination de la nature par la technique s'est transformé dans la « honte prométhéenne » (*prometheische Scham*) d'une inépuisable puissance destructrice. Après Auschwitz, c'est-à-dire l'extermination planifiée de certaines catégories d'êtres humains, Hiroshima semblait annoncer l'avènement d'une ère nouvelle dans laquelle l'humanité dans son ensemble était devenue techniquement « éliminable » (*tötbar*) [29]. La philosophie heideggérienne de la technique était ici utilisée pour dresser un diagnostic de l'époque diamétralement opposé à celui du philosophe de Messkirch. À côté de Serge, Arendt, Adorno et Anders, il faut

27 Max Horkheimer et Theodor W. Adorno, *Dialectique de la raison*, Gallimard, Paris, 1974.

28 Franz Neumann, *Béhémoth*, *op. cit.*, p. 105-132.

29 Günther Anders, *Die Antiquiertheit des Menschen. I. Über die Seele im Zeitalter der zweiten industriellen Revolution*, C. H. Beck, Munich, 1985, p. 242-243.

rappeler d'autres intellectuels et écrivains émigrés comme Jean Améry, Paul Celan, Manes Sperber, Arthur Koestler, Gaetano Salvemini ou Nicola Chiaromonte, dont les écrits contiennent des intuitions ou des analyses tout aussi puissantes.

L'exil comme observatoire

Un trait partagé par ces figures tient à leur statut d'exilés, d'intellectuels marginaux, d'*outsiders*. Certes, les exilés n'ont pas été les seuls, en dehors des victimes, à avoir déchiffré en temps réel les horreurs du siècle. Sur Auschwitz et Hiroshima, par exemple, des pages lucides ont été écrites par Albert Camus et Georges Bataille en France, par Dwight MacDonald aux États-Unis, des intellectuels souvent bien enracinés dans leurs propres contextes culturels. Mais il ne fait pas de doute que, face à ces horreurs, les exilés ont agi comme un sismographe particulièrement sensible et précoce. Ce fait n'est pas anecdotique, ni dû au hasard. Au contraire, on pourrait sans doute formuler l'hypothèse d'une herméneutique de la distance, d'un *privilège épistémologique* de l'exil : une sorte de compensation intellectuelle, certes cher payée, des privations, de la perte et du déracinement liés à la condition de l'exil. Autrement dit, l'exil serait à l'origine d'un modèle cognitif qui consisterait à regarder l'histoire et à interroger le présent du point de vue des vaincus et qui, par conséquent, constituerait la prémisse d'une connaissance du réel autre que celle des points de vue dominants, voire officiels [30]. L'existence de l'intellectuel en exil porte les traces d'un déchirement, d'un trauma profond qui, très rapidement, le prive de son contexte social et culturel, de sa langue, de ses lecteurs, de son métier et de ses sources de subsistance (souvent même de la possibilité d'être publié), d'un paysage familier où fixer un ordre de pensée. Adorno a consacré à l'exil les pages les plus

30 *Cf.* Enzo Traverso, *L'Histoire déchirée, op. cit.*, ch. I.

tourmentées de *Minima moralia*, un ouvrage dont le sous-titre, « réflexions sur la vie mutilée », indique la tonalité triste et amère. Pour Adorno, l'exil est tout d'abord une blessure, un déchirement, une séparation cruelle, un arrachement à son *Heimat*, au sens le plus noble et profond du terme : le terrain fécond de l'écrivain qui désormais ne peut même plus « habiter » sa propre langue [31]. Des écrivains célèbres ont été obligés de publier leurs ouvrages dans des maisons d'édition d'émigrés petites et pauvres, des universitaires reconnus ont cherché désespérément une bourse d'études, des ex-directeurs de revues importantes ont publié de façon irrégulière des feuilles diffusées à quelques centaines d'exemplaires. L'exemple d'Adorno, Horkheimer, Anders ou Arendt pendant les années d'exil indique que la profondeur de leur regard et de leur réflexion sur la guerre et la violence était la face cachée de leur invisibilité publique et de leur impuissance politique, pratiquement totale. Leur clairvoyance avait un prix très élevé qui se traduisait par la condamnation inexorable à ne pas être écoutés. Au moment où les démocraties occidentales célébraient leur triomphe et où la culture antifasciste, dans ses différentes composantes, annonçait la fin d'une parenthèse ténébreuse et le retour à une nouvelle ère des Lumières, de paix et de progrès, il n'y avait pas grand monde pour écouter ces Cassandre qui déployaient leurs efforts pour désigner et interpréter une nouvelle, terrible et irréversible rupture de l'histoire. Un continent occupé à panser ses blessures et lancé dans la reconstruction ne voulait pas écouter ceux qui rappelaient qu'une Europe sans juifs était une Europe mutilée, que l'URSS de Staline était le tombeau des espérances émancipatrices qui avaient et qui continuaient de mobiliser des millions d'êtres humains, que la bombe atomique constituait une menace irréversible pour la survie de l'humanité sur cette planète. Au moment où la culture occidentale semblait avoir restauré une

31 Theodor W. Adorno, *Minima moralia. Réflexions sur la vie mutilée*, Payot, Paris, 1991, p. 29-30.

idée du progrès mise à mal par les cataclysmes de la nouvelle guerre de Trente Ans, les exilés jouaient le rôle dérangeant et inconfortable de trouble-fête, des « avertisseurs d'incendie » – selon la métaphore de Walter Benjamin – qui ne croyaient pas au Progrès, qui considéraient les violences de la guerre comme un produit de la civilisation et mettaient en garde, en tirant l'alarme, contre ses dérives [32].

Les exilés ne formaient pas un groupe homogène sur les plans culturel, idéologique et politique. Souvent, ils ne se connaissaient même pas et n'avaient pas conscience de leurs « affinités électives ». Ce qui les unissait, c'était une condition partagée de réfugiés, une attention chargée d'inquiétude pour le monde qu'ils avaient laissé derrière eux et un présent vécu sous le signe de la privation et de la précarité. Leur condition d'exilés correspondait parfaitement à certains modèles élaborés par la sociologie européenne au tournant du siècle : l'« étranger » (*Fremde*) de Georg Simmel, l'intelligentsia « sans attaches » (*freischwebend*) de Karl Mannheim et l'intellectuel « extraterritorial » de Siegfried Kracauer [33]. Tout d'abord l'« étranger » et l'« extraterritorial », c'est-à-dire l'« invité qui reste » (*der Gast der bleibt*), le « vagabond » susceptible d'adopter une perspective critique, en créant une tension fructueuse entre le point de vue hérité de son pays d'origine et celui du pays d'accueil. Puis l'intelligentsia « sans attaches », affranchie des contraintes de classes traditionnelles dans l'élaboration de son point de vue.

De leur refuge précaire, les exilés étaient en mesure de réfléchir sur la tragédie à laquelle ils avaient échappé : Arendt, Adorno et Horkheimer aux camps d'extermination ; Serge au

32 Walter Benjamin, « Einbahnstrasse », in *Gesammelte Schriften*, Suhrkamp, Francfort/Main, I, 3, p. 1232. *Cf.* aussi Michael Löwy, *Avertissement d'incendie. Une lecture des thèses « Sur le concept d'histoire »*, PUF, Paris, 2001.

33 *Cf.* Georg Simmel, « Excursus sur l'étranger » (1908), *Sociologie*, Presses universitaires de France, Paris, 1999, p. 664-668 ; Karl Mannheim, *Ideologie und Utopie*, Verlag Schulte-Bulmke, Francfort/Main, 1969, p. 123 ; Siegfried Kracauer, *Histoire. Des avant-dernières choses*, Stock, Paris, 2005, notamment p. 144-145.

Goulag stalinien. En tant qu'étrangers, ils n'acceptaient pas les stéréotypes dominants et pouvaient même reconnaître une victime en ceux que le point de vue officiel indiquait comme l'ennemi : Anders était profondément choqué par les stéréotypes racistes avec lesquels la propagande américaine stigmatisait les Japonais, des stéréotypes qui lui rappelaient l'image du juif véhiculée par l'antisémitisme nazi. Autrement dit, les exilés se soustrayaient, dans une large mesure, aux contraintes sociales, culturelles, politiques et même psychologiques du contexte dans lequel ils vivaient. La fin de la guerre ne pouvait pas représenter, pour eux, l'occasion d'exprimer leur orgueil patriotique, mais le moment dans lequel ils prenaient conscience, douloureusement et définitivement, de ne plus posséder de patrie. Le nazisme était vaincu, mais le judaïsme d'Europe centrale et orientale avait pratiquement disparu, détruit à jamais. La guerre était finie, mais les camps sibériens n'avaient pas cessé d'exister et restaient peuplés par des centaines de milliers de déportés. La barbarie était vaincue, mais ses vainqueurs avaient décidé de célébrer leur triomphe en perpétrant un crime, la destruction atomique d'Hiroshima et de Nagasaki, qui semblait vouloir réduire la distance morale qui les séparait de leurs ennemis, les bourreaux de Nankin, Buchenwald et Maidanek. Les exilés ne pouvaient pas lire ces événements avec les lunettes des vainqueurs et leur point de vue était presque toujours anticonformiste, inclassable, souvent incompris. Ils incarnaient les traits humanistes que, dans une lettre célèbre à Karl Jaspers, Hannah Arendt attribuait au paria : la générosité d'âme, la sensibilité aux injustices, la liberté d'esprit et l'absence de préjugés [34]. Apatrides, ils échappaient aux stéréotypes nationaux et réagissaient aux événements les plus sombres de leur époque, non pas comme des Russes, des Américains ou des Allemands, ni non plus exclusivement comme des juifs persécutés, mais comme des *citoyens du monde*

34 Hannah Arendt et Karl Jaspers, *Correspondance 1926-1969*, Payot, Paris, 1995, p. 287.

(renversement dialectique de leur statut réel d'apatrides et de leur « acosmisme » (*Weltlosigkeit, Worldlessness*)[35]. C'était sans doute la raison qui les poussait à voir le Goulag, les camps d'extermination nazis et la destruction atomique non seulement comme des tragédies nationales, mais comme des blessures qui changeaient l'image de l'homme. Il fallait les penser dans leur dimension universelle, comme des événements qui nous obligeaient à reconsidérer notre vision de l'histoire. Edward Saïd a défini l'exil comme une métaphore de l'intellectuel qui, en portant un regard critique sur la réalité qui l'entoure, est obligé de jouer le rôle de l'*outsider*, du contestataire, de l'hérétique, du démolisseur de l'orthodoxie et des normes consolidées. Empruntant cette expression au lexique musical, il a désigné ce regard critique comme une sorte de *contrappunto* : « L'intellectuel en exil – écrit-il – est inévitablement ironique, sceptique, joueur même – mais cynique, non[36]. »

Ce sont encore les exilés qui, à partir des années 1930, ont préservé le marxisme comme pensée critique. Contre la pétrification scolastique et dogmatique du marxisme-léninisme d'une part et, de l'autre, contre les interprétations évolutionnistes le réduisant à une simple variante de l'idéologie du Progrès, les exilés ont renouvelé le marxisme pour en faire une théorie critique de la société et des appareils de domination politique. Benjamin, Adorno, Horkheimer, Bloch, Korsch, Serge, Trotski, Deutscher étaient des exilés. Et même Gramsci, incarcéré sous le fascisme, doit sans doute à son isolement forcé la possibilité d'avoir élaboré une réflexion nouvelle sur le pouvoir et les voies de la révolution en Occident. La prison a été pour lui une sorte d'exil, un observatoire certes inconfortable mais néanmoins à l'abri des influences et des contraintes extérieures, notamment du stalinisme. Pendant la période de

---

35 *Cf.* Hannah Arendt, *La Tradition cachée. Le juif comme paria*, Christian Bourgois, Paris, 1987. Voir aussi Günther Anders, *Menschen ohne Welt*, Beck, Munich, 1991.

36 Edward Saïd, *Des intellectuels et du Pouvoir*, Seuil, Paris, 1996, p. 78.

l'entre-deux-guerres, lorsque les marxismes nationaux se transformaient progressivement en idéologies de parti (communiste ou social-démocrate), le marxisme critique a été préservé comme pensée des exilés, des hérétiques, des bannis, des *Aussenseiter*.

C'est surtout parmi les intellectuels antifascistes exilés aux États-Unis que l'on trouve les critiques les plus féconds et novateurs du totalitarisme. Il s'agit d'intellectuels judéo-allemands comme Franz Neumann, Herbert Marcuse, Hans Kohn, Franz Borkenau, Ernst Fraenkel et surtout Hannah Arendt ; de sociologues et théologiens chrétiens comme Paul Tillich, Eric Voegelin, Waldemar Gurian et Luigi Sturzo ; ou encore d'antifascistes italiens comme Nicola Chiaromonte. Encore une fois, il n'y a pas d'homogénéité entre les définitions du totalitarisme proposées par un marxiste comme Marcuse (une synthèse anti-humaniste du capitalisme monopoliste et de l'existentialisme politique) ou par un catholique comme Voegelin (une dérive extrême de la sécularisation). Mais ils attribuent tous au concept de totalitarisme une connotation éthique qui fait défaut aux théories libérales contemporaines, à partir de celle, canonique, de Carl Friedrich et Zbigniew Brzezinski. Pour Hannah Arendt, le totalitarisme n'était pas seulement un régime politique qui ne rentrait plus dans les typologies classiques, mais une expérience destructrice du politique en tant que lieu d'expression de la pluralité des êtres humains, sans laquelle il n'y aurait plus ni liberté ni possibilité d'action. Dans son premier projet de recherche sur les camps de concentration, daté de 1948, elle posait le problème dans les termes suivants : « Dans quelle mesure les êtres humains qui vivent sous la terreur totalitaire correspondent encore à la représentation habituelle que nous nous faisons de l'homme [37] ? »

37 Hannah Arendt, *La Nature du totalitarisme*, Payot, Paris, 1990, p. 177. *Cf.* Miguel Abensour, « D'une mésinterprétation du totalitarisme et de ses effets » (1996), *in*

Pendant la guerre froide, Hannah Arendt proposait une vision du totalitarisme établissant un bilan critique de l'histoire de l'Occident, de l'avènement de l'impérialisme à la naissance du racisme biologique, de la formation de l'antisémitisme moderne – non plus religieux mais racial – à la crise de l'État-nation. Cette crise lui apparaissait comme la cause de la prolifération des apatrides, sans droits ni État, exclus de toute protection juridique et, par conséquent, boucs émissaires désignés de tous les cataclysmes sociaux et politiques. Cette conception s'opposait radicalement à la tendance alors dominante qui ôtait à la notion de totalitarisme sa force *critique* pour lui conférer un caractère essentiellement *apologétique* de l'ordre occidental, visant exclusivement à légitimer la lutte contre le nouvel ennemi totalitaire : l'URSS.

La culture de l'exil n'est certes pas restée imperméable à l'anticommunisme de la guerre froide – il suffit de penser à des figures comme Koestler ou Borkenau –, mais plusieurs de ses représentants, notamment ceux qui avaient pris depuis longtemps leurs distances vis-à-vis de l'orthodoxie communiste, n'ont pas transformé l'antitotalitarisme en une croisade contre le « dieu qui a échoué ». Le scepticisme des exilés s'exprimait à la fois à l'égard des ex-communistes soudainement convertis en défenseurs du « monde libre », et de la culture antifasciste, non plus plurielle, mais transformée en idéologie des compagnons de route du communisme. Aux États-Unis, le concept de totalitarisme a été rapidement intégré dans l'arsenal idéologique de la guerre froide. En RFA, il est devenu la *Weltanschauung* de la *Constitution*, source d'un « anti-antifascisme » qui a eu comme conséquence inévitable le refoulement, pendant au moins vingt-cinq ans, de la mémoire des crimes du nazisme. Pour les communistes européens, d'autre part, « totalitarisme » était devenu un mot presque imprononçable, une arme de l'impérialisme.

Enzo TRAVERSO (dir.), *Le Totalitarisme. Le XXe siècle en débat*, « Points », Seuil, Paris, 2001, p. 748-778.

Or l'antitotalitarisme des exilés a échappé, tout au moins dans certaines de ses composantes essentielles, à ces oppositions manichéennes, et refusé de plier sa réflexion aux chantages de l'idéologie. Contre la tendance dominante qui consistait à réduire le totalitarisme à une forme d'antilibéralisme et à le diaboliser comme ennemi du « monde libre », Arendt en retrouvait les origines au sein de la culture occidentale, en rappelant sa dette à l'égard de l'impérialisme européen du XIXe siècle. Quant à Marcuse, dans sa préface à *Éros et Civilisation*, il écrivait que « les camps de concentration, les exterminations de masse, les guerres mondiales et les bombes atomiques ne sont pas une "rechute dans la barbarie", mais les résultats effrénés des conquêtes modernes de la technique et de la domination [38] ». S'inspirant à la fois de la théorie du capitalisme de Marx, du concept de rationalité de Weber et de la conception de la technique de Heidegger, Marcuse interprétait le capitalisme tardif comme un dispositif alliant rationalité et domination. Mais cette rationalité tendait à s'éloigner progressivement du *ratio* originaire, wébérien, d'une bourgeoisie « ascétique » et éthiquement inspirée, pour se transformer en irrationalité humaine et sociale. Si le capitalisme ne débouchait pas inéluctablement sur la domination totalitaire, il en constituait néanmoins une prémisse indispensable.

Dans un autre contexte, cependant, la liberté et l'indépendance intellectuelles offertes par l'exil pouvaient aussi devenir des entraves. La dette morale contractée à l'égard du pays d'accueil est devenue une contrainte psychologique puissante au cours des années 1960, lorsqu'il s'est agi de remettre en cause la politique américaine au Vietnam. Les exilés qui avaient trouvé un refuge et une nouvelle patrie aux États-Unis avaient souvent du mal – Marcuse constitue encore une fois une exception – à soutenir la contestation radicale de l'impérialisme prônée par le mouvement étudiant et la *New Left*. Les apatrides qui avaient trouvé un refuge (et une nouvelle

38 Herbert Marcuse, *Éros et Civilisation*, Minuit, Paris, 1963.

citoyenneté) aux États-Unis pendant la Seconde Guerre mondiale étaient souvent mal à l'aise lors des manifestations où l'on brûlait le drapeau américain. Ce changement de statut social et de posture identitaire a eu des conséquences philosophiques et politiques. La réflexion politique de Hannah Arendt se déplaçait maintenant vers la sphère publique – l'antithèse du totalitarisme –, qui est le thème de *Condition de l'homme moderne* [39] (1958).

Souvent prisonniers de leur eurocentrisme, les exilés se sont montrés pour la plupart indifférents, sinon hostiles, à la vague anti-impérialiste qui montait d'Asie et d'Afrique après la Seconde Guerre mondiale. Pour Hannah Arendt, le tiers monde n'était pas « une réalité, mais une idéologie ». Dans une polémique avec Sartre et Fanon, elle écrivait que « les révoltes d'esclaves et les soulèvements des spoliés et des déshérités » avaient toujours échoué, transformant leurs rêves émancipateurs « en un cauchemar généralisé » [40]. On serait tenté de considérer ce jugement comme le prix à payer pour la « normalisation » des exilés, non plus des *outsiders* mais des « établis ».

Au cours de ces dernières décennies, l'exil américain des intellectuels européens a été largement étudié comme un exode de la culture d'un côté à l'autre de l'océan et comme l'origine de la suprématie américaine dans la recherche scientifique. Au lieu de l'étudier comme une épopée triomphale, il faudrait peut-être y voir une « tradition cachée », selon l'expression arendtienne, ou encore, selon la formule de Benjamin dans *Deutsche Menschen*, comme une « arche » qui, pendant le déluge, a permis le sauvetage de la pensée critique [41].

---

39 Hannah ARENDT, *Condition de l'Homme moderne*, Calmann-Lévy, Paris, 1983.

40 Hannah ARENDT, « Sur la violence » (1971), *Du mensonge à la violence*, Presses Pocket, Paris, 1989, p. 124.

41 *Cf.* Hannah ARENDT, *La Tradition cachée*, *op. cit.* ; Albrecht SCHÖNE, « "Diese nach jüdischem Vorbild erbaute Arche". Walter Benjamins *Deutsche Menschen* », *in* Stéphane MOSES et Albrecht SCHÖNE (dir.), *Juden in der deutschen Literatur*, Suhrkamp, Francfort/Main, 1986, p. 355, 364.

Théorie voyageuse

Dans un essai séminal sur la « théorie voyageuse » (*traveling theory*), Edward Saïd nous a donné quelques clefs pour comprendre la géographie de la pensée critique du XXe siècle [42]. Les hommes et les marchandises ne sont pas seuls à se déplacer ; les théories aussi émigrent, se croisent et s'hybrident, s'enracinent et se transforment en se greffant sur d'autres cultures, selon les circonstances historiques concrètes qui orientent et façonnent l'élaboration de la pensée. Bref, les idées ne vivent pas en autarcie ; elles changent en se déplaçant d'un lieu à un autre, et cette mutation est la modalité même de leur existence. Pour illustrer sa conception, Saïd prend comme exemple la théorie de la réification, élaborée par Georg Lukács dans *Histoire et Conscience de classe* (1923). Née d'une fusion de la théorie marxienne du fétichisme de la marchandise et de la théorie wébérienne de la rationalité moderne, sa conception de la réification capitaliste – la transformation des relations humaines et sociales en relations entre entités abstraites, aliénées, médiatisées par l'universalisation de la forme marchande – le conduisait au communisme. C'était le prolétariat qui, en vertu de sa place dans le processus de production, pouvait trouver une solution aux contradictions du capitalisme, en les dépassant dialectiquement. Prenant conscience de sa condition sociale, il pouvait parvenir à une connaissance globale de la société. Pour la première fois, science et conscience, sujet et objet de la connaissance coïncidaient, réalisant ainsi une réconciliation de l'univers social. Bien évidemment, souligne Saïd, une telle conception surgissait d'une conjoncture historique particulière : la révolution hongroise de 1919, à laquelle Lukács avait participé en qualité de commissaire à l'Éducation dans le gouvernement de Béla Kun.

---

42 Edward Said, « Traveling theory » (1982), *The Edward Said Reader*, Granta, Londres, 2000, p. 195-217.

Redécouvert en France après la Seconde Guerre mondiale, le livre de Lukács a exercé une influence profonde sur Lucien Goldmann, qui s'est inspiré du concept de conscience de classe pour élaborer son interprétation de la vision du monde tragique chez Pascal et Racine, expression de l'impuissance sociale de la noblesse de robe à l'âge de l'absolutisme. *Histoire et Conscience de classe*, suggère Saïd, est un ouvrage qui porte les traces d'un soulèvement révolutionnaire, tandis que *Le Dieu caché* (1959) est le livre d'un « historien expatrié travaillant à la Sorbonne[43] ». Budapest et Paris, ajoute-t-il, n'ont pas engendré ces deux ouvrages, mais ont certes constitué, à deux époques différentes, les contextes dans lesquels ils ont été écrits et dans lesquels il faut placer leurs auteurs.

Dix ans plus tard, Goldmann donnait deux conférences à Cambridge, et introduisait dans le monde anglo-saxon une théorie appartenant à une tradition intellectuelle continentale. Par sa transmigration en Angleterre, la théorie de Lukács a connu une transformation supplémentaire, car elle a été consacrée et institutionnalisée à la fois. Ce qui était apparu à l'origine comme « une percée méthodologique » (*methodological breakthrough*) est devenu, selon les mots de Raymond Williams, une « trappe méthodologique » : par sa codification, cette intuition théorique avait été stérilisée et il était désormais impossible de la « traduire en une pratique critique »[44].

Revenant vingt ans plus tard sur son essai, Saïd indiquait cependant d'autres usages possibles de la théorie lukacsienne de la réification. Adorno, qui ne croyait plus dans les vertus de l'*Aufhebung* hégélienne, avait théorisé la transformation de la raison émancipatrice des Lumières en rationalité instrumentale et dominatrice du totalitarisme. Abandonnant la

43 *Ibid.*, p. 204 (référence à Georg Lukács, *Histoire et Conscience de classe*, Éditions de Minuit, Paris, 1984, et Lucien Goldmann, *Le Dieu caché*, Gallimard, Paris, 1959).

44 *Ibid.*, p. 207 (référence à Raymond Williams, *Culture et Matérialisme* [1980], Les Prairies ordinaires, Paris, 2009).

perspective illusoire d'une réconciliation du monde social dans une totalité reconstituée, il portait son intérêt vers la musique atonale de Schönberg, un art qui, écrivait-il dans *Philosophie de la nouvelle musique* (1948), surgissait d'un rejet radical de l'industrie culturelle du monde réifié [45]. Dans un autre contexte, non plus celui du monde défiguré par le nazisme mais celui de la guerre d'Algérie, Frantz Fanon s'était positionné à son tour contre le principe illusoire d'une réconciliation de l'univers social, l'opposition radicale entre la violence des opprimés et celle des colonisateurs. Formulant l'hypothèse selon laquelle Fanon aurait rédigé *Les Damnés de la terre* (1961) sous l'influence d'*Histoire et Conscience de classe*, publiée pendant la même année en traduction française, Saïd indique un nouveau déplacement théorique contenu dans cet ouvrage [46]. Fanon dépassait l'eurocentrisme de Lukács (et Adorno) en reformulant la relation sujet/objet comme un conflit entre colonisateur et colonisé. Le contraste décrit dans les premières pages des *Damnés de la terre* entre la ville coloniale, propre et bien éclairée, et l'obscurité de la *casbah* indigène, semble évoquer l'aliénation du monde réifié analysé par Lukács. Le projet de Fanon, ajoute Saïd, consiste « d'abord à éclairer et ensuite à animer la séparation entre le colonisateur et le colonisé (sujet et objet) afin de ramener à la surface tout ce qui est faux, brutalisant et historiquement déterminé dans leur relation ». Autrement dit, la conscience de classe prolétarienne théorisée par Lukács devient la « violence révolutionnaire » dans le texte de Fanon [47]. Cependant, à la différence de Lukács, qui postulait une synthèse susceptible de dépasser dialectiquement les contradictions du capitalisme, Fanon n'envisageait plus aucune forme de synthèse supérieure. Comme

---

45 Edward SAÏD, « Traveling Theory reconsidered » (1994), *Reflections on Exile*, Granta, Londres, 2001, p. 440-444 (référence à Theodor W. ADORNO, *Philosophie de la nouvelle musique*, Gallimard, Paris, 1979).

46 *Ibid.*, p. 444-446 (référence à Frantz FANON, *Les Damnés de la terre* [1961], La Découverte, Paris, 2006).

47 *Ibid.*, p. 448.

Adorno, il avait puisé chez Lukács son modèle théorique pour en rejeter les conclusions. Mais, à la différence d'Adorno, pour qui le refus de toute réconciliation impliquait le repli dans une sphère esthétique et dans une forme de romantisme aristocratique, Fanon prônait une dialectique négative totalement axée sur le conflit. Nous pourrions voir, dans ces deux aboutissements de la même « théorie voyageuse » de matrice lukacsienne, le clivage qui sépare, à partir du milieu du XXe siècle, les pensées critiques élaborées au sein des deux principales cultures diasporiques du monde occidental : la juive et la noire.

Exil juif et Atlantique noir

L'exil juif tisse un réseau de relations intellectuelles, de transferts, de ruptures et d'engendrements théoriques qui s'étalent sur une vingtaine d'années, entre 1933 et le début des années 1950. Les deux pôles de ce réseau sont l'Allemagne (ou plutôt l'Europe centrale de langue allemande) et les États-Unis, avec la médiation française pendant une brève parenthèse (1933-1940). La transition d'une culture judéo-allemande axée sur l'idée de *Bildung* (l'éducation et le perfectionnement de soi-même au sens de Humboldt) à une culture américaine fondée sur le principe du *Bill of Rights*, a certes été un des vecteurs des théories du totalitarisme, dont le principal foyer était constitué, pendant et juste après la guerre, par les exilés allemands [48]. Pour ces intellectuels habitués à idéaliser la culture comme forme d'assimilation et d'intégration au sein de la société allemande, la rencontre avec une tradition atlantique concevant la liberté et la démocratie non pas comme des idéaux abstraits mais comme un ensemble de droits et de normes constitutionnelles, a eu un effet libérateur. Comme Hannah Arendt le reconnaissait dans une lettre à

48 *Cf.* Enzo Traverso, *Le Totalitarisme, op. cit.*, p. 53.

Karl Jaspers en 1946, grâce à la découverte d'une tradition républicaine faite de liberté, de mise en valeur de l'espace public et d'absence d'un « État national » au sens européen du terme, elle s'était affranchie d'un carcan idéologique et d'un habitus mental acquis en Allemagne [49]. Il en découlera une réflexion sur le juif comme *paria*, notion qu'elle avait reprise chez Weber et Bernard Lazare, mais qui devenait maintenant, au-delà de toute connotation morale, esthétique ou littéraire, une catégorie politique essentielle visant à définir la condition des êtres humains sans État, les apatrides exclus du système des États-nations et donc privés de tout droit. Bref, pour Arendt, les parias étaient les individus dépourvus du « droit à avoir des droits [50] », vivant dans un état d'« acosmisme » et d'invisibilité dans l'espace public. L'expérience de l'exil a été la base existentielle et le contexte intellectuel d'où est surgie la théorie arendtienne du totalitarisme comme destruction du politique, suppression du pluralisme et de l'altérité qui constituent les fondements de la liberté dans un espace public partagé.

La culture diasporique noire s'est structurée, tout au long de la première moitié du XXe siècle, jusqu'à la décolonisation, dans un espace atlantique dont les pôles sont les États-Unis, les Antilles, l'Europe occidentale et l'Afrique. C'est un réseau complexe de déplacements individuels, de transferts théoriques et d'échanges politiques que Paul Gilroy a résumé dans la notion d'*Atlantique noir* [51]. Nous pourrions y inscrire l'élaboration du concept de *négritude*, dans le Paris des années 1930, par des intellectuels antillais et africains comme Aimé Césaire et Leopold Sédar Senghor, mais aussi l'essor d'une nouvelle conception de la lutte anti-impérialiste chez des figures comme C.L.R. James et Frantz Fanon, ou encore les

49 Hannah Arendt, Karl Jaspers, *Correspondance*, *op. cit.*, p. 69.

50 Hannah Arendt, *Les Origines du totalitarisme*, Gallimard, « Quarto », Paris, 2000, p. 564-591, 599.

51 Paul Gilroy, *L'Atlantique noir. Modernité et double conscience*, Éditions Amsterdam, Paris, 2010.

métamorphoses de l'interprétation du racisme chez W.E.B. Du Bois à la suite de ses voyages en Europe. Ses études à l'université de Berlin, à la fin du XIXe siècle, lui avaient fait découvrir Herder et le romantisme allemand. L'impact de cette rencontre a été la prémisse à son premier grand ouvrage : *Les Âmes du peuple noir* (1903). Loin de le pousser vers le conservatisme politique, l'opposition entre *Kultur* et *Zivilisation*, qui dominait alors les sciences sociales dans le Reich wilhelmien, l'a conduit à idéaliser l'Afrique comme patrie ancestrale et à interpréter la modernité comme synthèse entre rationalité et terreur qui formait la base de la suprématie blanche. Ses voyages ultérieurs en Europe, notamment sa visite des ruines du ghetto de Varsovie en 1949, l'ont conduit à réviser la thèse centrale de son livre qui voyait dans la « frontière de la couleur » (*color-line*) le vrai problème du XXe siècle [52]. Sa prise de conscience de l'histoire de l'antisémitisme en Europe l'avait « aidé à sortir d'un certain provincialisme » en découvrant que « le préjugé de race pouvait être autre chose qu'un préjugé de couleur » [53]. Le tournant intellectuel qui en découlait était de taille, car il l'obligeait à voir la question du racisme aux États-Unis dans une perspective nouvelle. Le résultat de ces voyages, écrivait-il, « n'était pas tant une compréhension plus claire du problème juif dans le monde qu'une compréhension plus réelle et complète du problème noir. D'abord, le problème de l'esclavage, de l'émancipation, de la caste aux États-Unis n'était plus, dans ma tête, une chose unique et séparée, comme je l'avais perçu pendant si longtemps [54] ». Bien au-delà de la « frontière de la couleur », de l'oppression nationale ou religieuse, le racisme « traversait les barrières physiques, les barrières de couleur, de croyance, de statut ; c'était plutôt une

52 W.E.B. Du Bois, *The Souls of Black Folk* (1903), Manor, Rockville, 2008, p. 19.

53 W.E.B. Du Bois, « Le Nègre et le ghetto de Varsovie » (1949), *Raisons politiques*, 2006, n° 21, p. 132. Voir Michael Rothberg, « W.E.B. Du Bois in Warsaw. Holocaust memory and the color line 1949-1952 », *The Yale Journal of Criticism*, 2001, 14/1, p. 169-189.

54 W.E.B. Du Bois, « Le Nègre et le ghetto de Varsovie », p. 134.

question de formation culturelle, d'éducation pervertie, de haine humaine et de préjugés qui touchait toutes sortes de gens et faisait un mal infini à tous les hommes [55] ».

La notion de théorie voyageuse peut saisir le processus génétique de ces idées nouvelles, engendrées par ces déplacements. Par exemple, il serait intéressant d'étudier la transformation qu'a connue, chez les intellectuels noirs américains, la dialectique du maître et de l'esclave esquissée par Hegel dans la *Phénoménologie de l'Esprit*. À la différence d'une longue tradition occidentale qui, de Lukács à Kojève, interprète ce passage hégélien comme une métaphore de l'oppression de classe, les intellectuels noirs ne pouvaient y voir qu'un enjeu concret de l'abolitionnisme et de l'anticolonialisme. Selon Gilroy, ce déplacement théorique s'est opéré dès le XIXe siècle, bien avant Du Bois ou Fanon, chez Frederick Douglass, dont les biographes ont attesté la familiarité avec la dialectique hégélienne, notamment grâce à la médiation de sa traductrice allemande, Ottilia Assing. Douglass, suggère Gilroy, a transformé le « métarécit hégélien du pouvoir » en un « métarécit de l'émancipation » [56]. Dépassant le clivage hégélien entre l'autoconscience du maître et la « choséité », voire l'anhistoricité, de l'esclave, il est parvenu à définir le caractère syncrétique de la culture afro-américaine : « Un hybride compliqué de profane et de sacré, d'Afrique et d'Amérique, forgé dans l'expérience débilitante de l'esclavage et façonné pour répondre aux exigences de son abolition [57]. » D'autres pourraient voir, dans cette lecture afro-américaine d'Hegel, une sorte de retour aux sources, en restituant à ce texte sa véritable origine, occultée par deux siècles d'eurocentrisme : la révolution haïtienne, que le philosophe allemand suivait passionnément dans la presse, et dont l'aboutissement par la

---

55 *Ibid.*

56 Paul GILROY, *L'Atlantique noir, op. cit.*, p. 96 (référence à HEGEL, *Phénoménologie de l'Esprit I*, Gallimard, Paris, 1993, p. 188-229, et Frederick DOUGLASS, *Mémoires d'un esclave américain*, Maspero, Paris, 1980).

57 *Ibid.*

proclamation d'une république d'esclaves libérés a coïncidé avec la rédaction de la *Phénoménologie de l'Esprit*[58].

Un autre exemple de théorie voyageuse se révèle particulièrement intéressant : la réception par les exilés juifs et noirs du *Déclin de l'Occident* (*Untergang des Abendlandes*), le grand classique d'Oswald Spengler paru en Allemagne à la fin de la Première Guerre mondiale[59]. En 1938, Adorno consacrait à Spengler un essai étonnant dans lequel il relisait son célèbre ouvrage à la lumière du nazisme. À contre-courant des lectures classiques qui l'interprétaient comme un monument de la pensée conservatrice arc-boutée sur l'apologie anachronique d'un monde révolu, pourfendeur de la société de masse et de la modernité technique, Adorno saisissait dans ce livre les traits d'une critique du monde réifié dont il fallait reconnaître qu'elle était supérieure, à plusieurs égards, « à la critique progressiste[60] ». Au-delà de ses métaphores organicistes sur l'achèvement d'un cycle vital de la civilisation occidentale, épuisée comme un corps vieillissant, Spengler annonçait l'avènement d'un ordre totalitaire. Le porte-parole de la révolution conservatrice avait saisi la dialectique qui unissait le progrès technique et industriel à la réification des relations sociales et à la déshumanisation du monde. Si le romantisme conservateur et le nationalisme radical de Spengler étaient certes discutables, Adorno semblait partager, jusqu'à un certain point, son diagnostic. Il fallait relever le défi lancé par *Le Déclin de l'Occident*, un ouvrage dont la critique, pour être recevable, ne pouvait pas se satisfaire d'une dénonciation de la barbarie, mais devait s'étendre à une remise en cause de la civilisation. Quelques années plus tard, sa critique de la civilisation trouvera une formulation plus achevée (non dépourvue des accents téléologiques spengleriens) dans *Dialectique de la*

58 *Cf.* Susan Buck-Morss, *Hegel et Haïti*, Éditions Lignes, Paris, 2006.

59 Oswald Spengler, *Le Déclin de l'Occident. Esquisse d'une morphologie de l'histoire universelle*, Gallimard, Paris, 1993, vol. I.

60 Theodor W. Adorno, « Spengler après le déclin » (1938-1941), *Prismes. Critique de la culture et société*, Payot, Paris, 1986, p. 50.

raison, lorsqu'il écrira avec Max Horkheimer que la rationalité occidentale avait amorcé le processus de sa propre « autodestruction » (*Selbstzerstörung der Aufklärung*) [61]. À la fin de son essai de 1938, loin de contempler la décadence, Adorno prônait l'utopie : « Au déclin de l'Occident ne s'oppose pas la résurrection de la culture, mais l'utopie que renferme dans une question muette l'image de la civilisation qui agonise [62]. »

En 1980, l'historien marxiste de Trinidad C.L.R. James, aujourd'hui considéré comme l'un des pères du postcolonialisme, affirmait dans une interview être devenu marxiste sous l'influence de deux livres : *Histoire de la révolution russe* de Léon Trotski, paru la même année de son arrivée à Londres, en 1932, et *Le Déclin de l'Occident* [63]. Si la référence au premier ouvrage allait de soi pour un intellectuel qui a été un militant trotskiste pendant presque deux décennies, l'évocation de Spengler suscite un certain étonnement, encore plus que chez Adorno, qui n'aurait pu ignorer un des grands livres de la culture conservatrice allemande de son époque. Bien entendu, James n'était pas fasciné par les idées politiques de Spengler ; ce qui l'attirait dans un tel ouvrage était plutôt sa critique radicale de la civilisation moderne. Elle pouvait l'aider à inscrire sa lutte contre le racisme et le colonialisme dans une remise en cause globale de la civilisation occidentale. Pour un jeune intellectuel comme James, éduqué dans le milieu culturel pragmatique et positiviste de l'Empire britannique, la découverte du *Kulturpessimismus* allemand, même dans ses versions les plus réactionnaires, pouvait apporter des idées nouvelles. Il s'appropria donc cette critique de la modernité en la réinterprétant à la lumière du marxisme. Son approche de Spengler ne différait pas, sur le fond, de celle de Walter Benjamin qui, selon les mots de son ami Gershom Scholem, avait toujours

---

61 Max Horkheimer, Theodor W. Adorno, *Dialectique de la raison*, *op. cit.*, p. 14.

62 Theodor W. Adorno, « Spengler après le déclin », *op. cit.*, p. 58.

63 *Cf.* Alan MacKenzie, « Radical pan-africanism in the 1930s. A discussion with C.L.R. James », *Radical History Review*, 1980, n° 24, p. 74.

été fasciné par la pensée conservatrice, avec une capacité singulière à « percevoir le grondement souterrain de la révolution jusque chez les auteurs les plus réactionnaires [64] ».

Le traumatisme provoqué au sein du monde intellectuel judéo-allemand par l'arrivée de Hitler au pouvoir en 1933, a trouvé son équivalent deux ans plus tard, pour l'intelligentsia afro-américaine et caribéenne, dans la guerre d'Éthiopie. James s'est présenté à l'ambassade éthiopienne à Londres pour offrir ses services et a contribué à lancer une vaste campagne de propagande contre la guerre coloniale du fascisme italien. Pendant un moment, il a même envisagé de se rendre en Afrique pour organiser des actions de solidarité, jusqu'à la propagande défaitiste au sein de l'armée italienne. À Londres, il a dirigé l'International African Friends of Ethiopia et mené une bataille acharnée dans la gauche britannique pour le boycottage de la guerre [65]. Cette campagne n'a pas grand-chose à voir avec Adorno, mais rappelle de près celle que lancera Hannah Arendt dans les colonnes de *Aufbau*, pendant la Seconde Guerre mondiale, pour la création d'une armée juive dans la lutte contre le nazisme [66].

En 1938, James publiait *Les Jacobins noirs*, un ouvrage qui reconstitue l'histoire de la première révolte victorieuse des esclaves contre le pouvoir colonial. Rapidement traduite en plusieurs langues, cette étude de la révolution haïtienne des années 1791-1803 lui a assuré une certaine notoriété des deux côtés de l'Atlantique. Il a résumé ainsi la genèse de ce livre pour lequel il a travaillé pendant un an à la Bibliothèque nationale de Paris : « Je décidai d'écrire un livre dans lequel les Africains – ou leurs descendants dans le Nouveau Monde – au lieu d'être constamment l'objet de l'exploitation et de la

64 Gershom Scholem, « Walter Benjamin », *Fidélité et utopie. Essais sur le judaïsme contemporain*, Calmann-Lévy, Paris, 1978, p. 134.

65 *Cf.* Paul Buhle, *C.L.R. James. The Artist as Revolutionary*, Verso, Londres, 1988, p. 55-56.

66 Hannah Arendt, « Jewish army. The beginning of jewish politics ? » (1941), *The Jewish Writings*, Schocken Books, New York, 2007, p. 136-139.

férocité d'autres peuples, se mettraient à agir sur une grande échelle et façonneraient leur destin [67]. » Au même titre que *Black Reconstruction*, le classique de W.E.B. Du Bois paru aux États-Unis deux ans auparavant, le livre de James analysait l'esclavage comme l'un des traits majeurs de la civilisation moderne et voyait la révolution de Toussaint Louverture comme la première étape du soulèvement des colonisés qui aurait marqué l'histoire du XXe siècle. En 1938, évoquer « le travail forcé dans les mines, le meurtre, le rapt, les chiens policiers, les maladies étrangères et la famine artificielle (...), les bienfaits d'une civilisation plus élevée [qui] réduisirent la population indigène de 1,3 million à 15 000 habitants en quinze ans », signifiait inévitablement établir un lien entre la violence coloniale et les camps de concentration du fascisme [68].

En 1951, l'année de publication des *Origines du totalitarisme*, Hannah Arendt obtenait la citoyenneté américaine. La célébrité acquise grâce à son livre coïncidait avec l'abandon de son statut d'apatride et d'exilée. En 1952, James était interné à Ellis Island en tant qu'« étranger indésirable » (*undesirable alien*). Ses tentatives de naturalisation, à la suite de son second mariage, avaient échoué. Auteur marxiste prolifique et militant anticolonialiste, il n'avait pas de place dans l'Amérique du sénateur McCarthy. « J'étais un étranger sans permis de séjour régulier. Je n'avais pas de droits », écrira-t-il [69]. Au bout de plusieurs mois d'internement, il sera enfin expulsé vers la Grande-Bretagne. Pendant cette période de rétention, James a écrit *Mariners, Renegades and Castaways*, une interprétation tout à fait originale de *Moby Dick* à la lumière de l'histoire du

---

67 C.L.R. James, « Préface » (1980), *Les Jacobins noirs. Toussaint Louverture et la révolution de Saint-Domingue*, Éditions Caribéennes, Paris, 1983, p. XI (rééd. Éditions Amsterdam, Paris, 2009).

68 *Ibid.*, p. 7.

69 C.L.R. James, *Mariners, Renegades and Castaways. The Story of Herman Melville and the World We Live In* (1953), University Press of New England, Hanover, 2001, p. 162.

XXe siècle. Selon James, ce roman préfigurait les conflits sociaux engendrés par la révolution industrielle. Il présentait *Péquod*, le navire où Melville situe son récit, comme une allégorie de la société capitaliste moderne, où les marins symbolisent le prolétariat et les peuples colonisés (notamment les « trois sauvages », les harponniers Queequeg, Tashtego et Daggoo) tandis que le capitaine Achab incarne la bourgeoisie, obsédée par son désir de dominer le monde, au risque de succomber avec lui. Dans sa lutte contre la baleine, Achab était disposé à sacrifier son navire et son équipage, de même que la bourgeoisie s'était montrée prête aux crimes et aux génocides pour préserver son système de domination. Les marins avaient un rapport harmonieux avec la nature, qu'ils respectaient et ne considéraient pas comme « un objet à conquérir et utiliser » ; ils se sentaient en unité avec elle « physiquement, intellectuellement et émotionnellement ». Achab, en revanche, voulait la dominer et la soumettre. Il était vu par James comme l'incarnation de la rationalité moderne, qui ne développe pas les connaissances et la technologie « afin d'atteindre des buts humains, mais seulement en fonction d'une finalité abstraite [70] ». Aux yeux d'Achab, les marins n'étaient pas des êtres humains, mais une masse anonyme, une matière réifiée qu'il appelait *manufactured men* [71]. Il était protégé par une garde armée féroce et brutale – les Fedallah – qui rappelle les SS nazies. À la lumière de la description minutieuse que donne Melville du processus de travail des marins, extrêmement complexe et fragmenté, qui dépècent et stockent les cétacés, la baleinière apparaît comme une usine capitaliste. « Ce monde – écrit James – est, du premier coup d'œil, le monde moderne, celui où nous vivons, le monde de la Ruhr, de Pittsburgh, du Black Country en Angleterre. Avec son symbolisme d'hommes transformés en diables, d'une civilisation industrielle qui se précipite aveuglément dans les ténèbres, il

70 *Ibid.*, p. 22.
71 *Ibid.*, p. 16.

s'agit du monde des bombardements massifs, des villes en flammes, d'Hiroshima et de Nagasaki, le monde où nous vivons, le monde que Achab finira par organiser ou détruire [72]. » Bref, le message du roman, pour son lecteur du XXe siècle, est la transformation de la société libérale en société totalitaire : « Le thème de Melville est donc le totalitarisme, sa montée et sa chute, sa force et ses faiblesses [73]. »

Cette critique de la rationalité instrumentale aveugle et destructrice présente de nombreuses affinités avec la *Dialectique de la raison* d'Adorno et Horkheimer, écrit aux États-Unis quelques années plus tôt, mais publiée, comme nous l'avons indiqué plus haut, en allemand à Amsterdam en 1947, dans une édition presque confidentielle. S'il n'est pas exclu que James ait pu lire *Les Origines du totalitarisme*, paru à New York en 1951, il est bien improbable qu'il ait pu avoir connaissance du livre des deux philosophes francfortois [74]. New York n'a jamais vu la rencontre entre ces exilés juifs allemands et cet étrange révolutionnaire noir de Trinidad. Les causes de ce rendez-vous manqué sont multiples, sociales et culturelles à la fois. Elles tiennent sans doute à l'extériorité de James au monde académique américain, ainsi qu'à l'eurocentrisme foncier des exilés allemands. Comme l'indique Paul Buhle, elles étaient aussi politiques : Adorno et Horkheimer « étaient complètement absorbés par l'effondrement de l'Occident », alors que James « cherchait les fragments de la rédemption » [75]. Pour Adorno et Horkheimer, il n'y avait pas d'alternative à la société de contrôle et au monde réifié ; James, quant à

---

72 *Ibid.*, p. 45.

73 *Ibid.*, p. 54.

74 Sur les affinités entre ces deux auteurs, *cf.* Richard King, « The odd couple. C.L.R. James, Hannah Arendt and the return of politics in the Cold War », *in* Christopher Gair (dir.), *Beyond Boundaries. C.L.R. James and the Postnational Studies*, Pluto Press, Londres, 2006, p. 108-127. En 1960, James présentera *Les Origines du totalitarisme* comme un ouvrage indispensable pour la connaissance des « monstres totalitaires », tout en reprochant à son auteur d'ignorer « les bases économiques de la société » (cité p. 123).

75 Paul Buhle, *C.L.R. James*, *op. cit.*, p. 106.

lui, croyait en la révolution. La pensée critique des exilés judéo-allemands se situait dans un horizon délimité par la césure d'Auschwitz. Pour James, les cataclysmes qui venaient de secouer la planète annonçaient l'irruption des peuples colonisés sur la scène de l'histoire. Le gigantesque transfert scientifique et intellectuel qui, entre les années 1930 et 1950, a déplacé l'axe culturel du monde occidental d'une rive à l'autre de l'Atlantique, a croisé la trajectoire de l'Atlantique noir, mais les conditions de leur rencontre n'étaient pas réunies.

8

L'Europe et ses mémoires
Résurgences et conflits

En décembre 2007, à l'issue d'un long débat qui a touché en profondeur la société civile, les Cortes espagnoles ont voté une loi de reconnaissance et de réparation – tout au moins symbolique – pour les victimes des crimes perpétrés sous la dictature franquiste. On pourrait longuement discuter des vertus et des limites de cette loi, mais ce qui frappe le plus, d'un point de vue historiographique, c'est d'abord son appellation d'usage : « loi de mémoire historique » (*ley de memoria histórica*), car elle réunit deux concepts, mémoire et histoire, que les sciences sociales ont essayé de séparer tout au long du XXe siècle. Depuis Maurice Halbwachs jusqu'à Aleida Assmann, en passant par Pierre Nora et Josef H. Yerushalmi, il est impératif, dans les sciences sociales, de ne pas les confondre [1]. Bien qu'elle n'ait pas une dimension ontologique – au même titre que la mémoire,

1 Maurice HALBWACHS, *La Mémoire collective*, Albin Michel, Paris, 1997 ; Aleida ASSMANN, *Der lange Schatten der Vergangenheit. Erinnerungskultur und Geschichtspolitik*, C. H. Beck, Munich, 2006 ; Pierre NORA, « Entre mémoire et histoire », *in* Pierre NORA (dir.), *Les Lieux de mémoire. I, La République*, Gallimard, Paris, 1984, p. VII-XXXIX ; Josef H. YERUSHALMI, *Zakhor. Histoire juive et mémoire juive*, La Découverte, Paris, 1984. Pour une synthèse de ce débat, *cf.* Enzo TRAVERSO, *Le Passé, modes d'emploi*, La Fabrique, Paris, 2005.

l'écriture de l'histoire est une modalité d'élaboration du passé –, cette distinction reste de taille. Il ne s'agit pas, bien entendu, d'établir une hiérarchie entre les deux, mais d'en saisir l'écart. La mémoire est un ensemble de souvenirs individuels et de représentations collectives du passé. L'histoire, quant à elle, est un discours critique sur le passé : une reconstitution des faits et des événements écoulés visant leur examen contextuel et leur interprétation. On peut sans doute reconnaître à la mémoire un caractère matriciel [2] bien antérieur à la prétention de l'histoire à devenir une science. Se concevant comme un récit objectif du passé élaboré selon des règles, l'histoire s'est émancipée de la mémoire, tantôt en la rejetant comme un obstacle (les souvenirs éphémères et trompeurs soigneusement écartés par les fétichistes de l'archive), tantôt en lui attribuant un statut de source susceptible d'être exploitée avec la rigueur et la distance critique propres à tout travail scientifique. La mémoire est ainsi devenue un des nombreux chantiers de l'historien ; l'étude de la mémoire collective s'est progressivement constituée en véritable discipline historique. Les relations entre la mémoire et l'histoire sont devenues plus complexes, parfois difficiles, mais leur distinction n'a jamais été remise en cause et reste, au sein des sciences sociales, un acquis méthodologique essentiel.

Historiciser la mémoire

La « loi de mémoire historique » fait désordre en brouillant les pistes et en mélangeant les genres. Après s'être affranchie – au moins dans ses intentions – de la mémoire, qu'elle a mise à distance et soumis à ses propres règles, l'histoire se voit maintenant attribuer un statut second, dérivé. Dans l'intitulé de la loi, c'est la mémoire qui prime, comme substantif, tandis que l'histoire est reléguée au rang d'adjectif.

---

2 Paul Ricœur, *La Mémoire, l'Histoire, l'Oubli*, Seuil, Paris, 2000, p. 106.

Non seulement le droit prétend statuer à l'égard du passé, en fixant les normes par lesquelles la société doit penser son histoire ; mais il semble aussi indiquer que le passé est une question de mémoire et que l'histoire, dans cette affaire, n'intervient qu'en dernière analyse, de façon annexe.

L'histoire, au sens de l'écriture de l'histoire, est un métier dont la naissance, nous rappelle Carlo Ginzburg, doit beaucoup à l'influence du droit [3]. C'est dans les salles des tribunaux qu'on établit la vérité en exhibant des preuves et en déployant une rhétorique argumentative visant à convaincre un public (le jury) de l'innocence ou de la faute d'un inculpé, sur la base des faits élucidés. L'administration de la justice a donc été un modèle pour la construction du récit historique. Cette loi semble le rappeler, non pas en reconstituant une archéologie du savoir historique, mais en fixant une hiérarchie et en revendiquant une primauté. Les historiens qui, au cours de ces années, ont mené les recherches sans lesquelles cette loi n'existerait pas, doivent en prendre acte. Si leur métier est la reconstitution et l'interprétation du passé, ils n'ont pas le monopole de sa représentation. Cette dernière suit des voies diverses qu'ils ne contrôlent pas et qui souvent les dépassent. Leur travail est mis au service de la société qui l'utilise comme elle veut. Ils n'ont pas le dernier mot.

Mais laissons de côté la question, particulièrement sensible aujourd'hui, des relations entre l'histoire et le droit. Cette loi révèle, par son intitulé même, la difficulté qui existe désormais à séparer histoire et mémoire, inextricablement liées entre elles dans la réalité, au-delà des « types idéaux » dont les sciences sociales ont besoin pour travailler. Histoire et mémoire ne sont pas la même chose, et pourtant il faut bien reconnaître qu'une « mémoire historique » existe : c'est la mémoire d'un passé que nous percevons comme clôturé et qui est désormais entré dans l'histoire. Autrement dit, cette loi

3 Carlo Ginzburg, *Le Juge et l'Historien. Considérations en marge du procès Sofri*, Verdier, Paris, 1997, p. 23.

renvoie à la collision entre histoire et mémoire qui caractérise notre époque, carrefour entre temporalités différentes, lieu de regards croisés vers un « advenu » vivant et archivé à la fois. L'écriture de l'histoire du XXe siècle est un exercice d'équilibre sur un fil tendu entre ces deux temporalités. D'une part, ses acteurs ont acquis, par leur qualité de témoins, un statut incontournable de *source* pour les chercheurs ; d'autre part, ces derniers travaillent sur une matière qui interroge constamment leur vécu personnel, en remettant en cause leur propre statut. S'il y a un trait commun à deux livres aussi différents et à plusieurs égards antinomiques que *L'Âge des extrêmes* d'Eric J. Hobsbawm et *Le Passé d'une illusion* de François Furet [4], il réside précisément dans une reconstitution du XXe siècle qui prend souvent la forme de l'autobiographie.

Dans les années 1960, Siegfried Kracauer a essayé d'appréhender le statut de l'historien en utilisant la métaphore de l'exilé [5]. À l'instar de l'exilé, l'historien est à ses yeux une figure de l'*exterritorialité* déchirée entre deux mondes : le monde où il vit et celui qu'il veut explorer, dont il a fait son champ de recherche. Il est suspendu entre les deux car, en dépit de ses efforts pour pénétrer l'univers mental des acteurs de l'époque qu'il étudie, c'est dans le présent qu'il formule les interrogations et forge les catégories analytiques avec lesquelles il interprète le passé. Ce hiatus temporel comporte à la fois des pièges – tout d'abord celui de l'anachronisme – et des avantages, car il permet un éclairage rétrospectif, affranchi des contraintes culturelles, politiques et psychologiques du contexte dans lequel agissent les sujets de l'histoire. C'est dans ce hiatus que se forge un récit et prend forme une représentation du passé. La métaphore de l'exilé est certes fructueuse – l'exil demeure une des dimensions les plus fascinantes de l'histoire

---

4 Eric Hobsbawm, *L'Âge des extrêmes. Le court XXe siècle*, Complexe, Bruxelles/Paris, 1999 ; François Furet, *Le Passé d'une illusion. Essai sur l'idée communiste au XXe siècle*, Laffont-Calmann-Lévy, Paris, 1995.

5 Siegfried Kracauer, *L'Histoire. Des avant-dernières choses* (1969), Stock, Paris, 2006, p. 145.

intellectuelle de la modernité –, mais aujourd'hui elle doit être nuancée. L'historien du XXe siècle est autant un « exilé » qu'un « témoin », direct ou indirect, rattaché par mille fils à l'objet de ses recherches. La difficulté qu'il rencontre tient, beaucoup plus qu'à l'exploration d'un univers lointain et inconnu, à la mise à distance d'un passé qui lui est proche, qu'il a peut-être vécu et dont les traces habitent encore son propre environnement. Sa relation empathique (ou hétéropathique) à l'égard des acteurs du passé, risque d'être troublée par des moments de *transfert* qui, imprévus et difficiles à maîtriser, font irruption dans son atelier en y injectant une part d'expérience vécue et de subjectivité [6].

La mémoire est donc une représentation du passé qui se construit dans le présent. Elle est le résultat d'un processus dans lequel interagissent plusieurs éléments, dont le rôle, l'importance et les dimensions varient selon les circonstances. Ces *vecteurs* de mémoire ne s'articulent pas dans une structure hiérarchique, mais coexistent et se transforment par leurs relations réciproques. Il s'agit tout d'abord des souvenirs personnels qui forment une mémoire subjective non pas figée, mais souvent altérée par le temps et filtrée par les expériences cumulées. Les individus changent ; leurs souvenirs perdent ou acquièrent une importance nouvelle selon les contextes, les sensibilités et les expériences acquises. Il y a ensuite la mémoire collective qui, selon Halbwachs, se perpétue au sein de « cadres sociaux » plus ou moins stables, comme une culture héritée et partagée [7]. Elle correspond à ce que la langue allemande désigne sous le terme d'expérience transmise (*Erfahrung*) par opposition à l'expérience vécue individuelle (*Erlebnis*), plus éphémère et subjective. La culture paysanne des sociétés traditionnelles et la mémoire ouvrière du monde contemporain en sont ses incarnations paradigmatiques. Mais

6 Saul FRIEDLÄNDER, « History, memory, and the historian. Dilemmas and responsibilities », *New German Critique*, n° 80, 2000, p. 3-15.

7 Maurice HALBWACHS, *Les Cadres sociaux de la mémoire*, Albin Michel, Paris, 1994.

d'autres vecteurs très puissants interviennent dans ce processus en remodelant les mémoires collectives, parfois en en forgeant de nouvelles. Il s'agit bien sûr des représentations du passé qui sont fabriquées par les médias et l'industrie culturelle, lieux privilégiés d'une véritable réification de l'histoire, ainsi transformée en un inépuisable réservoir d'images à tout moment accessibles et consommables. Il s'agit aussi des politiques mémorielles déployées par les États grâce aux commémorations, aux musées, à l'enseignement, ou par des mouvements et des associations agissant dans la société civile, parallèlement ou à l'encontre des institutions. Enfin, le droit exerce désormais son rôle en soumettant le passé à une sorte de maillage législatif qui prétend en énoncer le sens et en orienter l'interprétation selon des normes, avec le risque de transformer l'histoire en une sorte de « dispositif » d'encadrement disciplinaire [8]. Les lois mémorielles – parfois à caractère pénal – qui ont été promulguées au cours des quinze dernières années dans plusieurs pays d'Europe continentale – le monde anglo-saxon demeure une exception à cet égard – indiquent l'ampleur du phénomène.

Si l'on considère l'histoire comme un discours critique sur le passé, son écriture nécessite, au-delà de la disponibilité des sources, au moins deux prémisses. Il faut d'abord une *césure*. Pour penser historiquement le passé, même le plus proche, nous devons le mettre à distance comme une expérience close. C'est la condition pour le distinguer du présent, même si c'est toujours *au présent* qu'on écrit l'histoire. Il faut, d'autre part, une *demande sociale de connaissance* qui suggère aux chercheurs des objets d'investigation. C'est grâce à un aller-retour incessant entre histoire et mémoire qu'une représentation du passé se forge au sein de l'espace public. Cela fait de l'historiographie beaucoup plus qu'un lieu de production des savoirs,

---

8 Sur la généalogie de ce concept foucaldien, *cf.* Giorgio Agamben, *Qu'est-ce qu'un dispositif ?*, Payot, Paris, 2007.

car elle peut aussi devenir un miroir des trous de mémoire, des zones d'ombre, des silences et des refoulements de nos sociétés.

Éclipse des utopies

Une prémisse nécessaire pour appréhender la formation d'une mémoire européenne, en ce début du XXIe siècle, tient au constat qu'il s'ouvre sous le signe d'une *éclipse des utopies* [9]. Il y a là une différence majeure qui le sépare des deux siècles précédents et définit le *Zeitgeist* de notre présent. Il faut s'arrêter un instant sur ce fait dont nous n'avons pas encore mesuré l'ampleur et qu'on a souvent tendance à ignorer.

Le XIXe siècle a commencé avec la Révolution française, qui a défini l'horizon d'une époque nouvelle. La société, la politique et la culture en sont sorties transformées. 1789 a engendré un nouveau concept de révolution – non plus une rotation, au sens astronomique, mais une rupture et une innovation radicales – et jeté les bases de la naissance du socialisme, dont l'ascension a accompagné l'essor de la société industrielle. Le XXe siècle s'est ouvert avec la Grande Guerre et l'effondrement d'un ordre européen encore essentiellement dynastique, mais ce cataclysme a engendré la révolution russe. Octobre 1917 est apparu d'emblée comme un événement grandiose et tragique à la fois. Il a immédiatement débouché, pendant une guerre civile terrible et meurtrière, sur un régime autoritaire, puis totalitaire, mais a suscité aussi une espérance libératrice qui s'est propagée en Europe et dans le monde. La parabole de ce mouvement – son ascension, son apogée à la fin de la Seconde Guerre mondiale, puis son déclin – a marqué en profondeur toute l'histoire du XXe siècle. Le XXIe siècle, en

9 Pour une étude de cette mutation à partir d'un observatoire américain, *cf.* Russell JACOBY, *The End of Utopia. Politics and Culture in an Age of Apathy*, Basic Books, New York, 1999.

revanche, est né en 1989 de l'effondrement de cette utopie [10]. La chute du mur de Berlin, puis l'implosion de l'URSS, ont signifié bien plus que la fin d'un système de pouvoir avec ses ramifications internationales : lors de son naufrage, le régime soviétique a en effet englouti avec lui les utopies qui en avaient accompagné l'essor et, pour partie, l'histoire.

L'enterrement de la Révolution française, lors des célébrations fastueuses de son bicentenaire, a inauguré une remise en cause générale des révolutions, tant dans la mémoire collective que dans l'historiographie. Amputées de leur potentiel émancipateur, elles n'ont plus été perçues que comme des coups d'État et des tournants autoritaires, sinon des antichambres de génocides. Les révolutions défaites ont quitté le champ historiographique, où elles ont été analysées à l'aide d'autres catégories. Il serait difficile de repérer, depuis une vingtaine d'années, des ouvrages consacrés à la révolution allemande de 1918-1920, à la révolution hongroise de Béla Kun ou au *Biennio rosso* italien des mêmes années. Disparue aussi, la dimension révolutionnaire de la guerre civile espagnole, tandis que Mai 68, de son côté, a cessé d'être la plus grande grève générale de la France d'après guerre, ou une « répétition générale », comme il a été vécu par nombre de ses acteurs, pour se réduire à un psychodrame dans lequel se jouait la modernisation sociétale et culturelle du pays [11]. Parallèlement, le concept de révolution est entré en force dans l'historiographie des fascismes. Comme nous l'avons constaté dans le chapitre 3, plusieurs historiens décrivent les « révolutions fascistes » de Mussolini et de Hitler en les vidant de toute dimension économique et sociale, et en portant une attention presque exclusive à leur dimension idéologique, culturelle et

---

10 La fascination exercée par la Révolution française et la révolution russe sur leurs siècles respectifs a été soulignée par Martin MALIA, *Histoire des révolutions*, Tallandier, Paris, 2008, p. 340.

11 Voir notamment Kristin ROSS, *Mai 68 et ses vies ultérieures*, Complexe, Bruxelles, 2005.

esthétique : des révolutions faites de symboles, de rites et d'images.

Dans un geste de résignation face à l'ordre dominant, que tant d'admirateurs ont souligné avec délectation, François Furet a tiré ce bilan dans son *Passé d'une illusion* : « L'idée d'une autre société est devenue presque impossible à penser, et d'ailleurs personne n'avance sur le sujet, dans le monde d'aujourd'hui, même l'esquisse d'un concept neuf. Nous sommes condamnés à vivre dans le monde où nous vivons [12]. » Sans partager l'autosatisfaction de l'auteur de ces lignes, un diagnostic similaire a été formulé par des intellectuels de gauche soucieux de comprendre les mutations d'un monde dans lequel le capitalisme apparaît désormais sans alternative et dont le triomphe de l'idéologie néolibérale n'a été que le symptôme. Dans un essai programmatique présentant une nouvelle série de la *New Left Review*, Perry Anderson reconnaissait lucidement une défaite historique de la gauche, à l'échelle planétaire [13]. Trois ans plus tard, lui faisait écho Fredric Jameson, écrivant qu'il est aujourd'hui « plus facile d'imaginer la fin du monde que la fin du capitalisme ». Dans un monde où « le futur ne ressemble à rien d'autre qu'à la répétition monotone de ce qui est déjà là », la tâche première consiste à retrouver le « sens de l'histoire », en réussissant à « transmettre de faibles signaux de temps, d'altérité, de changement, d'Utopie » [14].

Pendant une bonne décennie, alors que le libéralisme et la société de marché apparaissaient comme l'horizon indépassable de l'humanité, l'idée d'un autre modèle de société, voire de civilisation, semblait une idéologie dangereuse et potentiellement totalitaire. À Seattle, en 1999, un nouveau mouvement a vu le jour ; il rejetait la réification marchande de la planète et annonçait : « Un autre monde est possible. » Mais il se

12 François Furet, *Le Passé d'une illusion*, *op. cit.*, p. 572.

13 Perry Anderson, « Renewals », *New Left Review*, 2000, n° 1, p. 16-17.

14 Fredric Jameson, « Future city », *New Left Review*, 2003, n° 21, p. 76.

montrait incapable – sur ce point Furet avait raison – d'en indiquer les contours. Bref, le changement de siècle s'est produit sous le signe d'une mutation de paradigme : le passage du « principe espérance » au « principe responsabilité »[15]. Le « principe espérance » a accompagné les combats et les révoltes du siècle écoulé, de Petrograd en 1917 à Managua en 1979, en passant par Barcelone en 1936 et Paris en 1968. Il a hanté aussi les moments les plus sombres de cet âge de guerres et de génocides, par exemple en inspirant les mouvements de résistance dans l'Europe occupée par le nazisme. Le « principe responsabilité » s'est imposé lorsque le futur a commencé à nous faire peur, quand nous avons découvert que les révolutions peuvent engendrer des pouvoirs totalitaires, quand l'écologie nous a fait prendre conscience des menaces qui pèsent sur la planète et quand nous avons commencé à nous soucier du monde que nous léguerons aux générations futures. Très souvent, cependant, le « principe responsabilité » n'a été qu'un synonyme de « réalisme », c'est-à-dire l'adaptation et finalement l'acceptation de l'ordre existant. Le futur a cessé d'être porteur d'une espérance susceptible de transcender le présent, qui s'est dilaté jusqu'à englober toute autre temporalité. À l'aide du couple conceptuel de Reinhart Koselleck déjà évoqué, nous pourrions reformuler ce diagnostic de la façon suivante : le communisme n'est plus, dans la temporalité du présent, au point d'intersection entre un « champ d'expériences » (*Erfahrungsfeld*) et un « horizon d'attente » (*Erwartungshorizont*)[16]. L'attente a disparu, tandis que l'expérience se réduit à un champ de ruines : le communisme n'est revisité (historicisé et remémoré) que dans sa dimension totalitaire.

---

15 *Cf.* Ernst Bloch, *Le Principe espérance*, Gallimard, Paris, 1976-1991, 3 vol. ; Hans Jonas, *Le Principe responsabilité*, Flammarion, Paris, 1998.

16 Reinhart Koselleck, « "Champ d'expérience" et "horizon d'attente" : deux catégories historiques », *Le Futur passé. Contribution à la sémantique des temps historiques*, Éditions de l'EHESS, Paris, 1990, p. 307-329.

Nous vivons dans l'horizon du présent, un *présentisme* auquel passé et futur restent soumis [17].

L'échec des révolutions du XXe siècle et la chute du socialisme réel ne sont pas les seules causes de l'éclipse des utopies. L'utopie socialiste était indissociablement liée à une *mémoire ouvrière* qui s'est également délitée au cours de cette décennie cruciale. Le tournant politique de 1989 a coïncidé avec la fin du *fordisme*, le modèle d'organisation du capitalisme industriel qui dominait depuis les années 1920. Avec la dislocation des grandes concentrations industrielles, qui étaient aussi des bastions ouvriers, ont graduellement pris fin la production à la chaîne et le système fordiste d'organisation du travail. L'introduction, puis la généralisation du travail flexible, mobile, précaire, ainsi que la pénétration de modèles individualistes et concurrentiels parmi les salariés ont remis en cause les formes traditionnelles de sociabilité et de solidarité ouvrière. La crise du fordisme, avec la fragmentation du procès de travail qui s'est ensuivie – l'avènement du « polythéisme » du travail [18] –, a brisé les cadres sociaux de la mémoire ouvrière, qui a pratiquement cessé de se perpétuer comme une mémoire transmise, fondatrice d'une culture et d'une identité collectives. Parallèlement, les années 1990 ont été marquées par la crise de la *forme parti*. Les partis politiques de masse – qui avaient été la forme dominante de la vie politique après la Seconde Guerre mondiale et dont les partis de gauche (sociaux-démocrates ou communistes) avaient été le paradigme – ont disparu ou ont été marginalisés. Avec leurs centaines de milliers, voire leurs millions de membres, et leur enracinement profond dans la société civile, ils avaient été des vecteurs majeurs de formation et de transmission de la mémoire collective. Les partis « attrape-tout » (*catch-all parties*)

---

17 François Hartog, *Régimes d'historicité. Présentisme et expériences du temps*, Seuil, Paris, 2003, p. 126.

18 Sur la fin du fordisme comme tournant de siècle, *cf.* Marco Revelli, *Oltre il Novecento. La politica, le ideologie e le insidie del lavoro*, Einaudi, Turin, 2001, p. 110-143.

qui les ont remplacés sont des appareils électoraux qui ne possèdent aucune identité idéologique et sociale forte[19]. Désagrégée sur le plan social, la mémoire de classe a perdu toute représentation politique et ce sont les classes subalternes elles-mêmes qui ont perdu leur visibilité dans l'espace public. Elle est devenue une mémoire cachée, souterraine (comme l'avait été la mémoire de la Shoah après la guerre). Privée de vecteurs, orpheline et témoin d'une épopée défaite, elle est devenue une mémoire *marrane*, au même titre que son historiographie, discrète et minoritaire dans les facultés de sciences sociales de nos universités. La gauche européenne a perdu ses bases sociales et sa culture à la fois. Ces deux facteurs ont considérablement accentué le sentiment d'une défaite historique du mouvement ouvrier, probablement comparable, bien que différent dans ses formes, à celui qui s'est propagé en 1933, après la montée au pouvoir du nazisme, ou en 1939, après la victoire de Franco à la fin de la guerre civile espagnole et la signature du pacte germano-soviétique. La fin du socialisme réel n'a pas été suivie par un bilan stratégique de la gauche mais par une offensive idéologique conservatrice. Par une sorte d'ironie de l'histoire, la mémoire ouvrière a quitté l'espace public au moment où le discours mémoriel s'apprêtait à l'envahir.

Nous pouvons cependant nous demander si la fin des utopies n'est pas le miroir d'une mutation de dimensions plus vastes. Pour certains observateurs, il s'agirait de l'effondrement d'une vision de la modernité qui, au-delà de ses variantes capitaliste et socialiste, a dominé le siècle écoulé. Selon Susan Buck-Morss, c'est « le rêve utopique d'une modernité industrielle capable d'apporter le bonheur aux masses » qui s'est évanoui après la chute du mur de Berlin, en donnant

19 Voir l'analyse classique de Otto Kirchheimer, « The transformation of the Western European party system », *in* Joseph LaPalombara (dir.), *Political Parties and Political Development*, Princeton University Press, Princeton, 1966, p. 177-200.

des couleurs très sombres au tableau de notre époque[20]. La décomposition de la société qui avait envoyé des spoutniks dans l'espace semblait remettre en cause un modèle de civilisation fondé sur la production et la technologie. La masse, cette figure mystérieuse et puissante dans laquelle, le 15 juillet 1927, à Vienne, Elias Canetti a cru avoir découvert la force dominante du siècle[21], a accompagné l'essor des villes tentaculaires, des grandes usines, des guerres de matériel, tout comme le développement extraordinaire du cinéma, des médias ou de la sociologie urbaine. Sujet historique et objet des représentations iconographiques de tous les régimes politiques du siècle, non seulement du communisme et du fascisme mais aussi du *New Deal* rooseveltien[22], elle a été congédiée, en 1989, par le retour apparent à une société d'individus. Les rêves de masse n'ont pas disparu, mais leur diffusion suit prioritairement d'autres canaux, dans le cadre d'une réification du monde qui se décline sous la forme de la consommation privée.

Entrée des victimes

La réactivation du passé qui caractérise notre époque est sans doute la conséquence de cette éclipse des utopies : un monde sans utopies tourne inévitablement son regard vers le passé. Le surgissement de la mémoire comme discours – comme catégorie englobante, métahistorique,

20 Susan Buck-Morss, *Dreamworld and Catastrophe. The Passing of Mass Utopia in East and West*, The MIT Press, Cambridge, 2002, p. xiv.

21 Elias Canetti, *Le Flambeau dans l'oreille. Histoire d'une vie, 1921-1931*, Albin Michel, Paris, p. 265.

22 Voir notamment la documentation rassemblée dans le catalogue de l'exposition du Deutsches Historisches Museum de Berlin : Hans-Jürg Czech, Nikola Doll (dir.), *Kunst und Propaganda im Streit der Nationen 1930-1945*, Sandstein Verlag, Dresde, 2007, qui met en parallèle l'Italie fasciste, l'Allemagne nazie, l'URSS stalinienne et l'Amérique du *New Deal*.

parfois même « théologique[23] » – dans l'espace public des sociétés occidentales est le résultat de cette métamorphose. D'une part, ce discours a pris la forme nostalgique et conservatrice de la *patrimonialisation* : le culte des lieux de mémoire comme monuments fétichisés d'une identité nationale perdue ou menacée. D'autre part, il a pris la forme de l'humanisme compassionnel, corollaire indispensable de l'antitotalitarisme libéral. Nous sommes entrés dans le XXIe siècle sans révolutions, sans prise de la Bastille ni assaut du Palais d'hiver. Nous avons eu droit, en revanche, à leur succédané effrayant avec les attentats du 11 septembre 2001 contre les tours jumelles de New York et le Pentagone, des attentats qui n'ont pas propagé l'espoir mais la terreur. Mutilé de son horizon d'attente et de ses utopies, le XXe siècle se révèle, à un regard rétrospectif, comme un âge de guerres, de totalitarismes et de génocides. Une figure auparavant discrète et pudique s'est imposée au centre du tableau : la *victime*. Massives, anonymes, silencieuses, les victimes ont envahi la scène et dominent désormais notre vision de l'histoire. Les témoins des camps nazis – Primo Levi, Robert Antelme, Imre Kertesz, Jorge Semprun, Elie Wiesel… – et des Goulags staliniens – Varlam Chalamov, Gustaw Herling… – en sont devenus, grâce au rayonnement de leur œuvre, les porte-parole. L'historien Tony Judt termine sa fresque de l'Europe d'après guerre par un chapitre consacré à la mémoire du continent, qui porte un titre emblématique : « De la maison des morts[24] ».

Cette nouvelle sensibilité à l'égard des victimes éclaire le XXe siècle d'une lumière inédite, en réintroduisant dans l'histoire une figure qui, en dépit de son omniprésence, était toujours restée dans l'ombre. L'histoire ressemble maintenant au paysage contemplé par l'Ange de la neuvième thèse de Walter

---

23 François HARTOG, *Régimes d'historicité*, *op. cit.*, p. 17.

24 Tony JUDT, *Après guerre. Une histoire de l'Europe depuis 1945*, Armand Colin, Paris, 2007, p. 931-963. Voir aussi à ce sujet Annette WIEWIORKA, *L'Ère du témoin*, Plon, Paris, 1998.

Benjamin : un champ de ruines s'amoncelant sans cesse vers le ciel [25]. Sauf que le nouvel esprit du temps est exactement aux antipodes du messianisme du philosophe judéo-allemand. Aucun « temps actuel » (*Jeztzeit*) n'entre en résonance avec le passé pour accomplir l'espérance des vaincus. La mémoire du Goulag a effacé celle des révolutions, la mémoire de la Shoah a remplacé celle de l'antifascisme, la mémoire de l'esclavage a éclipsé celle de l'anticolonialisme ; tout se passe comme si le souvenir des victimes ne pouvait coexister avec celui de leurs combats, de leurs conquêtes et de leurs défaites.

Identités européennes

C'est dans ce contexte que se dessine aujourd'hui la mémoire de l'Europe. Il va de soi qu'il ne s'agit pas d'une mémoire homogène. Il ne s'agit pas non plus d'une simple addition de plusieurs mémoires nationales. Ces dernières existent, bien entendu, mais elles sont à leur tour divisées. Leurs clivages sont parfois cachés par une unanimité de façade, mais ils ressortent à la première occasion, lors d'une commémoration, de l'inauguration d'un monument, d'une exposition ou de la parution d'un recueil de souvenirs. Le débat très polémique qui a précédé en Espagne la promulgation de la « loi de mémoire historique » évoquée plus haut en est la preuve. Les rhétoriques aujourd'hui dominantes inscrivent le passé de l'Europe dans un récit posthégélien de fin de l'histoire et ébauchent le profil d'une mémoire réconciliée, incarnée par des chefs d'État communiant lors des grands anniversaires [26]. Les commémorations médiatisées de Verdun, du débarquement en Normandie ou de la libération d'Auschwitz se superposent cependant à des

---

25 Walter Benjamin, « Sur le concept d'histoire », *Œuvres III*, Gallimard, Paris, 2000, p. 434.

26 *Cf.* Perry Anderson, « Depicting Europe », *London Review of Books* du 20 septembre 2007.

« guerres de mémoires » toujours vives au sein de chaque pays [27]. Eric Hobsbawm a raison de souligner, à propos de l'Europe, que « la présomption d'unité est d'autant plus absurde que c'est précisément la division qui a caractérisé son histoire ». Il serait donc anachronique, ajoute-t-il, d'interpréter les « valeurs européennes » aujourd'hui exaltées – la démocratie libérale fondée sur l'économie capitaliste – comme la manifestation visible « d'un courant sous-jacent à l'histoire de notre continent [28] ». Ce discours est récent. L'idée d'Europe (au-delà du terme) remonte aux Lumières et le projet d'unification européenne date de la seconde moitié du XXᵉ siècle, lorsqu'il a été élaboré comme corollaire d'un processus économique fondé sur un marché et une monnaie communs. L'histoire de l'Europe moderne est faite de conflits armés entre nations antagonistes. L'idée de *Jus Publicum Europeum*, née avec la Paix de Westphalie, à l'issue de la guerre de Trente Ans, puis consolidée lors du Congrès de Vienne, au terme des guerres napoléoniennes [29], postulait que l'Europe était un espace de nations souveraines capables d'établir entre elles des règles de coexistence, mais ne prétendait pas lui octroyer une mémoire, sinon celle de la clairvoyance de ses élites aristocratiques. Si le processus d'unification européenne s'est amorcé dans les années 1950, par la création d'un marché commun, puis s'est consolidé par la naissance d'une monnaie commune, c'est précisément parce que la réconciliation du continent supposait la neutralisation de ses mémoires [30].

---

27 *Cf.* Pascal BLANCHARD, Marc FERRO et Isabelle VEYRAT-MASSON,« Les guerres de mémoires dans le monde », *Hermès*, 2008, n° 52. Sur le cas français, *cf.* Pascal BLANCHARD, Isabelle VEYRAT-MASSON, et Benjamin STORA (dir.), *La Guerre de mémoires. La France et son histoire*, La Découverte, Paris, 2008.

28 Eric HOBSBAWM, « L'Europe : mythe, histoire, réalité », *Le Monde* du 25 septembre 2008. Voir aussi Eric HOBSBAWM, « The curious history of Europe », *On History*, Weidenfeld & Nicolson, Londres, 1997, p. 217-227.

29 Carl SCHMITT, *Le Nomos de la terre dans le droit des gens du* Jus Publicum Europæum (1950), PUF, Paris, 2001.

30 Sur le processus politique de l'unification européenne, *cf.* Perry ANDERSON, *The New Old World*, Verso, Londres, 2009, notamment les sections I et IV.

Historiquement, la vision de l'Europe en tant que civilisation unitaire et en tant qu'espace géopolitique et communauté de destin, s'est dessinée par réaction à des entités ou des menaces extérieures. Il y a d'abord eu l'Europe chrétienne contre l'islam ; puis l'Europe blanche, impériale et « civilisée » opposée au monde colonial « sauvage » ; enfin, à l'époque de la guerre froide, une Europe catholique et protestante sur le plan religieux, capitaliste sur le plan économique, libérale et démocratique sur le plan politique, opposée à une Eurasie orthodoxe, musulmane et soviétique [31]. S'il y a donc un courant sous-jacent aux « valeurs européennes », il faudrait le chercher dans l'orientalisme, le colonialisme et l'anticommunisme qui ont marqué l'histoire du continent. Dans cette perspective, le sentiment d'un passé européen partagé n'est que l'expression, selon la formule de Norbert Elias, de la « conscience de soi de l'Occident » (*Selbstbewusstsein des Abendlandes*) [32]. Autrement dit, la vision de l'Europe comme réceptacle de la civilisation réunit ses différentes composantes nationales, au-delà de leurs spécificités et antagonismes, en les opposant à un monde extérieur qui en serait l'antithèse. « La notion de civilisation – écrit Elias – efface jusqu'à un certain point les différences entre les peuples ; elle met l'accent sur ce qui, dans la sensibilité de ceux qui s'en servent, est commun à tous les hommes ou du moins devrait l'être. Elle exprime l'autosatisfaction des peuples dont les frontières nationales et les caractères spécifiques ne sont plus, depuis des siècles, mis en question, parce qu'ils sont définitivement fixés, peuples qui depuis longtemps déjà ont débordé leurs frontières et se sont livrés à des activités

---

31 *Cf.* J.G.A. Pocock, « Some Europes in their History », *in* Anthony Padgen (dir.), *The Idea of Europe. From Antiquity to the European Union*, Cambridge University Press, 2002, p. 55-71. Voir aussi Edgar Morin, *Penser l'Europe*, Gallimard, Paris, 1987, p. 37.

32 Norbert Elias, *La Civilisation des mœurs*, Calmann-Lévy/Presses Pocket, Paris, 1973, p. 11 (trad. modifiée d'après le texte original : *Über den Prozess der Zivilisation*, Suhrkamp, Francfort/Main, 1997, p. 89).

colonisatrices[33]. » Daté de 1939, l'année qui marque le début de la Seconde Guerre mondiale, ce passage témoigne, au-delà de son optimisme, de la force d'un sentiment occidental transcendant, au point que, tout au long du conflit, pour pouvoir combattre le nazisme, il faudra préalablement l'expulser de l'Occident, en le définissant comme une sorte d'envahisseur barbare, venant de l'extérieur[34]. En 1965 encore, l'historien britannique Hugh Trevor Roper pouvait écrire que « l'histoire du monde des cinq derniers siècles a été, pour ce qu'elle a de significatif, une histoire européenne. Nous n'avons pas à nous excuser si notre étude de l'histoire est eurocentrique[35] ». Il s'agit, bien entendu, d'une représentation qui cache ce que Jack Goody appelle « treize siècles d'échanges », c'est-à-dire une histoire faite de transferts intellectuels, scientifiques et techniques entre l'Europe et les autres civilisations, à commencer par le monde musulman[36]. L'Europe elle-même, et pas seulement ses différentes composantes nationales, est une « communauté imaginaire[37] ».

De nos jours, la rhétorique eliasienne apparaît moins convaincante. La fin du communisme a certes été perçue comme une éclatante démonstration de la supériorité de l'Occident, au point que, pendant une décennie euphorique, certains y ont vu le *signum prognosticum* d'une fin de l'Histoire. Mais ce triomphe de l'Occident a eu lieu à une époque dans laquelle l'Europe a cessé d'en constituer le centre. La

---

33 *Ibid.*, p. 13-14.

34 *Cf.* par exemple Carlton J.H. Hayes, « La nouveauté du totalitarisme dans l'histoire de la civilisation occidentale » (1939), *in* Enzo Traverso (dir.), *Le Totalitarisme. Le XXe siècle en débat*, Seuil, Paris, 2001, p. 323-337.

35 Hugh Trevor-Roper, *The Rise of Christian Europe*, Thames & Hudson, Londres, 1965, p. 11, cité *in* Jack Goody, *The Theft of History*, Cambridge University Press, Cambridge, 2006, p. 1.

36 Jack Goody, *L'Islam et l'Europe. Histoire, échanges, conflits*, La Découverte, Paris, 2004, ch. I.

37 Au même titre que les nations, selon la définition de Benedict Anderson, *L'Imaginaire national. Réflexions sur les origines et l'essor du nationalisme*, La Découverte, Paris, 2002.

mémoire européenne s'inscrit dans un processus de globalisation – une réactivation du passé bien visible à l'échelle internationale [38] – et se focalise sur un passé (le XXe siècle) marqué dès son avènement par la *provincialisation* du continent. La première étape de cette mutation a été, à la fin de la Grande Guerre, la *translatio imperi* qui a déplacé l'axe du monde occidental d'une rive à l'autre de l'Atlantique. La seconde étape, en 1945, a été la création d'un monde bipolaire qui a fait de l'Europe un espace de division et de confrontation entre les États-Unis et l'URSS. Après ce tournant majeur, qui a aussi été marqué par un gigantesque transfert scientifique et intellectuel du Vieux vers le Nouveau Monde, s'est amorcée une remise en question au bout de laquelle il est devenu simplement impossible pour l'Europe de se considérer comme le noyau de l'histoire universelle. L'émergence de la Chine et de l'Inde comme acteurs majeurs sur la scène internationale indique que le déclin américain – à supposer qu'il ait lieu – ne conduira pas à une nouvelle hégémonie européenne. Les récits de l'Europe conquérante ne sont plus de mise. La perspective est aujourd'hui modifiée : la « mission civilisatrice » de l'Europe consiste plutôt à universaliser la mémoire de ses victimes. Le colonialisme, le communisme et la Shoah sont des expériences supranationales dont la mémoire transcende les frontières étatiques, permettant ainsi de poser des références communes.

Espaces mémoriels

Une conférence inspirée par l'historien Rudolf von Tadden et un brillant essai du chercheur israélo-allemand Dan Diner ont porté l'attention sur les conflits mémoriels qui se condensent dans la célébration d'une même date

---

38 *Cf.* Henry Rousso, « Vers une mondialisation de la mémoire », *Vingtième Siècle*, 2007/2, n° 94, p. 3-10.

anniversaire : le 8 mai 1945. Institué comme fête nationale dans plusieurs pays, cet anniversaire ne prend pas la même signification pour le monde occidental, l'Europe orientale et les pays d'Afrique du Nord [39]. L'Europe occidentale célèbre la reddition inconditionnelle du Troisième Reich aux forces alliées comme un événement libérateur, le point de départ d'une ère de paix, de liberté, de démocratie et de réconciliation d'un continent qui s'était déchiré dans un conflit fratricide. Au fil des années, les Allemands eux-mêmes se sont progressivement ralliés à cette représentation du passé, en abandonnant leur ancienne perception de la défaite comme humiliation nationale, suivie d'abord par une privation de souveraineté puis par la division en deux États ennemis. En 1985, le président de la RFA Richard von Weiszäcker a caractérisé le 8 mai, lors d'un discours retentissant, comme « jour de la libération », et vingt ans plus tard, le chancelier Gerhard Schröder a même participé, aux côtés de Jacques Chirac, Jack Straw et George W. Bush, aux commémorations du débarquement allié en Normandie du 6 juin 1944. L'adhésion de l'Allemagne à une forme de « patriotisme constitutionnel » fortement ancré dans le monde occidental était définitivement scellée.

Dans ce contexte, le souvenir de la Shoah joue le rôle d'un *récit fédérateur*. Il s'agit d'un phénomène relativement récent, qui date peu ou prou des vingt dernières années. C'est le résultat d'un processus mémoriel qui a traversé plusieurs étapes. Il y a d'abord eu le silence de l'après-guerre, puis l'anamnèse des années 1960 et 1970 – impulsée par le réveil de la mémoire juive et par une mutation générationnelle –, enfin l'obsession du souvenir que nous connaissons aujourd'hui. Après une longue période de refoulement, la

---

39 Rudolf von THADDEN et Steffen KUDELKA (dir.), *Erinnerung und Geschichte. 60 Jahre nach dem 8. Mai 1945*, Wallstein, Göttingen, 2006 ; Dan DINER, *Gegenläufige Gedächtnisse. Über Geltung und Wirkung des Holocaust*, Vandenhoeck & Ruprecht, Tübingen, 2007.

Shoah est revenue à la surface dans une culture européenne enfin débarrassée de l'antisémitisme, qui en a été pendant des siècles une des composantes majeures. Tous les pays d'Europe occidentale ont été touchés par ce phénomène, non seulement la France, qui abrite une importante minorité juive, mais aussi l'Allemagne, où la communauté juive avait été complètement anéantie. Suivant une dynamique assez paradoxale, la place de la Shoah dans nos représentations de l'histoire du XXᵉ siècle semble s'accroître au fur et à mesure que cet événement s'éloigne de nous dans le temps. Bien évidemment, cette tendance n'est pas irréversible et l'on peut supposer qu'elle connaîtra des mutations avec la disparition des derniers survivants des camps nazis. Pour l'heure, cependant, elle domine l'espace occidental – tant l'Europe que les États-Unis – où la mémoire de l'Holocauste s'est transformée en une sorte de « religion civile » (c'est-à-dire, au sens de Rousseau, en une croyance laïque nécessaire à l'unité d'une communauté) [40]. Ritualisée et médiatisée, la commémoration du judéocide est mise au service d'une sacralisation des valeurs constitutives de la démocratie libérale : le pluralisme, la tolérance, les droits de l'homme... La défense et la transmission de ces valeurs prennent la forme d'une liturgie laïque du souvenir.

Il ne faudrait pas confondre la mémoire collective et la religion civile de la Shoah : la première est la présence du passé dans le monde d'aujourd'hui ; la seconde est une politique de représentation, d'éducation et de commémoration. Ancrée dans la formation d'une conscience historique transnationale, la religion civile de l'Holocauste est le résultat d'un effort pédagogique des pouvoirs publics. La commémoration de la libération du camp d'Auschwitz, en janvier 2005, en présence

40 *Cf.* Peter NOVICK, *The Holocaust in American Life*, Houghton Mifflin, New York, 1999, p. 11, 198-199. Sur le concept de « religion civile », *cf.* Emilio GENTILE, *Les Religions de la politique*, Seuil, Paris, 2005. Sur la mémoire de l'Holocauste comme vecteur du discours des droits humains, *cf.* Daniel LEVY et Natan SZNAIDER, *The Holocaust and Memory in the Global Age*, Temple University Press, Philadelphie, 2006.

de chefs d'État et de gouvernement, indique qu'il s'agit souvent d'une stratégie visant à forger une mémoire consensuelle de la compassion. La présence des architectes de la guerre contre l'Irak au premier rang de cette commémoration (Dick Cheney, Jack Straw, Silvio Berlusconi) en dévoilait grossièrement la visée apologétique : c'est le souvenir des victimes, semblaient-ils dire, qui nous a poussés à intervenir là-bas ; la morale est de notre côté, notre guerre est légitime. Dans le cadre de l'Union européenne, la religion civile de l'Holocauste essaie de créer un socle éthique supranational susceptible de remplir plusieurs fonctions. D'une part, elle aide à compenser les clivages et à surmonter l'absence d'une politique internationale commune (Chirac, Berlusconi et Straw pouvaient se montrer unis, en dépit de leurs divergences sur la guerre en Irak). D'autre part, elle cache derrière une façade vertueuse le vide démocratique béant d'une construction européenne fondée, selon les termes de son projet constitutionnel naufragé, sur une économie de marché « hautement compétitive » et sur un pouvoir essentiellement oligarchique.

Comme toutes les religions civiles, le souvenir public de l'Holocauste possède des vertus et présente des ambiguïtés. En Allemagne, l'installation au cœur de Berlin d'un mémorial dédié aux juifs exterminés par le nazisme (*Holocaust Mahnmal*) a couronné une mutation identitaire de portée historique. Les crimes du nazisme font désormais partie de la conscience nationale allemande au même titre que la Réforme ou l'*Aufklärung*. L'Allemagne a cessé de se concevoir comme une communauté ethnique pour devenir une communauté politique où le mythe du sang et du sol a laissé la place à une vision moderne de la citoyenneté. En même temps, la préservation du souvenir de la Shoah comme « devoir de mémoire » de l'Allemagne réunifiée s'accompagne d'une occultation, voire d'une destruction planifiée du passé de la RDA. La démolition des édifices liés à son histoire (à commencer par le palais de la République, dans l'ancien emplacement du château des Hohenzollern) contraste fortement avec la restauration méthodique des anciennes synagogues, des cimetières juifs et des lieux de mémoire du Troisième Reich (par exemple la muséification du Stade Zeppelin de Nuremberg, bâti pour accueillir les congrès nazis). L'Allemagne a déployé autant d'énergie pour se réapproprier la mémoire du nazisme et de la Shoah que pour effacer celle de la RDA (et, avec elle, de l'antifascisme) [41].

Le cas allemand ne saurait cependant pas être généralisé. Comme nous avons vu dans un chapitre antérieur, l'Italie a connu une évolution tout à fait différente. Là-bas, la mémoire de l'Holocauste est apparue au premier plan au moment où une révision globale de l'histoire nationale faisait de la Résistance la principale responsable de la « mort de la patrie », et des « gars de Salò (*i ragazzi di Salò*) » des défenseurs de l'unité de la nation [42]. En Allemagne, après une longue période de refoulement, les crimes du nazisme ont été inscrits dans la conscience historique nationale, tandis qu'on a assisté en Italie à un phénomène tout à fait paradoxal : l'émergence de la Shoah dans l'espace public a coïncidé avec une réhabilitation du fascisme. Ce que l'Allemagne et l'Italie partagent, en revanche, c'est le rejet de la mémoire antifasciste, totalitaire pour les uns, antipatriotique pour les autres.

L'ère des victimes voit la Shoah se transformer en paradigme de la mémoire occidentale, autour duquel se bâtit le souvenir d'autres violences récentes ou lointaines, du génocide des Arméniens à celui des Tutsis, de l'esclavage au Goulag, des massacres coloniaux aux « disparitions » sous les dictatures latino-américaines. L'historiographie elle-même a été profondément affectée par cette tendance : elle a souvent généralisé les outils interprétatifs qui avaient été forgés par les *Holocaust Studies*. L'histoire se réduit ainsi à une dichotomie

41 Voir à ce propos Régine ROBIN, *Berlin chantiers*, Stock, Paris, 2000. Pour une approche plus générale, *cf.* Peter REICHEL, *L'Allemagne et sa mémoire*, Odile Jacob, Paris, 1998.

42 Sur ce débat, *cf.* Filippo FOCARDI (dir.), *La guerra della memoria. La Resistenza nel dibattito politico italiano dal 1945 ad oggi*, Laterza, Rome, 2005.

entre persécuteurs et victimes. Cette tendance ne concerne pas seulement la mémoire des génocides, mais aussi celle d'autres expériences historiques de nature tout à fait différente, comme la guerre civile espagnole. Trente ans après une transition démocratique volontairement amnésique, fondée sur ce qui a été appelé un « pacte de l'oubli », les spectres du franquisme ont resurgi[43]. La peur d'une rechute dans la violence a été à l'origine du refoulement – ni imposé ni total, mais réel – qui a accompagné le retour de la liberté. Aujourd'hui, dans une démocratie solide qui a formé une nouvelle génération, l'intégration de l'Espagne au sein de l'Europe s'achève aussi sur le plan mémoriel, avec des effets parfois paradoxaux. Les crimes qui ont jalonné la guerre civile espagnole – il y en a eu des deux côtés, même si la violence franquiste a été bien plus meurtrière, massive et prolongée que la violence républicaine – ont fait l'objet, au cours de ces dernières années, d'un énorme travail de recherche mené par les historiens. Ils en ont reconstitué les formes, analysé le rôle, les mobiles et l'idéologie des acteurs, identifié et quantifié les victimes. Dans l'espace public, cependant, ce travail d'élucidation n'a pas empêché l'émergence de lectures qui tendent à éclipser le sens de l'histoire, en transformant un conflit entre démocratie et fascisme – c'est ainsi que la guerre civile espagnole a été perçue et vécue dans l'Europe des années 1930 – en une séquence de crimes contre l'humanité. Certains y voient même les marques d'un « génocide », autrement dit une éruption de violence dans laquelle il n'y aurait plus que des persécuteurs et des victimes (par ailleurs interchangeables, selon la perspective choisie). Les associations mémorielles et parfois, comme en Catalogne, les pouvoirs publics ont amorcé un énorme travail de repérage des fosses communes de la guerre civile et de la répression franquiste, puis d'exhumation et d'identification

43 *Cf.* Santos Juliá, « Memoria, historia y política de un pasado de guerra y dictadura », *in* Santos Juliá (dir.), *Memoria de la guerra y del franquismo*, Taurus, Madrid, 2006, p. 15-26.

de milliers de corps, grâce aux efforts conjoints d'archéologues, anthropologues, médecins légistes et biologistes. Le risque existe cependant que, une fois achevée cette immense entreprise d'archivage d'objets, de reconstitution des squelettes et d'analyses ADN, la restitution aux corps de leur identité puisse coïncider avec une déperdition du sens de l'histoire. Les victimes auront retrouvé un nom, mais les raisons de leur mort seront devenues incompréhensibles. Entretenue par notre sensibilité humanitaire, la mémoire des combattants républicains deviendra le rappel des méfaits d'un siècle de totalitarismes et de violence aveugle [44].

En Europe orientale, la fin de la Seconde Guerre mondiale n'est pas toujours célébrée comme un événement libérateur. La reddition allemande signée à Berlin le 9 mai 1945 a toujours été commémorée par les Soviétiques comme le moment culminant de la « grande guerre patriotique », mais cette date s'est inscrite dans la mémoire des pays occupés par l'Armée rouge comme la poursuite d'une domination étrangère. La fin du cauchemar nazi ne fait ici que marquer le début d'une longue époque d'hibernation stalinienne, tantôt perçue comme la perpétuation d'une vocation historique de l'Est européen à subir l'oppression d'une puissance étrangère (ottomane ou tsariste, prussienne ou habsbourgeoise), tantôt comme l'expression d'un « kidnapping » par lequel l'Europe centrale a été arrachée à l'Occident [45]. La « libération », pour les Européens de l'Est, n'arrivera qu'en 1989. Cela explique la violence des affrontements qui ont éclaté pendant l'été 2007 à Tallinn, la capitale estonienne, lorsque la minorité russe s'est opposée au démantèlement d'un monument consacré à la mémoire des soldats soviétiques tombés lors des combats

---

44 L'affichette de présentation de l'exposition « Fosses communes », organisée à Barcelone par le Mémorial démocratique de la Généralité de Catalogne, au printemps 2010, évoque des milliers de morts « sans raison, comme s'il y avait des raisons pour tuer ».

45 Milan Kundera, « L'Occident kidnappé ou la tragédie de l'Europe centrale », *Le Débat*, 27, Paris, 1983, p. 3-22.

contre les forces allemandes entre 1941 et 1945. Pour la majorité des Estoniens, cette statue représente le symbole d'une oppression nationale longue de plusieurs décennies. Leur mémoire ne se reconnaît pas dans le récit soviétique – aujourd'hui russe – de la « grande guerre patriotique » [46].

Dans cette partie de l'Europe, le passé est revisité sous l'angle presque exclusif du nationalisme et plusieurs signes indiquent une renationalisation de la mémoire collective. En Pologne, un « Institut de la mémoire nationale » a vu le jour en 1998, dont le but consiste à préserver la mémoire « des crimes communistes et nazis perpétrés contre les citoyens polonais pendant la période qui va du 1er septembre 1939 au 31 décembre 1989 [47] ». Postulant une identité et une continuité substantielles entre l'occupation nazie et la domination soviétique, l'Institut célèbre l'histoire polonaise du XXe siècle comme une longue nuit totalitaire et un unique martyre national. Une vision similaire de l'histoire nationale inspire la maison de la Terreur à Budapest, un musée visant à illustrer « la lutte contre les deux systèmes les plus cruels du XXe siècle », qui s'est heureusement achevée par « la victoire des forces de la liberté et de l'indépendance » [48]. Le Parlement de Kiev, quant à lui, a promulgué une loi en novembre 2006 qui qualifie de « génocide du peuple ukrainien » la collectivisation des campagnes décidée par Staline au début des années 1930 : une

---

46 Tatiana ZHURZHENKO, « The geopolitics of memory » (May 10, 2007), www.eurozine.com.

47 *Cf.* Carla TONINI, « L'Istituto polacco della memoria nazionale. Dai crimini "contro" la nazione polacca ai crimini "della" nazione polacca », *Quaderni storici*, 2008, n° 2, p. 385-402. Voir aussi Leszek KUK, *La Pologne, du postcommunisme à l'anticommunisme*, L'Harmattan, Paris, 2001.

48 *Cf.* aussi Clive EMSLEY, « A site of different memories ? The house of terror and the politics of memory », *War, Culture and Memory*, Open University Press, Londres, 2003, p. 298-307. Selon István Rév, bien plus qu'un espace consacré à la mémoire, ce musée constitue un vecteur de propagande dont le précurseur fut la Mostra della Rivoluzione fascista qui se tint à Rome en 1932. Voir István RÉV, « The terror of the house », *in* Robin OSTOW (dir.), *(Re)Visualizing National History. Museums and National Identities in Europe in the New Millennium*, University of Toronto Press, Toronto, 2008, p. 47-89.

politique qui a été mise en œuvre à l'échelle de l'URSS et dont les victimes ne sont pas qu'ukrainiennes. Se présentant elles-mêmes comme des « victimes », les nations d'Europe orientale laissent peu de place au souvenir de l'Holocauste. Ici, la mémoire de la Shoah ne joue pas le même rôle fédérateur qu'à l'Ouest. Elle est perçue comme une sorte de mémoire concurrente, un obstacle à une pleine reconnaissance des souffrances endurées par les différentes communautés nationales au cours du XXe siècle. Ce contraste est paradoxal, puisque l'Europe orientale a été le lieu du génocide des juifs : c'est là que vivait la grande majorité des victimes de la Shoah et c'est là que le nazisme a créé les ghettos, puis commencé les massacres, avec le début de la guerre contre l'URSS, et enfin mis en place les camps d'extermination. Or, chez les nouveaux États membres de l'Union européenne, la mémoire de l'Holocauste est entretenue comme une forme de deuil diplomatique. Tony Judt la décrit, en évoquant une célèbre formule de Heinrich Heine à propos de la conversion des juifs allemands au XIXe siècle, comme un « ticket d'entrée » dans l'Europe, une rançon à payer pour obtenir la respectabilité et faire preuve de bonne volonté en matière de droits de l'homme [49]. (Ce qui n'empêche pas les plaintes répétées de plusieurs députés, tant au Conseil de l'Europe qu'au Parlement de Strasbourg, qui soulignent la place trop importante que ces institutions octroient à la Shoah, alors que les crimes du communisme mériteraient à leurs yeux un traitement analogue.)

Cette redéfinition de la mémoire collective comme processus cathartique de victimisation nationale prend des traits apologétiques qui font obstacle à l'élaboration d'un regard critique sur le passé. Parfois, cette tendance a été fructueusement contestée de l'extérieur, comme ce fut le cas en Pologne, il y a quelques années, lorsque Jan T. Gross a publié *Les Voisins*, un petit ouvrage où il reconstituait la destruction de la communauté juive de Jedwabne, pendant l'été 1941, non pas par les

49 Tony JUDT, *Après guerre, op. cit.*, p. 931.

nazis mais par des antisémites polonais [50]. Ce livre, écrit par un historien américano-polonais, a provoqué un débat passionné qui a viré au drame national (de même que le débat antérieur autour du pogrom de Kielce de 1946) mais est finalement resté un cas isolé, qui n'a en rien renversé cette tendance générale.

La guerre en ex-Yougoslavie, pendant les années 1990, a été un miroir assez éloquent du croisement entre les mémoires occidentale et orientale de l'Europe. La fin de la guerre froide, dix ans après la mort de Tito, a donné lieu à une explosion de nationalisme qui a ravivé les mémoires de la Seconde Guerre mondiale, avec leur cortège de massacres, et mobilisé les mythes liés à une histoire balkanique faite d'oppression et de domination impériale. Les nationalistes serbes se battaient en Croatie contre les fantômes d'Ante Pavelic, et au Kosovo contre ceux, encore plus anciens, des conquérants ottomans. Les pays occidentaux, quant à eux, découvraient les vertus d'un humanitarisme militaire pour lequel la mémoire servait de caution. Pour les uns il s'agissait de racheter les victimes du Goulag, pour les autres de ne pas répéter Munich. Jürgen Habermas a même perçu dans les bombardements de l'OTAN sur les villes serbes un signe de l'avènement du droit cosmopolitique kantien [51].

En Afrique du Nord, le 8 mai 1945 évoque le massacre de Sétif, qui devait s'étendre dans les jours suivants à Guelma, puis à l'ensemble du Constantinois. Les célébrations de la victoire contre le nazisme ont déclenché une vague répressive des forces coloniales françaises, hantées dans la région par un sentiment croissant d'inquiétude et de peur face à la montée du nationalisme algérien. Le refus de retirer le drapeau du mouvement nationaliste a été le point de départ des violences qui se sont conclues par un nouveau défilé dans lequel les « indigènes » ont été obligés de se baisser en signe de soumission

---

50 Jan T. Gross, *Les Voisins. 10 juillet 1941, un massacre de juifs en Pologne*, Fayard, Paris, 2002.

51 Jürgen Habermas, « Bestialität und Humanität », *Die Zeit*, 1999, n° 18.

devant le drapeau français. On a compté entre 20 000 et 40 000 morts, selon les sources françaises ou algériennes [52]. Sétif a été le départ d'une nouvelle vague de massacres en Algérie et dans les colonies françaises, notamment à Madagascar, où une insurrection a été violemment réprimée en 1947. Alors que les puissants du monde occidental célébraient la fin de la Seconde Guerre mondiale, le 8 mai 2005, le président algérien Abdel Aziz Bouteflika réclamait officiellement la reconnaissance du massacre de Sétif, qualifiait le colonialisme de « génocide » et demandait à la France des réparations. Cette prise de position officielle était aussi une réponse à la loi tristement célèbre par laquelle, quelques mois auparavant, l'Assemblée nationale française avait mis en valeur le « rôle positif » du colonialisme en Afrique du Nord et aux Antilles [53]. La vague de protestations que cette loi a suscitée – après avoir été votée sans état d'âme par des élus de droite comme de gauche – a obligé Jacques Chirac, président à l'époque, à demander l'abrogation de ses articles les plus controversés. L'indignation a été apaisée, mais cet épisode a révélé au grand jour une tension qui, au-delà des relations franco-algériennes, traverse la société française dans son ensemble, puisque plusieurs décennies d'immigration noire et maghrébine y ont inscrit une mémoire postcoloniale. Cette dernière s'exprime aussi, sous des formes différentes, dans tous les pays d'Europe occidentale, y compris ceux qui ont été historiquement des pays d'émigration, comme l'Italie ou l'Espagne. La loi de février 2005 a donc été le détonateur qui a fait éclater des contradictions latentes, cumulées dans le temps. On peut

52 Sur les massacres de Sétif et Guelma, *cf.* Jean-Louis Planche, *Sétif 1945. Histoire d'un massacre annoncé*, Perrin, Paris, 2001 et Jean-Pierre Peyroulou, *Guelma 1945. Une subversion française dans l'Algérie coloniale*, La Découverte, Paris, 2009. Pour une histoire parallèle des commémorations du massacre de Sétif dans les deux pays, *cf.* Guy Pervillé, « Die Erinnerung an den 8. Mai 1945 in Algerien und Frankreich », *in* Rudolf von Thadden, Steffen Kaudelka (dir.), *Erinnerung und Geschichte*, *op. cit.*, p. 60-71.

53 *Cf.* Claude Liauzu et Gilles Manceron (dir.), *La Colonisation, la Loi, l'Histoire*, Syllepse, Paris, 2006.

légitimement douter du caractère exemplaire de la mémoire de la Shoah, ainsi que de ses vertus pédagogiques et universelles, si son adoption et sa diffusion par les pouvoirs publics s'accompagnent d'une tentative de réhabilitation du colonialisme [54].

La vision du XXe siècle comme ère des victimes n'est pas étrangère à une certaine recolonisation du regard occidental sur le passé, assez explicite lorsqu'on veut en finir avec la « tyrannie de la repentance ». En 2007, le président Nicolas Sarkozy déclarait devant le public médusé de l'université de Dakar que « l'homme africain [n'était] pas encore entré dans l'histoire [55] ». Une fois la mémoire de la décolonisation effacée, les peuples du Sud sont privés de leur statut de sujets historiques. En Europe, en revanche, l'immigration est perçue comme une menace pour la préservation des identités nationales, un objectif pour lequel la France a créé un ministère spécifique. Dans ce contexte, la mémoire postcoloniale remet en cause les identités nationales héritées (ou construites) et exige de redéfinir le concept même de citoyenneté, en reconnaissant la pluralité ethnique, religieuse et culturelle qui s'exprime au sein de chacune des composantes de la « maison commune » européenne [56]. Elle révèle et questionne fructueusement l'anthropologie politique sous-jacente au processus de formation des nations du Vieux Monde, dont la citoyenneté se fondait sur l'exclusion politique des colonisés : lorsque la « race » constitue « une des lignes de fracture de l'universalisme républicain », le citoyen s'oppose à l'*indigène* [57]. Mais la mémoire postcoloniale elle-même reste largement prisonnière

54 Ce risque a été perçu par Jean-Michel CHAUMONT, *La Concurrence des victimes*, La Découverte, Paris, 1997.

55 *Cf.* Adame Ba KONARÉ (dir.), *Petit Précis de remise à niveau sur l'histoire africaine à l'usage du président Sarkozy*, La Découverte, Paris, 2008.

56 Edward SAÏD, *Humanism and Democratic Criticism*, Columbia University Press, 2004.

57 Nicolas BANCEL, Pascal BLANCHARD et Françoise VERGÈS, *La République coloniale*, Hachette-Littérature, Paris, 2003, p. IV. *Cf.* aussi Sandro MEZZADRA, *La condizione postcoloniale. Storia e politica nel presente globale*, Ombre corte, Vérone, 2008, p. 76.

de cette tendance générale consistant à revisiter le passé au prisme de la victime, dans un horizon privé de toute utopie. Elle se construit principalement autour de la revendication d'une reconnaissance des violences subies et des souffrances endurées. En France, son principal résultat a été la promulgation d'une loi, en 2001, réaffirmant la nature de l'esclavage comme crime contre l'humanité et ouvrant la voie à la protection légale de sa mémoire (les associations de défense de la mémoire des esclaves ont le droit de se constituer partie civile en cas de diffamations ou de propos racistes) [58]. Entre la mémoire de l'esclavage et les célébrations de son abolition, il ne reste plus de place pour la mémoire des luttes émancipatrices des esclaves eux-mêmes, la mémoire de leur constitution en sujets politiques. Ce qui disparaît, c'est le souvenir, dans le discours public comme dans la conscience historique, d'une émancipation conquise et non octroyée. Haïti est le lieu des catastrophes humanitaires, « le pays le plus pauvre de l'hémisphère occidental », pas le symbole d'une révolution victorieuse menée par des esclaves [59]. S'impose ainsi une recolonisation du regard qui fait du Sud du monde le réceptacle d'une humanité souffrante, en attente d'être sauvée par l'humanitarisme occidental.

La commémoration du 8 mai 1945 condense donc des mémoires distinctes, entremêlées et parfois contradictoires. Regardée à partir d'une perspective occidentale, orientale ou postcoloniale, l'histoire du XXe siècle prend une coloration différente. Cet anniversaire rend visible et emblématique la synchronisation qui s'opère de nos jours entre des mémoires discordantes. Les récits historiques qui se dégagent de cette date emblématique s'écartent considérablement, même s'ils partagent un tropisme commun vers les victimes du passé. Il

58 Sur le débat autour de la loi Taubira, *cf.* Françoise VERGÈS, *La Mémoire enchaînée. Questions sur l'esclavage*, Albin Michel, Paris, 2006, p. 107-130.

59 *Ibid.*, p. 40-42. Ce refoulement est analysé comme paradigme de l'historiographie (un « fagot de silences ») par Michel-Rolph TROUILLOT, *Silencing the Past. Power and the Production of History*, Beacon Press, Boston, 1995, p. 27.

ne s'agit pas, cependant, d'une confrontation entre mémoires opposées, monolithiques et inconciliables. La reconnaissance de ce pluralisme peut ouvrir des espaces fructueux de reconnaissance, au-delà des identités nationales figées. L'Europe orientale, qui abritait la plupart des juifs du continent avant la dernière guerre, doit retrouver la Shoah, dont les traces hantent encore son paysage, pour l'inscrire dans sa mémoire. Le postcolonialisme peut enlever à l'Holocauste le caractère d'exemplarité exclusive – liée à un événement « unique » et sans équivalent dans l'histoire – que lui assigne sa religion civile. Une fois mise à mal la rhétorique sur la « tyrannie de la repentance », le monde issu de la décolonisation ne pourra plus considérer la Shoah comme un « mythe sioniste », selon une vision largement répandue aujourd'hui au sein du monde musulman. Enfin, le communisme pourra être appréhendé dans ses différentes dimensions, tantôt comme une forme de domination totalitaire (ce qu'il est devenu à l'Est), tantôt comme un mouvement visant à constituer les classes subalternes en sujets politiques (ce qu'il a été à l'Ouest).

Pour écrire l'histoire de l'Europe au XXe siècle, il faudrait s'affranchir des contraintes (à la fois psychologiques, culturelles et politiques) qui découlent de ces mémoires croisées. Cela signifie d'abord prendre acte de la complexité d'un passé irréductible à une simple confrontation entre persécuteurs et victimes. Mais il faudrait aussi être conscient de notre appartenance à ces espaces mémoriels, précisément afin d'acquérir une distance critique à l'égard de nos objets de recherche. L'historien, souligne Hobsbawm, n'écrit pas pour une nation, une classe ou une minorité, il écrit pour tout le monde [60].

60 *Cf.* Eric Hobsbawm, « Identity history is not enough », *On History*, *op. cit.*, p. 277.

Conclusion

« C'est à la mémoire des sans nom que se consacre la construction de l'histoire [1]. »

Pour illustrer son concept de « futur passé » (*vergangene Zukunft*), Reinhart Koselleck a décrypté un célèbre tableau d'Albrecht Altdorfer, peint en 1528 sur commande du duc de Bavière Guillaume IV et aujourd'hui exposé à la Pinacothèque de Munich : *La Bataille d'Alexandre*. Inspirée par un souci pédagogique et esthétique à la fois, cette gigantesque toile commémore la victoire de l'armée macédonienne qui, sous le commandement de Darius, en 333 avant J.-C., s'est imposée sur les Perses à Issus, faisant ainsi débuter l'ère hellénistique. Koselleck souligne l'anachronisme du tableau, qui représente une bataille de l'Antiquité où les soldats perses sont habillés comme des Turcs et les Macédoniens comme une armée occidentale du XVIe siècle. Peint au moment où Vienne était assiégée par les Ottomans, pendant leur dernière tentative de percer en Occident, ce tableau remplissait une fonction politique évidente [2]. Le souvenir de cette

1 Walter Benjamin, *Gesammelte Schriften*, Suhrkamp, Francfort/Main, 1974, Bd. I.3, p. 1241 (texte tiré des matériaux préparatoires aux thèses « Sur le concept d'histoire »).

2 Reinhart Koselleck, « Le futur passé des temps modernes » (1968), *Le Futur passé. Contribution à la sémantique des temps historiques*, Éditions de l'EHESS, Paris, 1990, p. 19-36.

bataille s'inscrivait dans l'actualité, où il prenait une signification nouvelle. L'histoire était indissociable de l'actualité, car les contemporains puisaient en elle les sources nécessaires pour légitimer leur action dans le présent. En d'autres termes, le passé était, *a posteriori*, projeté dans le futur, les deux étant unis par un lien symbiotique. Selon Koselleck, loin d'être deux continents rigoureusement séparés, passé et futur sont unis par une relation dynamique, créatrice. De même que le présent octroie un sens au passé, ce dernier fournit aux acteurs de l'histoire un immense réservoir de souvenirs et d'expériences sans lesquels ils ne pourraient pas dessiner l'avenir, formuler leurs attentes, nourrir leurs utopies. Voilà le « mystérieux héliotropisme » qui, selon Walter Benjamin, présidait à la construction de l'histoire : à l'instar des fleurs qui tournent leur corolle vers la lumière, « le passé tend à se tourner vers le soleil qui est en train de se lever au ciel de l'histoire [3] ».

Passé et futur se croisent et dialoguent dans le présent, où ils sont fabriqués et réinventés en permanence. L'écriture de l'histoire participe donc d'un usage politique du passé. Dans ce livre, j'ai donné quelques exemples de cette tendance, de la Révolution française – réinterprétée aujourd'hui tantôt comme matrice du communisme totalitaire, tantôt comme étape d'une téléologie providentielle culminant dans le capitalisme libéral – à la révolution russe, qui fut à l'origine d'une narration du XIXe siècle dans laquelle 1789, 1848 et la Commune de Paris devenaient les étapes d'une progression historique inéluctable vers le socialisme [4]. Bien d'autres exemples pourraient illustrer ce propos.

Il y a quelques années, les historiens se sont disputés violemment autour d'un ouvrage émettant l'hypothèse d'un meurtre rituel perpétré par des juifs ashkénazes dans une ville

3 Walter BENJAMIN, « Sur le concept d'histoire », *Œuvres III*, Gallimard, Paris, 2000, p. 430.

4 Casey HARISON, « The Paris Commune of 1871, the Russian revolution of 1905, and the shifting of the revolutionary tradition », *History & Memory*, 2007, vol. 17, n° 2, p. 5-42.

italienne du XVe siècle [5]. Il est évident qu'une telle querelle serait difficilement compréhensible en dehors d'une culture occidentale hantée par la mémoire de l'Holocauste. C'est cette mémoire, bien davantage qu'une méthode discutable d'investigation archivistique et d'exploitation des sources, que ce livre semblait atteindre de façon intolérable. Ce n'est pas non plus un hasard si c'est à l'époque d'une nouvelle croisade occidentale contre l'islam qu'un médiéviste a écrit (et une grande maison d'édition publié) un livre visant à nier la médiation arabe entre la philosophie grecque antique et la culture européenne de la Renaissance [6]. Sous l'apparence d'une recherche savante, ce livre reformulait dans le langage de l'histoire la théorie du choc des civilisations.

Si certaines de ces tentatives de réécriture de l'histoire ont déchaîné tant de passions, c'est précisément parce que leur enjeu dépassait de loin les frontières d'une discipline et d'une profession. Ces polémiques se sont déroulées dans l'espace public, sous des formes et suivant une partition médiatique qui échappaient au contrôle des chercheurs. Reconnaissant ne pas détenir le monopole de l'histoire, qui appartient à tout le monde, ces derniers ont ainsi été forcés, parfois contre leur gré, d'engager leur savoir dans un combat politique.

Le concept de « futur passé » résume bien l'œuvre du photographe argentin Marcelo Brodsky. *Buena memoria*, son essai le plus connu, est un palimpseste dans lequel se superposent et se mêlent une quête identitaire, un récit familial, le travail du deuil, l'autobiographie d'une génération et un morceau d'histoire nationale, celle de l'Argentine à l'époque de la dictature

---

5 Ariel TOAFF, *Pasque di sangue. Ebrei d'Europa e omicidi rituali*, Il Mulino, Bologne, 2007. Sur le débat suscité par ce livre, *cf.* Sabina LORIGA, « Une vieille affaire ? Les "Pâques de sang" d'Ariel Toaff », *Annales. Histoire, Sciences sociales*, 2008, vol. 63, n° 1, p. 143-172.

6 Sylvain GOUGENHEIM, *Aristote au Mont-Saint-Michel. Les racines grecques de l'Europe chrétienne*, Seuil, Paris, 2008. Voir à ce propos Alain de LIBERA, « Aristote au Mont-de-Piété », *Critique*, 2009, n° 740-741, p. 134-145 ; Philippe BÜTTGEN, Alain de LIBERA, Marwan RASHED et Irène ROSIER-CATACH (dir.), *Les Grecs, les Arabes et nous. Enquête sur l'islamophobie savante*, Fayard, Paris, 2009.

militaire (1976-1983)[7]. Ces images tissent la toile d'une mémoire polysémique dans laquelle le passé resurgit avec son horizon d'attente, ses espérances et ses utopies. Les trois photos qui achèvent l'essai en donnent la clef de lecture. Dans la première, une vieille photo couleur sépia, on voit un homme sur le pont d'un paquebot. C'est son oncle Salomon, le frère de son grand-père, en route vers Buenos Aires, au début du siècle dernier. Il regarde la mer, l'agitation des vagues devant lui, avec une expression grave qui semble scruter le futur qui l'attend. La seconde photo nous montre deux adolescents, l'auteur et son frère, souriant devant la caméra, eux aussi sur le pont d'un bateau. Ils sont debout, appuyés contre la rambarde, à côté d'une petite pancarte indiquant qu'ils se trouvent dans une zone interdite (« *proibido permanecer en este lugar* »). Dans la troisième photo, on ne voit plus que l'eau, les vagues de l'Atlantique à la confluence avec le Río de la Plata, ce *río sin orillas* dans le sillage duquel Juan José Saer avait raconté l'histoire de l'Argentine[8]. Grâce à leur juxtaposition, ces trois images construisent un récit aux significations multiples, car elles racontent à la fois un destin individuel et l'histoire d'une société. La première montre un émigrant européen qui va reconstruire sa vie dans le Nouveau Monde, avec ses attentes et ses espoirs. La deuxième fait un saut de deux générations. L'inscription sur la balustrade signale une transgression et annonce la révolte des années 1970. La troisième est une image de l'horreur : pendant la dictature militaire, les disparus étaient jetés à la mer, parfois encore vivants[9]. Ils ont « creusé une tombe » dans l'eau, pourrait-on dire en empruntant les mots de Paul Celan[10]. La mer est leur cimetière. Sans doute aussi celui de Fernando, le frère de l'auteur, qui compte au nombre des *desaparecidos*. *Buena memoria* présente une de

7 Marcelo Brodsky, *Buena Memoria*, Hatje Cantz Verlag, Ostfildern-Ruit, 2003.

8 Juan José Saer, *Le Fleuve sans rives*, Julliard, Paris, 1999.

9 *Cf.* Oracio Verbitsky, *El vuelo. La guerre sale en Argentine*, Dagorno, Paris, 1995.

10 Paul Celan, « Fugue de mort/Todesfuge », *Pavot et mémoire*, Christian Bourgois, Paris, 1987, p. 83-89.

ses dernières photos, prise à l'École de mécanique navale (ESMA), qui fut l'un des camps de concentration du régime du général Videla. La séquence créée par ces trois images raconte l'Argentine au XXe siècle, mais décrit aussi une brisure de l'histoire. Le migrant a trouvé une nouvelle patrie ; ses descendants ont grandi, ils sont devenus des militants politiques et ont subi la répression fasciste, l'un contraint à l'exil et l'autre tué : l'eau qui coule, métaphore du temps par excellence, l'a englouti. Le flot des vagues n'évoque plus une continuité – le flux de la vie, le passage des générations – mais un abîme. Le passé que cette photo ramène à la surface est aussi un futur passé, fait de rêves anéantis. Seule, séparée des autres, l'image de l'eau renvoie à la temporalité naturelle, dont l'équivalent historique serait un temps chronologique « homogène et vide ». Mais cette image devient lourde de sens lorsqu'elle est juxtaposée aux autres ; c'est cette séquence qui remplit le temps, le transforme en temps historique et nous permet de déchiffrer le passé. On pourrait voir dans ces photos des « images de pensée » (*Denkbilder*), au sens de Walter Benjamin : nos combats du présent visent la « rédemption du passé », car ils ne se nourrissent pas seulement de l'espoir d'une descendance affranchie, mais aussi « de l'image des ancêtres asservis [11] ».

Le fil rouge qui traverse les essais rassemblés dans ce livre me semble bien résumé dans le triptyque photographique de Marcelo Brodsky : le XXe siècle a été l'âge de la violence, des guerres totales, des fascismes, des totalitarismes et des génocides, mais aussi l'âge des révolutions naufragées et des utopies déchues. Il est peuplé de victimes sans nom et des vaincus des batailles perdues. Le regard rétrospectif de ceux qui se sont frottés à ces combats se charge, inéluctablement, d'un trait

---

11 Walter BENJAMIN, « Sur le concept d'histoire », *op. cit.*, p. 438. Voir à ce propos Nora RABOTNIKOF MASKIVKER, « El àngel de la mémoria », *in* Bolívar ECHEVERRÍA (dir.), *La mirada del ángel. En torno a las Tesis sobre la historia de Walter Benjamin*, Era, Mexico, 2005, p. 155-170.

mélancolique. La mélancolie est sans doute une marque des époques de transition et de crise, comme nous l'a appris une vaste littérature, de Burton à Panofsky, en passant par Freud et Warburg. Walter Benjamin avait durement stigmatisé l'*acedia* de l'historien qui s'identifie par empathie (*Einfühlung*) avec les classes dominantes [12], ainsi que la « mélancolie de gauche » (*Linke Melancholie*) des écrivains de la Nouvelle Objectivité, coupables à ses yeux de pratiquer une sorte de « mimétisme prolétarien de la bourgeoisie en décomposition [13] ». Mais dans son livre sur le *Trauerspiel*, il avait analysé la mélancolie comme un principe épistémologique : l'exploration empathique et attristée du monde se donnant à notre regard comme un champ de ruines est un acte producteur de connaissance [14]. Et dans un célèbre fragment autobiographique, il se disait « né sous le signe de Saturne », la planète de la mélancolie « à la révolution lente, l'astre de l'hésitation et du retardement » [15].

La mélancolie qui affecte l'historiographie du XXe siècle relève du deuil d'un passé qui nous apparaît aujourd'hui comme une ère de cataclysmes, dominée par la figure des victimes. Parmi celles et ceux qui se sont identifiés aux luttes et aux révoltes de ce siècle armé, se répand une nouvelle « mélancolie de gauche », née de l'intériorisation d'une défaite [16]. Le projet de changer le monde est devenu un « pari

---

12 Walter BENJAMIN, « Sur le concept d'histoire », *op. cit.*, p. 432.

13 Walter BENJAMIN, « Linke Melancholie. Zu Erich Kästner neuem Gedichtbuch » (1937), *Angelus Novus. Ausgewählte Schriften II*, Suhrkamp, Francfort/Main, 1977, p. 456.

14 Walter BENJAMIN, *Origine du drame baroque allemand*, Flammarion, Paris, 2000.

15 Walter BENJAMIN, « Agesilaus Santander » (1933), *Écrits autobiographiques*, Christian Bourgois, Paris, 1990, p. 334. Sur la mélancolie de Benjamin, *cf.* Susan SONTAG, « Under the sign of Saturn » (1978), *Under the Sign of Saturn*, Vintage, New York, 1996, p. 109-136. Voir aussi Françoise MELTZER, « Acedia and melancholia », *in* Michael P. STEINBERG (dir.), *Walter Benjamin and the Demands of History*, Cornell University Press, Ithaca, 1996, p. 141-163 ; Beatrice HANSEN, « Portrait of melancholy (Benjamin, Warburg, Panofsky) », *MLN*, 1999, vol. 114, n° 5, p. 991-1013.

16 *Cf.* par exemple Wendy BROWN, « Resisting left melancholy », *Boundary 2*, 1999, vol. 26, n° 3, p. 19-27.

mélancolique », indissociable du souvenir des vaincus [17]. Un halo mélancolique se pose d'ailleurs sur les portraits de tous les exilés – ce livre n'a pu retracer le parcours que d'une poignée d'entre eux – qui ont essayé de comprendre les sursauts d'une époque cruelle dont ils ont été acteurs et témoins. Comme je l'ai indiqué au début de ce livre, la vision tragique de l'histoire qui colore les travaux du vieil Hobsbawm, à commencer par *L'Âge des extrêmes*, est plus fructueuse que la célébration complaisante des vainqueurs.

---

17 Daniel Bensaïd, *Le Pari mélancolique. Métamorphoses de la politique, politique des métamorphoses*, Fayard, Paris, 1997.

Index des noms

Table des matières

Dans la même collection

Sciences humaines et sociales

Norbert Alter, *Donner et prendre.*

Louis Althusser, *Pour Marx.*

Jean-Loup Amselle et Elikia M'Bokolo, *Au cœur de l'ethnie.*

Benedict Anderson, *L'imaginaire national.*

Paul Bairoch, *Mythes et paradoxes de l'histoire économique.*

Étienne Balibar, *L'Europe, l'Amérique, la guerre.*

Étienne Balibar et Immanuel Wallerstein, *Race, nation, classe.*

Stéphane Beaud, *80 % au bac... et après ?*

Jean-Jacques Becker et Gilles Candar, *Histoire des gauches en France* (2 volumes).

Miguel Benasayag, *La fragilité.*
— *Le mythe de l'individu.*

Miguel Benasayag et Gérard Schmit, *Les passions tristes.*

Yves Benot, *La démence coloniale sous Napoléon.*
— *Massacres coloniaux, 1944-1950.*
— *La Révolution française et la fin des colonies.*

Bernadette Bensaude-Vincent et Isabelle Stengers, *Histoire de la chimie.*

Pascal Blanchard et *al.*, *Zoos humains.*

Laurent Bonelli, *La France a peur. Une histoire sociale de l'« insécurité ».*

François Burgat, *L'islamisme à l'heure d'Al-Qaida.*

Judith Butler, *Trouble dans le genre.*

Alain Caillé, *Anthropologie du don.*

François Chast, *Histoire contemporaine des médicaments.*

Jean-Michel Chaumont, *La concurrence des victimes.*

Yves Clot, *Le travail sans l'homme ?*

Serge Cordellier (dir.), *La mondialisation au-delà des mythes.*

Georges Corm, *L'Europe et l'Orient.*

François Cusset, *French Theory.*

Pierre Dardot et Christian Laval, *La nouvelle raison du monde.*

Muriel Darmon, *Devenir anorexique.*

Mike Davis, *City of Quartz. Los Angeles, capitale du futur.*
— *Génocides tropicaux.*
— *Le pire des mondes possibles.*

Alain Desrosières, *La politique des grands nombres. Histoire de la raison statistique.*

Elsa Dorlin, *La matrice de la race.*

François Dosse, *L'histoire en miettes.*
— *Michel de Certeau.*
— *L'empire du sens.*
— *Paul Ricœur.*
— Gilles Deleuze et Félix Guattari, *biographie croisée.*
— Le pari *biographique.*

Mary Douglas, *Comment pensent les institutions.*
— *De la souillure.*

William E. B. Du Bois, *Les âmes du peuple noir.*

Florence Dupont, *L'invention de la littérature.*

Jean-Pierre Dupuy, *Aux origines des sciences cognitives.*

Didier Fassin et Eric Fassin (dir.), *De la question sociale à la question raciale ?*

Abdou Filali-Ansary, *Réformer l'islam ?*

Moses I. Finley, *Économie et société en Grèce ancienne.*

La Découverte/Poche

Patrice Flichy, *Une histoire de la communication moderne.*

François Frontisi-Ducroux, *Dédale.*

Yvon Garlan, *Guerre et économie en Grèce ancienne.*

Peter Garnsey et Richard Saller, *L'Empire romain.*

Jacques T. Godbout, *L'esprit du don.*

Olivier Godechot, *Les traders.*

Nilüfer Göle, *Musulmanes et modernes.*

Jack Goody, *L'islam en Europe.*
— *La peur des représentations.*

Maurizio Gribaudi et Michèle Riot-Sarcey, *1848, la révolution oubliée.*

Anne Grynberg, *Les camps de la honte.*

Ian Hacking, *Entre science et réalité.*

Françoise Hatchuel, *Savoir, apprendre, transmettre.*

Axel Honneth, *La société du mépris.*

Pascale Jamoulle, *Des hommes sur le fil.*

Nicolas Jounin, *Chantier interdit au public.*

Jacques Kergoat, *La France du Front populaire.*

Will Kymlicka, *Les théories de la justice. Une introduction.*

Camille Lacoste-Dujardin, *Des mères contre les femmes.*

Yves Lacoste, *Ibn Khaldoun.*

Bernard Lahire (dir.), *À quoi sert la sociologie ?*
— (dir.), *Le travail sociologique de Pierre Bourdieu.*

Bernard Lahire, *La culture des individus.*
— *L'esprit sociologique.*
— *L'invention de l'« illettrisme ».*

Bruno Latour, *Changer de société, refaire de la sociologie.*
— *L'espoir de Pandore.*
— *La fabrique du droit.*
— *La science en action.*
— *Nous n'avons jamais été modernes.*
— *Pasteur : guerre et paix des microbes.*
— *Petites leçons de sociologie des sciences.*
— *Politiques de la nature.*

Bruno Latour et Steve Woolgar, *La vie de laboratoire.*

Jacques Le Goff, *Une vie pour l'histoire. Entretiens avec Marc Heurgon.*

Bernard Lehmann, *L'orchestre dans tous ses éclats.*

Prosper-Olivier Lissagaray, *Histoire de la Commune de 1871.*

Geoffrey E.R. Lloyd, *Pour en finir avec les mentalités.*

Frédéric Lordon, *L'intérêt souverain.*

Georg Lukacs, *Balzac et le réalisme français.*

Lamence Madzou et Marie-Hélène Bacqué, *J'étais un chef de gang.*

Armand Mattelart, *La communication-monde : histoire des idées et des stratégies.*
— *Histoire de l'utopie planétaire.*
— *L'invention de la communication.*

Arno Mayer, *La « solution finale » dans l'histoire.*

Gérard Mendel, *La psychanalyse revisitée.*

Gilbert Meynier, *L'Algérie des origines.*

John Stuart Mill, *La nature.*

Henri Minczeles, *Une histoire des juifs de Pologne.*

Michel Morange, *Histoire de la biologie moléculaire.*

Mouvements, *Pensées critiques.*

Albert Ogien et Sandra Laugier, *Pourquoi désobéir en démocratie ?*

Annick Ohayon, *Psychologie et psychanalyse en France.*

François Ost, *La nature hors la loi.*

Blaise Pascal, *Pensées sur la justice.*

Dominique Poulot, *Une histoire des musées de France, XVIIIe-XXe siècles.*

John Rawls, *La justice comme équité.*
— *Leçons sur l'histoire de la philosophie morale.*

Élisée Reclus, *L'homme et la Terre.*

Nicolas Renahy, *Les gars du coin.*

Roselyne Rey, *Histoire de la douleur.*

Annie Rey-Goldzeiguer, *Aux origines de la guerre d'Algérie.*

Maxime Rodinson, *La fascination de l'islam.*
— *Peuple juif ou problème juif ?*

Richard E. Rubenstein, *Le jour où Jésus devint Dieu.*

Fernand Rude, *Les révoltes des canuts (1831-1834).*

André Sellier, *Histoire du camp de Dora.*

Jean-Charles Sournia, *Histoire de la médecine.*

Isabelle Stengers, *Cosmopolitiques* (2 tomes).

Timothy Tackett, *Le roi s'enfuit.*

Michel Terestchenko, *Un si fragile vernis d'humanité.*

Enzo Traverso, *L'histoire comme champ de bataille.*

Sylvie Thénault, *Une drôle de justice.*

Francisco Varela, *Quel savoir pour l'éthique ?*

Francisco Vergara, *Les fondements philosophiques du libéralisme.*

Jean-Pierre Vernant, *Mythe et pensée chez les Grecs.*
— *Mythe et société en Grèce ancienne.*

Jean-Pierre Vernant, Pierre Vidal-Naquet, *Mythe et tragédie en Grèce ancienne* (2 tomes).

Pierre Vidal-Naquet, *Le chasseur noir.*

Michel Vovelle, *Les Jacobins.*

Loïc Wacquant, *Parias urbains.*

Immanuel Wallerstein, *Comprendre le monde.*
— *Le Capitalisme historique.*

Max Weber, *Économie et société dans l'Antiquité.*
— *Le savant et le politique.*

William Foote Whyte, *Street Corner Society.*

John Womack, *Emiliano Zapata.*

Charles Wright Mills, *L'imagination sociologique.*

Composition Facompo, Lisieux.
Impression réalisée par CPI Bussière
à Saint-Amand-Montrond (Cher)
en décembre 2011.
Dépôt légal : janvier 2012.
N° d'impression : 113904/4.
Imprimé en France